# el arte de ser normal

# lisa williamson
# el arte de ser normal

Obra editada en colaboración con Editorial Planeta – España

Diseño de portada: Adaptación del diseño original de Alice Todd
Fotografía de autora: © Dale Wightman

Título original: *The Art of Being Normal*

© 2015, Silvia Cuevas Morales, de la traducción
© 2015, Lisa Williamson, del texto
© 2016, Editorial Planeta, S.A. – Barcelona, España

Derechos reservados

© 2016, Editorial Planeta Mexicana, S.A. de C.V.
Bajo el sello editorial DESTINO M.R.
Avenida Presidente Masarik núm. 111, Piso 2
Colonia Polanco V Sección
Deleg. Miguel Hidalgo
C.P. 11560, Ciudad de México
www.planetadelibros.com.mx

Primera edición impresa en España: enero de 2016
ISBN: 978-84-08-14912-5

Primera edición impresa en México: julio de 2016
ISBN: 978-607-07-3493-9

Impreso en los talleres de Infagón S. A. de C. V.,
Escobillería núm. 3, Col. Paseos de Churubusco,
Delegación Iztapalapa, C. P. 09030, Ciudad de México.
Impreso en México – *Printed in Mexico*

*Para Isla*

# 1

Una tarde en clase, cuando tenía ocho años, nos pidieron que escribiéramos sobre lo que queríamos ser cuando fuéramos mayores. La señorita Box se paseó por la sala y nos pidió a cada uno que nos levantáramos y compartiéramos lo que habíamos escrito. Zachary Olsen quería jugar en la Primera División de futbol. Lexi Taylor quería ser actriz. Harry Beaumont tenía planes de ser primer ministro. Simon Allen tenía tantas ganas de ser Harry Potter que el anterior trimestre se había dibujado un rayo en la frente con un par de tijeras de manualidades.

Pero yo no quería ser ninguna de estas cosas.

Esto es lo que escribí:

*Yo quiero ser una niña.*

## 2

Los invitados a mi fiesta están cantando el *Cumpleaños feliz*. No suena muy bien.

Mi hermana pequeña, Livvy, apenas canta. Con solo once años ya decidió que las fiestas de cumpleaños familiares son trágicamente vergonzosas, y deja que mamá y papá continúen con el resto de la canción. La aguda voz soprano de mamá choca con el desafinado bajo de papá. Suena tan mal que *Phil*, nuestro perro, sale de su cesta y se escabulle a mitad de la actuación algo asqueado. No lo culpo; todo es algo deprimente. Hasta los globos azules que mi padre estuvo inflando toda la mañana se ven pálidos y tristes, especialmente los que tienen escrito con plumón negro: «¡Hoy catorce años!». Ni siquiera estoy seguro de que todo este espectáculo que se está desarrollando delante de mí se pueda calificar como una fiesta.

—¡Pide un deseo! —me dice mi madre.

Tiene el pastel inclinado para que no me dé cuenta de que está algo torcido. Dice «¡Feliz cumpleaños, David!» en letras de glaseado rojo como la sangre. El «años» de «cumpleaños» está muy apretujado; seguramente se quedó sin espacio. Catorce velitas azules forman un círculo alrededor del borde del pastel y gotean cera encima de la cobertura de crema.

—¡Apúrate! —me dice Livvy.

Pero no dejaré que me apresuren. Quiero hacer esta parte como se debe. Me inclino hacia delante, me coloco el pelo detrás de las orejas y cierro los ojos. Intento bloquear los gritos de Livvy y los halagos de mi madre e ignorar a papá, que no deja de tontear con los ajustes de la cámara, y de repente todos los sonidos parecen amortiguados y lejanos, como cuando sumerges la cabeza debajo del agua en la tina.

Espero unos segundos antes de abrir los ojos y soplar todas las velas de un jalón. Todos aplauden. Mi padre abre un lanzador de confeti manual, pero ni siquiera se dispara, y cuando saca otro del paquete, mamá ya abrió las cortinas y comenzó a quitar las velas del pastel, y el momento ya pasó.

—¿Cuál fue tu deseo? ¡Apuesto lo que sea a que fue algo estúpido! —exclama Livvy de manera acusadora, enroscándose uno de sus rizos castaños con el dedo medio.

—No te lo puede decir, tontita, o no se cumplirá —dice mamá, llevándose el pastel a la cocina para cortarlo.

—Sí —corroboro yo, sacándole la lengua a Livvy.

Ella enseguida me saca la lengua a mí.

—¿Dónde están tus *dos* amigos? —me pregunta, poniendo énfasis en la palabra «dos».

—Ya te lo dije: Felix está en Florida y Essie en el balneario Leamington.

—Qué lástima —dice Livvy con cero simpatía—. Papá, ¿cuánta gente vino cuando celebré mis once años?

—Cuarenta y cinco. Todos con patines. Una absoluta carnicería —balbucea papá con tono serio, a la vez que saca la tarjeta de memoria de la cámara y la introduce en la ranura de su portátil.

En la primera foto que aparece en la pantalla salgo yo, sentado a la cabecera de la mesa con un pin enorme que dice «Cumpleañero» y un gorro puntiagudo de cartulina. Tengo los ojos semicerrados y la frente me brilla.

—Papá —gimo—. ¿Tienes que hacer eso ahora?

—Solo corrijo los ojos rojos antes de enviárselas por correo electrónico a tu abuela —dice, haciendo clic con el ratón—. Está destrozada porque no pudo venir.

Eso no es verdad. La abuela juega al bridge todos los miércoles por la tarde y no se lo pierde por nadie, y menos por el nieto que menos le gusta. Livvy es su favorita. Pero bien pensado, Livvy es la favorita de todos. Mi madre también invitó a la tía Jane y al tío Trevor, y a mis primos Keira y Alfie. Pero esta mañana Alfie despertó con unas manchas raras por todo el pecho que podrían ser de varicela, así que tuvieron que disculparse, y nos dejaron a los cuatro solos para la «celebración».

Mamá regresa a la sala con el pastel cortado en rebanadas y lo pone sobre la mesa.

—Miren todas estas sobras —dice, frunciendo el ceño mientras inspecciona los montones de comida que dejamos—. Vamos a tener suficientes hojaldres de salchicha y pasteles hasta Navidad. Solo espero tener suficiente plástico adherente para envolverlo todo.

Genial. El refrigerador lleno de comida para recordarme lo increíblemente impopular que soy.

Tras el pastel y el trabajo de envolver todo en plástico adherente, vienen los regalos.

De mamá y papá recibo una nueva mochila para el instituto, el set de DVD de la serie completa de «Gossip Girl» y un certificado de regalo de 130 euros. Livvy me regala una caja de bombones Cadbury y una funda de color rojo brillante para mi iPhone.

Luego todos nos sentamos en el sillón a ver una película llamada *Un viernes de locos*. Trata de una madre y una hija que comen una galleta de la fortuna encantada y, entonces, intercambian sus cuerpos durante un día. Por supuesto que todo el mundo aprende una valiosa lección antes del inevitable final feliz, y por centésima vez este verano lamento mi incapacidad vital para seguir el argumento de una simpática película para adolescentes. Papá se queda dormido hacia la mitad de la película y se pone a roncar con ganas.

Esa noche no puedo dormir. Estoy despierto tanto tiempo que mis ojos se acostumbran a la oscuridad y puedo distinguir los bordes de los pósteres en las paredes y la pequeña sombra de un mosquito volando de aquí para allá por el techo.

Tengo catorce años y se me está acabando el tiempo.

## 3

Es el último viernes de las vacaciones de verano. El lunes vuelvo a la escuela. Tengo catorce años desde hace exactamente nueve días.

Estoy acostado en el sillón con las cortinas cerradas. Mamá y papá están en el trabajo. Livvy está en casa de su mejor amiga, Cressy. Estoy viendo un episodio repetido de «America's Next Top Model» mientras un paquete de galletas de chocolate hace equilibrios sobre mi panza. Tyra Banks acaba de decirle a Ashley que no será la próxima *top model* de América. Ashley llora muchísimo y todas las demás chicas la abrazan, aunque pasaron todo el capítulo hablando de lo mucho que odiaban a Ashley y que querían que abandonara el programa. La casa de *America's Next Top Model* es de lo más cruel.

Las lágrimas de Ashley son interrumpidas por el sonido de una llave en la puerta de entrada. Me siento y con mucho cuidado pongo el paquete de galletas en la mesita de centro que hay a mi lado.

—David, ya llegué —grita mamá.

Regresa temprano de su reunión.

Frunzo el ceño mientras oigo cómo se quita los zapatos y tira las llaves con gran estruendo en el plato que hay cerca de la puerta. Rápidamente tomo la manta de ganchillo que tengo a los pies, la subo para taparme el cuerpo y me la meto debajo de la barbilla, poniéndome en posición justo antes de que mamá entre en la sala.

Ella pone mala cara de inmediato.

—¿Qué? —pregunto, mientras me limpio las migajas de galletas de la boca.

—A lo mejor te gustaría abrir las cortinas, David —me sugiere con las manos en las caderas.

—Pero entonces no podré ver bien la pantalla.

Ella me ignora y se dirige directamente hacia la ventana y abre las cortinas. La luz del sol de última hora de la tarde inunda la habitación y hace que el aire se vea polvoriento. Yo me retuerzo en el sillón y me protejo los ojos.

—Por Dios, David —dice mamá—. No eres un vampiro.

—Puede que lo sea —murmuro entre dientes.

Ella chasquea la lengua.

—Mira —me dice haciendo gestos hacia la ventana—. Hace un día precioso. ¿De verdad me estás diciendo que prefieres quedarte tirado en el sillón en la oscuridad?

—Así es.

Entrecierra los ojos antes de sentarse a mis pies en el sillón.

—No me sorprende que estés tan pálido —comenta pasando el dedo por un lado de mi pie desnudo. Le doy una patada.

13

—¿Preferirías que pasara todo el día tendido al sol y que me diera cáncer de piel?

—No, David —suspira—. Lo que preferiría es verte aprovechar tus vacaciones de verano, hacer algo más que quedarte en casa viendo basura todo el día. Si no estás viendo la televisión, pasas las horas encerrado en tu habitación sentado delante de la computadora.

Suena el teléfono. Me salvo por los pelos. Cuando mamá se levanta, la manta se le engancha en el anillo. Me acerco para agarrarla, pero es demasiado tarde, ya está mirando hacia abajo, con una expresión perpleja en el rostro.

—David, ¿llevas puesto mi camisón?

Se trata del camisón que mamá metió en la maleta para llevarlo al hospital cuando tuvo a Livvy. No creo que se lo haya puesto desde entonces; mamá y papá normalmente duermen desnudos. Lo sé porque me he topado con ellos en el pasillo de la escalera en medio de la noche suficientes veces como para quedar marcado para el resto de mi vida.

—Pensé que estaría más fresco —digo rápidamente—. Ya sabes, como esas cosas largas y blancas como vestidos que llevan los hombres árabes.

—Mmm —dice mamá.

—Más vale que atiendas la llamada —le aconsejo, haciendo gestos con la cabeza hacia el teléfono.


Me dejo puesto el camisón para la cena, pienso que de esta manera será menos sospechoso.

—Pareces un bicho raro —dice Livvy, entrecerrando los ojos con cierto asco.

—Déjalo, Livvy —la reprende mamá.

—Pero ¡es verdad! —protesta mi hermana.

Mamá y papá intercambian miradas. Yo me concentro en equilibrar los chícharos en mi tenedor.

Después de la cena subo la escalera. Saco la lista que hice al comienzo de las vacaciones de verano y me siento con las piernas cruzadas en la cama, con la lista delante de mí.

Cosas que conseguir este verano, por David Piper:

1. Dejar que me crezca el pelo lo suficiente como para poder hacerme una coleta.
2. Ver todas las temporadas del programa «Pasarela a la fama», en orden cronológico.
3. Ganarle a papá al tenis en el Wii.
4. Enseñarle a bailar a *Phil* para poder entrar en el concurso «Gran Bretaña tiene talento» el año que viene y ganar 340,000 euros.
5. Terminar la tarea de geografía.
6. Decírselo a mamá y a papá.

Tuve una semana magnífica en la que pude recogerme el pelo para hacerme una coleta pequeña. Pero las reglas de la escuela dictan que el cabello de los chicos no puede sobrepasar el cuello de la camisa, así que la semana pasada mamá me llevó a la peluquería para que me lo cortaran. Cumplí los puntos dos y tres de la lista con facilidad du-

15

rante las dos primeras semanas de las vacaciones. Enseguida me di cuenta de que el cuatro era una causa perdida; *Phil* no es un artista por naturaleza.

Los puntos cinco y seis los postergué. Practico muchísimo el seis. Tengo todo un discurso preparado. Lo recito en mi cabeza cuando estoy en la regadera, y lo susurro en la oscuridad cuando me acuesto por la noche. El otro día, senté a mis juguetes viejos, el Gran Ted y la Barbie sirena, en mi almohada y les solté mi discurso. Fueron muy comprensivos.

También intenté escribirlo. Si mis padres buscaran bien encontrarían una cantidad infinita de borradores sin terminar, metidos en los cajones de mi escritorio. Aunque la semana pasada terminé una carta. No solo eso, casi estuve a punto de meterla por debajo de la puerta de la habitación de mamá y papá. Estuve allí mismo, agachado enfrente del delgado haz de luz que salía por la rendija, escuchando cómo se movían por la habitación mientras se preparaban para dormir. Todo lo que necesitaba era un empujoncito y estaría hecho; mi secreto quedaría allí, en la alfombra, listo para ser descubierto. Pero en ese momento, fue como si mi mano se hubiera paralizado. Y al final no lo pude hacer y salí corriendo hacia mi habitación, con la carta todavía en la mano y el corazón latiendo a cien por hora en el pecho.

A mamá y a papá les gusta creer que son geniales y de mente abierta solo porque vieron a los Red Hot Chili Peppers en concierto en Glastonbury una vez y porque votaron a los ecologistas en las últimas elecciones, pero yo tengo mis dudas. Cuando era pequeño, solía oírlos, por casualidad, hablando de mí cuando pensaban que no los escuchaba. Solían hacerlo en voz baja y se decían el uno al otro que todo se trataba de una «fase», que «ya se me pasaría», como si hablaran de un niño que moja la cama.

Essie y Felix por supuesto lo saben. Los tres nos lo contamos todo. Por eso este verano fue tan difícil. Sin poder hablar con ellos, algunos días sentí como si fuera a explotar. Pero que lo sepan Essie y Felix no es suficiente. Para que pase algo, tengo que decírselo a mamá y a papá.

Mañana. Mañana se lo diré sin falta.

En cuanto termine la tarea de geografía.


Me levanto de la cama, abro la puerta un par de centímetros y escucho. Mamá, papá y Livvy están viendo la televisión en la planta baja. El sonido ahogado de risas sube por la escalera. Aunque estoy bastante seguro de que seguirán allí hasta el final del programa, pongo la silla del escritorio debajo de la manilla. Seguro de que nadie me molestará, saco la pequeña libreta morada y una cinta métrica que mantengo cerradas bajo llave en la caja de metal que escondo en el fondo del cajón de los calcetines. Me pongo delante del espejo que hay detrás de la puerta de mi habitación, me saco la camiseta por la cabeza y me quito los *jeans* y los calzones.

Toca inspección.

Como siempre, comienzo por presionar las palmas de las manos contra el pecho. Deseo que se sienta suave y esponjoso, pero el músculo debajo de la piel se muestra duro como una piedra. Saco la cinta métrica y me la pongo alrededor de las caderas. Ningún cambio. Soy totalmente recto, como una regla humana. Soy lo contrario a mi madre, que es todo carne y curvas: caderas y trasero y pechos.

Después, me pongo contra el marco de la puerta y mido mi estatura. Ciento sesenta y cinco centímetros. Una vez más, ningún cambio. Me permito un pequeño suspiro de alivio.

Bajo hasta mi pene, al que odio con pasión. Odio todo sobre él: su tamaño, su color, la manera como siempre lo siento así, colgando ahí, la forma en que va por libre como si tuviera mente propia. Descubro que creció dos milímetros desde la semana pasada. Lo reviso dos veces, pero la cinta métrica no miente. Frunzo el ceño y lo anoto.

Me acerco al espejo, de manera que el cristal está a solo un par de centímetros de mi nariz y tengo que luchar para no ponerme bizco. Primero paso los dedos por la barbilla y las mejillas. Algunos días juraría que puedo notar una barba incipiente que empuja detrás de la piel, afilada y pinchuda, pero, por ahora por lo menos, la superficie sigue intacta y suave. Hago un puchero con los labios y sueño con que sean más esponjosos, más rosa. Tengo los labios de papá: delgados, con picos como el arco de Cupido. Por desgracia, parece ser que heredé casi todo de mi padre. Me salto el pelo (castaño como el lodo y desordenado, no importa la cantidad de productos que le aplique), los ojos (grises, aburridos), la nariz (un poco puntiaguda) y las orejas (de esas que sobresalen), giro la cabeza lentamente hasta casi estar de perfil, para poder admirar mis pómulos. Son prominentes y altos, y casi la única parte de mi cara que me gusta.

Al final de todo me inspecciono las manos y los pies. A veces pienso que es lo que más odio, tal vez incluso más que mis genitales, porque siempre están ahí, siempre están expuestos. Son torpes y peludos, y tan pálidos que casi son transparentes, como si la piel fuese una masa fina que se extiende por encima de unas venas azules como arañas y que cubre unos dedos largos y huesudos. Lo peor de todo es que son enormes y siguen creciendo. Mis nuevos zapatos de la escuela son dos tallas más grandes que el par del año pasado. Cuando me los probé en la zapatería al comienzo de las vacaciones, me sentí como un payaso.

Echo una última mirada al espejo, al desconocido que me mira. Un temblor me recorre el cuerpo. La inspección de esta semana terminó.

**4**

—¡Leo! —grita Tia, mi hermana pequeña, desde la escalera.

Cierro los ojos e intento bloquear su voz. Hace calor. El tiempo está así desde hace días. El termómetro que cuelga en la pared de la cocina dice que estamos a treinta y nueve grados. Tengo todas las ventanas y puertas abiertas, pero aun así me muero. Estoy acostado en la litera de mi hermana melliza, Amber, comiendo un helado de frambuesa. Me tiñó la lengua de azul. No sé por qué. Que yo sepa las frambuesas son rojas.

Por la noche duermo en la cama de abajo de la litera porque Amber dice que se siente claustrofóbica, pero cuando ella no está me gusta pasar el rato en su cama. Si te acuestas con la cabeza hacia el lado que está más cerca de la ventana, consigues evitar ver las otras casas y sus botes de basura y a la anciana loca que vive al otro lado de la acera y que suele ponerse a gritar durante horas y horas en medio de su jardín. Lo único que se puede ver es el cielo y las copas de los árboles, y si te concentras mucho hasta te puedes convencer a ti mismo de que no estás en Cloverdale.

—¡Leo! —grita otra vez Tia.

Lanzo un suspiro y me incorporo. Tia es mi hermana pequeña. Tiene siete años y es excesivamente pesada. Mamá le regaló un par de zapatos de tacón por su último cumpleaños y cuando no está viendo la tele, camina ruidosamente por la casa con ellos y, al hablar, pone acento estadounidense.

El padre de Tia se llama Tony. Está en la cárcel por posesión de mercancía robada.

Mi padre se llama Jimmy. Lo extraño.

—¡Leo, tengo hambre! —chilla Tia.

—¡Pues come algo!

—¡No tenemos nada!

—¡Mala suerte!

Se pone a llorar. Su llanto es ensordecedor. Suelto un suspiro y me bajo de la litera.

Encuentro a Tia al pie de la escalera, por su cara caen gruesos lagrimones. Es bajita para tener siete años y tan delgada como un clip. En cuanto me ve deja de llorar y pone una gran sonrisa bobalicona.

Me sigue hasta la cocina, que está hecha un desastre; el fregadero está lleno de platos. Busco en el refrigerador y en los muebles. Tia tiene razón, no hay nada de nada y quién sabe a qué hora va a regresar mamá. Salió justo antes de la hora del almuerzo y dijo que se iba a jugar al bingo con la tía Kerry. No hay nada de dinero en la lata, así que quito todos los cojines del sillón y registro la lavadora y los bolsillos de todos los abrigos que cuelgan en el pasillo. Ponemos las monedas en fila sobre la mesita de centro. No está nada mal el botín: casi seis euros.

—Quédate aquí y no le abras la puerta a nadie —le digo a Tia.

Si la llevo conmigo solo lograré retrasarme.

Me pongo la capucha y camino con rapidez, con la cabeza agachada. El sudor me corre por la espalda y por los costados.

En el exterior de la tienda hay un grupo de chicos de mi antigua escuela. Por suerte están distraídos, perdiendo el tiempo con sus bicicletas, así que me subo el cierre para que la capucha me tape bien y lo único que se me ve son los ojos. Compro unos panes blandos para tostar, un refresco, detergente para lavar los platos y un chocolate algo caducado.

Cuando llego a casa pongo el DVD de *Enredados* para Tia y le doy un vaso de refresco y un trozo de chocolate mientras lavo los trastes y pongo un par de panes blandos en la tostadora. Cuando me siento con Tia en el sillón, ella se me acerca enseguida y me planta un beso mojado en la mejilla.

—Gracias, Leo —me dice. Con la boca llena de chocolate.

—Déjame —le contesto.

Pero sigue apretada a mí, como un changuito, y yo estoy demasiado cansado para echarla. Huele a las papas fritas de bolsa de sabor a vinagre y sal que comió para el desayuno.

Más tarde, acuesto a Tia en su cama. Mamá todavía no llega y Amber va a dormir a casa de su novio, Carl. Carl tiene dieciséis años, uno más que nosotros. Amber lo conoció el año pasado, en la pista de hielo cubierta que hay en el centro de la ciudad. Estaba fanfarroneando, intentando patinar hacia atrás, cuando se cayó y se golpeó la cabeza en el hielo. Carl la cuidó y le compró un raspado de cereza. Amber dijo que fue como una escena de película. Amber es así de cursi a veces. Cuando no está así puede ser tan dura como una roca.

Estoy viendo una estúpida película de acción en la tele, con un montón de tiros y explosiones. Casi termina cuando la luz automática de la puerta delantera se enciende. Me incorporo en el asiento. Puedo distinguir unas sombras detrás del cristal templado de la puerta. Mamá se está riendo mientras intenta y falla al meter la llave en la cerradura. Escucho otra risa, la de un hombre. Estupendo. Se oye cómo sigue intentándolo con torpeza. La puerta por fin se abre de par en par y ambos caen dentro de la casa, desplomándose en la escalera muertos de la risa. Mamá levanta la cabeza y se da cuenta de que la estoy mirando. Deja de reír y se levanta con torpeza. Pone una mano algo temblorosa en el marco de la puerta y me lanza una mirada asesina.

—¿Qué haces despierto? —me pregunta, cerrando la puerta de un puntapié.

Me encojo de hombros. El hombre también se levanta y se limpia las manos en los *jeans*. No lo reconozco.

—¿Todo bien, muchacho? —dice, extendiéndome la mano en un saludo—. Soy Spike.

Spike tiene el pelo muy negro y lleva una chamarra de cuero muy gastada por el uso. Tiene un acento raro. Cuando dice que es de «aquí, de allá y de todos lados», mamá se echa a reír como si hubiera dicho algo gracioso de verdad. Se va a la cocina a buscarle algo de beber. Spike se sienta en el sillón y se quita los zapatos, y deja caer los pies de golpe en la mesita de centro. Sus calcetines no son el par.

—Entonces, ¿quién eres tú? —me pregunta, moviendo los dedos de los pies y poniendo las manos detrás de la cabeza.

—¡Y a ti qué te importa! —contesto.

Mamá vuelve a la sala, con dos latas de sidra en las manos.

—No seas tan maleducado —dice, dándole una de las latas a Spike—. Dile tu nombre a Spike.

—Leo —le digo, poniendo los ojos en blanco.

—¡Te vi! —grita mamá. Bebe un trago de su sidra y se voltea para mirar a Spike.

—Bueno, este es un pequeño sinvergüenza. No sé a quién salió. Lo heredó de su padre.

—No hables así de papá —replico.

—Hablaré de él como me dé la gana, muchas gracias —contesta mamá, hurgando en su bolsa—. Es un cabrón inútil.

—No lo es —gruño, haciendo una pausa tras cada palabra.

—¿En serio? —continúa mamá, encendiendo un cigarro y aspirando el humo con fuerza—. ¿Dónde está, entonces? Si es tan jodidamente maravilloso ¿dónde diablos está, Leo? ¿Eh?

No le puedo responder.

—Exacto —culmina, tomando un trago de sidra de manera victoriosa.

Puedo sentir que se me va formando ese conocido nudo en el estómago, que se me tensa el cuerpo, que se me acalora la piel y comienzo a sudar, que se me nubla la vista. Intento usar las técnicas que me enseñó Jenny: mover los hombros, contar hasta diez, cerrar los ojos, imaginarme que estoy en una playa desierta, etcétera.

Cuando abro los ojos, mamá y Spike están en el sillón. Spike le está metiendo mano por debajo de la blusa y mamá le está susurrando al oído. Se da cuenta de que los estoy mirando y deja de hacer lo que estaba haciendo.

—¿A quién crees que estás mirando? —pregunta.

—A nadie —digo balbuceando.

—Entonces piérdete, ¿sí?

No es una pregunta.

Cierro la puerta de la sala azotándola tanto que toda la casa tiembla.

## 5

Cuenta la leyenda familiar que a mamá se le rompió la fuente mientras esperaba su pedido de comida india, que incluía un plato de pollo, arroz *pilau* y una ración de pan *peshwari* del restaurante Taj Mahal Curry House, en la calle Spring. La leyenda también dice que todavía seguía agarrada al pan cuando dio a luz a Amber una hora más tarde. Yo tardé otra media hora. La tía Kerry dice que a mí me tuvieron que sacar con fórceps. Debía de presentir que estaría mucho mejor quedándome donde estaba.

Mi primer recuerdo es de mi padre cambiándome los pañales. Según Amber uno no puede recordar cosas de hace tanto tiempo, pero se equivoca. En el recuerdo, yo estoy en el suelo de la sala y la tele está encendida, la veo detrás del hombro de papá y él está cantando. No es que sea una canción de verdad, es algo inventado y divertido. Tiene buena voz. Solo es un recuerdo breve, unos pocos segundos, pero es muy real.

Después de eso, lo siguiente que recuerdo es tirar la taza de té de mamá en la mesita de centro y quemarme el pecho. Todavía tengo la cicatriz. Tiene forma de un águila a la que le falta la mitad de una de las alas. Yo tenía unos dos años y medio y papá ya hacía tiempo que se había ido. Me gustaría poder acordarme más de él, pero no puedo: ese recuerdo es todo lo que tengo. Por supuesto que intenté buscarlo en internet, pero hay cientos de James Denton, y todavía no encuentro al correcto.

Me pregunto qué pensaría de mí si me pudiera ver ahora: delante del espejo del baño con un *blazer* de la escuela Eden Park sobre mi camiseta.

Ya es la noche siguiente, y el último día de las vacaciones de verano. Mamá llamó esta mañana a la lavandería donde trabaja para decir que no iría por encontrarse enferma y pasó el día en cama con «migraña». Pero ahora debe de sentirse mejor, porque hace diez minutos la vi salir de casa y subirse a un coche blanco y oxidado, con Spike detrás del volante. No es que me importe.

Observo fijamente la imagen en el espejo del elegante desconocido que me mira. Es la primera vez que me pongo el *blazer* desde el comienzo de las vacaciones y es curioso cómo cambia mi aspecto, me veo diferente. En el instituto Cloverdale no llevan *blazers*, solo suéteres de color amarillo y azul marino que se estiran tras el primer lavado. Cuando me puse el *blazer* para que lo viera mamá, ella soltó una carcajada.

—¡Cielos, si pareces maricón! —dijo, antes de subir el volumen del televisor.

Enderezo las solapas y relajo los hombros. Pedí una talla más grande, de modo que me queda un poco ancho. Pero no me importa, así me puedo poner debajo una sudadera con capucha. Huele distinto que mi otra ropa, tiene olor a caro y a nuevo. Es de color borgoña con rayitas en azul marino y lleva cosido el escudo del instituto en el bolsillo derecho a la altura del pecho, y debajo de él, en letras bordadas, se puede leer el lema del instituto: «Aequitas et inceptum». El otro día fui a la biblioteca y busqué en la computadora qué significa. Aparentemente es latín y quiere decir «justicia e iniciativa». Veremos.

La primavera pasada fui a una reunión en la escuela con mamá. Eden Park era exactamente como me lo imaginaba, muy verde y frondoso, con calles flanqueadas por árboles y pequeñas tiendas en las que todo era orgánico y casero. Y a pesar de que Eden Park es una escuela pública, al igual que Cloverdale, no se parecen en nada más. No solo se veía diferente ese día, con sus edificios elegantes y los jardines en perfecto estado, también daba una sensación distinta; todo estaba limpio, pulcro y ordenado. A casi un millón de kilómetros de Cloverdale.

Mi terapeuta, Jenny, vino con nosotros a la reunión. Mamá puso esa voz tan rara, que sé muy bien que ella piensa que la hace parecer fresa. Siempre la usa cuando habla con doctores y profesores e intenta comportarse lo mejor que puede. Nos reunimos con el jefe de estudios, el señor Toolan, con la señorita Hannah, la jefa del departamento de orientación, y con la señora Sherwin, la tutora de primero de bachillerato. Hicieron un montón de preguntas, luego mamá y yo tuvimos que esperar fuera mientras hablaban con Jenny. Un par de veces pasaron algunos estudiantes y nos miraron raro. Tenían pinta de ser ricos. Era evidente por los uniformes bien planchados, el pelo brillante y las mochilas de marca. Mamá y yo debíamos de llamar mucho la atención.

Tras muchas preguntas y más conversación, me ofrecieron un lugar para cursar cuarto de secundaria. Jenny estaba muy contenta por mí. Al parecer, la gente se muda de casa solo para poder acceder a Eden Park. Jenny cree que será «un nuevo comienzo» y «una oportunidad para hacer amistades». Jenny está obsesionada

con que haga amigos. No para de hablar de mi «aislamiento social», como si se tratara de una enfermedad contagiosa. Después
de todos estos años todavía no se da cuenta de que el aislamiento social es justo lo que quiero.

—¿Leo?

Salgo al pasillo. La puerta de la habitación de Tia está semi-
abierta como siempre, para que ella pueda ver la luz de la escalera.

—¿Leo? —vuelve a decir, más alto esta vez. Suspiro y abro su
puerta.

La habitación de Tia es pequeña y está hecha un desastre, ropa
y peluches por todas partes y garabatos hechos con ceras en las
paredes. Está sentada con las piernas cruzadas, debajo del edredón que heredó de Amber. La funda, que antes tenía dibujos de
hadas florales, ahora está tan desteñida y ajada que a algunas hadas les falta la cara o alguna parte del cuerpo, y en su lugar tienen
unas manchas blancas como fantasmas.

—¿Qué quieres? —le pregunto con la voz cansada.

—¿Me puedes tapar?

Lanzo un suspiro y me arrodillo al lado de la cama de Tia. Ella
sonríe y se contonea hasta ponerse en posición horizontal. De sus
pequeñas fosas nasales le cuelgan mocos.

Subo el edredón y se lo coloco debajo de la barbilla y me giro
para irme.

—Así no está bien —gime.

Pongo los ojos en blanco.

—Por favor, Leo.

—Por el amor de Dios, Tia.

Me vuelvo a agachar y le meto el edredón por debajo, cu-
briéndole todo el cuerpo hasta que parece una momia.

—¿Qué tal ahora? —le pregunto.

—Perfecto.

—¿Me puedo ir ya?

Mueve la cabeza de arriba abajo. Me vuelvo a levantar.

—¿Leo?

—¿Qué?

—Me gusta tu saco.

Me miro. Todavía llevo el *blazer*.

—¿Ah, sí?

—Sí, es muy bonito. Estás muy guapo. Como el príncipe Eric de *La sirenita*.

Muevo la cabeza.

—Gracias, Tia.

Sonríe tranquila y cierra los ojos.

—De nada.

# 6

—¡David! —grita mamá desde arriba de la escalera—. ¡Hora de levantarse!

Me pongo bocabajo y me tapo la cabeza con la almohada. Pasan unos minutos más hasta que mi puerta rechina cuando la abren.

—Arriba, dormilón —dice mamá con voz cantarina, acercándose sigilosamente por la alfombra para quitarme el edredón.

Se lo arrebato y me lo vuelvo a poner encima tapándome la cabeza y haciendo una pequeña cueva en la que me escondo.

—Cinco minutos más —digo, con la voz amortiguada por el edredón.

—Ni hablar. Arriba. Ahora. No pienso permitir que retrases a Livvy en su primer día en la escuela de los mayores.

Salto de la cama y me miro en el espejo. Me veo fatal: estoy sudoroso y pálido y tengo unas ojeras oscuras y arrugas en las mejillas. Nunca duermo bien la noche antes del día de vuelta a clase.

A las 8:30 estoy sentado en el asiento del copiloto del coche.

Livvy posa para una foto en la puerta de casa mientras mamá lloriquea detrás de los lentes. Livvy es muy fotogénica; todo el mundo lo dice. Mamá y papá a menudo bromean acerca de que su verdadero padre es el lechero. Nadie jamás hace este tipo de bromas acerca de mi origen.

—Tú vas a ser igual que tu padre —me dicen siempre mis tías y mis tíos, como si se tratara de algún tipo de piropo por el cual debería sentirme agradecido.

No tengo ni idea de lo que piensan; desde luego papá no es Brad Pitt.

Livvy ladea la cabeza y sonríe de manera angelical. Debido a cómo la ilumina la luz del sol, puedo verle el contorno del sostén a través de la blusa. Ya lleva uno de la talla 85A. Ella y mamá fueron a comprarlo durante las vacaciones de verano, y volvieron de la tienda con una bolsa de Marks & Spencer, donde no venden ese tipo de prendas, muertas de la risa y como si guardaran un secreto.

—¡Cuida de ella, David! —dice mamá con ojos llorosos cuando nos deja fuera de las rejas del instituto.

Cuando comenzamos a caminar por el sendero, pongo una mano protectora sobre el hombro de Livvy. Enseguida suelta un gruñido y se mueve para que la quite.

—¡No camines tan cerca de mí! —bufa.

—Pero ya escuchaste a mamá, se supone que debo cuidar de ti —le digo.

31

—Ya, pero no lo hagas. No quiero que la gente sepa que somos familia —replica, apresurando el paso.

La dejo ir y la miro mientras camina con seguridad hacia la entrada de la escuela, con su larga melena volando detrás de ella.

—Pues qué bueno —me digo, y recuerdo que Livvy solía seguirme por toda la casa y me rogaba con dulzura que jugara con ella.

Escucho que me llaman dos voces. Inmediatamente sonrío y me doy la vuelta. Essie y Felix caminan hacia mí saludándome con las manos como locos.

Essie es alta (casi le saca una cabeza a Felix), tiene el pelo negro y alborotado y se lo tiñe en casa ella misma, tiene los ojos verdes y unas piernas muy largas. Al lado de ella Felix, tan impecable como siempre, con su pelo rubio peinado con una raya derecha a un lado y su rostro bronceado por el sol de Florida.

Doy saltos hasta llegar a ellos y chocamos en un desordenado abrazo grupal.

—¿Desde cuándo está tan en forma tu hermana pequeña? —me pregunta Felix cuando nos separamos del abrazo.

—¡Eh, no seas pervertido, que solo tiene once años! —exclamo al mismo tiempo que Essie le da un puñetazo en el hombro, que hace que Felix se tambalee hacia atrás.

—¡Ay! —gime, agarrándose el hombro y soltando un cómico aullido.

—Ejem... ¿Hola? ¿Novia? ¿Aquí mismo? —dice Essie.

Felix y Essie empezaron a salir en la fiesta escolar de Navidad del año pasado. Dejé la pista de baile para ir a comprar unas papas fritas y una lata de Coca-Cola y cuando regresé, se estaban comiendo a besos mientras sonaba una canción de Enrique Iglesias. Ni siquiera sabía que se gustaban, así que todo fue una gran sorpresa. Felix y Essie aseguran que para ellos también fue un *shock* (a menudo Essie dice que fue culpa de Enrique, cuando Felix la molesta).

—¿Qué tal el campamento de matemáticas? —le pregunto a Felix.

Felix va cada año. No puedo imaginar nada más horrible.

—Estuvo genial —responde con alegría.

—Los extrañé tanto... —digo yo, mientras nos dirigimos hacia la entrada; los tres caminamos al mismo ritmo de manera instintiva—. Mi fiesta de cumpleaños fue deprimente del todo sin ustedes.

—No me menciones la palabra «deprimente» —protesta Essie—. Yo estuve en el infierno de las madrastras durante las últimas seis semanas. ¿Pueden creer que intentó que me quitara el arete de la nariz?

—Por Dios, no empieces —gime Felix—. Es lo único de lo que habló anoche.

Dejo de caminar.

—Amigos, ¿salieron juntos anoche? ¿Por qué no me llamaron?

Essie y Felix intercambian miradas.

—Es que fue una salida tipo novio/novia —dice Essie—. Ya me entiendes.

—Sí —asiente Felix, sonrojándose un poco a la vez que se acomoda los lentes en la nariz.

Noto que se le está despellejando la piel justo donde le nace el pelo.

—Ah, bueno —digo—. No importa.

Seguimos caminando.

Aunque es evidente que estoy muy contento de que mis mejores amigos estén enamorados, no puedo dejar de sentirme un poco alucinado con la idea de que estén «juntos». No sé si ya tuvieron sexo o algo y tampoco pregunto. Pero me inquieta. Hasta ahora siempre nos hemos contado todo y ahora, de repente, un tema, y un tema bastante importante, está, de una manera extraoficial, vedado. Para mí, quiero decir.

Este año estoy inscrito en tercero de secundaria en el grupo C. Llego temprano para ganar un asiento al frente de la clase, lo más cerca posible del señor Collins, incluso si esto significa que deba sentarme al lado de Simon Allen, que apesta a plastilina por razones desconocidas. Por lo menos de esta manera puedo tener la garantía de que gente como Harry Beaumont y Tom Kerry no se sentarán cerca de mí ni por asomo. Por milésima vez pienso en cuánto desearía estar en la misma clase que Essie y Felix, pero ambos están en el grupo H, en el salón de al lado, a años luz de aquí.

¡Pum! La bola de papel mascado me pega fuerte en la nuca. Me vuelvo sin levantarme del asiento. Harry finge estar atándose las agujetas de los zapatos. Todos los que lo rodean se están riendo. Me despego la bola pegajosa de la piel y la tiro al suelo, donde aterriza con un sonido sordo. Es gorda, húmeda y pesada. Estuvo practicando.

—¡Ey, *Freak*! —dice en voz alta.

Yo hago como que no lo escucho. *Freak* es el apodo que Harry usa para referirse a mí desde hace años. Muchos de los demás chicos me llaman igual, pero Harry es el responsable de su longevidad.

—Oye, *Freak* —dice de manera convincente—. Eres un poco maleducado, ¿no te parece? Quiero tener una bonita conversación contigo y tú me das la espalda.

Suspiro y me doy la vuelta en mi asiento. Harry se levanta y ahora se sienta encima del pupitre de Lexi Taylor mientras esta se ríe como una hiena detrás de él. Lexi es la actual novia de Harry. Se cree que es supersexy porque, según parece, piensa que haber lucido trajes de novia en la pasarela de moda en la feria de verano de Eden Park el año pasado la convierte en Naomi Campbell.

—¿Era tu hermana pequeña la chica con la que viniste esta mañana? —me pregunta.

—¿Y a ti qué te importa?

—¡No seas tan susceptible! Solo pregunto.

—Sí, es mi hermana. ¿Por qué? —digo en un suspiro.

—Es solo que parecía, bueno, casi normal.

Las carcajadas se extienden por todo el salón. Harry lo disfruta al máximo y una sonrisa le ilumina la cara. Yo intento que la rabia no se me note.

—Así que lo que intento averiguar es esto —dice—: ¿Cuál de los dos es adoptado?

El señor Collins entra en la clase despreocupado.

—¡Bienvenidos! Harry, siéntate, por favor.

Harry se baja del pupitre, sonriendo.

—Creo que las apuestas se decantan por ti, *Freak*.

# 7

Hora del almuerzo. Saco una lata de Coca-Cola del refrigerador y la pongo en la charola, al lado del plato de macarrones con queso tibio y solidificado.

—Pues escuché que lo expulsaron —dice una chica de primero de bachillerato con cabello castaño y rizado que está delante de mí.

—¿A quién? —pregunta su amiga.

—Al chico nuevo del grupo R.

—¿Expulsado? ¿Por qué? —pregunta otra persona.

—No lo sé. Pero tiene que ser por algo grave. Es casi imposible que te expulsen de Cloverdale.

Yo escuché cosas del instituto Cloverdale. Está al otro lado de la ciudad y tiene la reputación de ser muy duro y siniestro, siempre sale en los periódicos por no superar las inspecciones del gobierno o porque los alumnos intentan incendiarlo.

—Yo sé por qué lo expulsaron —dice con orgullo uno de los chicos—. Según parece se volvió loco en clase de tecnología y le cortó el dedo índice al profesor con una sierra.

Se oye un suspiro colectivo. La chica del pelo castaño rizado dice:

—No me sorprende. Se le nota que está algo loco, solo hay que verle los ojos.

Sigo su mirada hacia un chico que está sentado a solas en una de las mesas en el rincón más apartado del comedor. Tiene el pelo castaño claro despeinado y está mirando fijamente el plato de papas fritas que tiene delante. Yo estoy demasiado lejos para poder ver si su mirada desprende «locura» o no.

—¿Cómo es que acabó aquí entonces? —pregunta alguien.

—No lo sé. Pero no pienso acercarme a él —dice otro chico—. Para que lo corrieran de Cloverdale tiene que ser un psicópata completo.

Pago mi comida y encuentro a Essie y a Felix en una mesa en el rincón. Paso delante de los chicos más populares, que están en el centro del comedor, dando gritos, riéndose y fanfarroneando: las estrellas del *show*.

Sus fans comen en las mesas de alrededor, formando una barrera protectora, dejando el resto de las mesas más lejanas para los grupos de estudiantes que no son tan populares. En el rincón opuesto, los chicos emo se apiñan alrededor de un MP3, el pelo les tapa los ojos, y están escuchando con atención y moviendo la cabeza al compás de la música. Unas mesas más lejos, los matados debaten apasionadamente sobre la próxima película de *Star Wars*.

Essie, Felix y yo no encajamos en ninguno de los grupos. Essie cree que eso es bueno. Fue a ella a la que se le ocurrió nuestro nombre: los No Conformistas (o los NC para abreviarlo), aunque nadie nos llama por ese apodo.

—Ey, Davido —dice Essie cuando me siento en la silla—. Estamos discutiendo sobre qué tiene más contenido nutritivo, los deliciosos macarrones con queso —propone mientras se inclina para oler su plato— o una lata de comida para perros.

—Voto por la lata de comida para perros —comenta Felix alegremente, con la boca llena, salpicando trozos de calabaza y albóndigas de mijo con *tahini* en todas direcciones. Es alérgico a casi todo, así que su madre le prepara comida macrobiótica cada día.

—Yo también voto por la lata de comida para perros —digo, desplegando una servilleta de papel—. Una vez probé un poco de la marca Pedigree Chum de *Phil* y la verdad es que no estaba tan mal.

—¿Que hiciste qué? —pregunta Felix, dejando su jugo de zanahoria sobre la mesa.

—¿Cómo es que no escuchamos esta historia antes? —se interesa Essie.

—Mamá me sorprendió una mañana comiendo del tazón de *Phil* —digo—. Supongo que tendría muchísima hambre. En mi defensa solo puedo alegar que tenía unos tres años.

—Y es exactamente por eso por lo que te queremos, David Piper —sentencia Essie—. Pásame la sal.

No recuerdo con exactitud cuándo Essie, Felix y yo nos hicimos mejores amigos. Solo sé que de alguna manera gravitamos unos hacia otros como imanes y ya hacia finales de nuestro primer año en el instituto, no podía imaginar el mundo sin los tres juntos.

Cuando le paso la sal a Essie, me fijo en el chico nuevo. Está sentado a dos mesas de la nuestra, jugando con su comida. De cerca no parece loco. De hecho, es lindo, tiene una nariz chata, el pelo de color castaño arenoso le cae por la frente y tiene los pómulos más increíbles que he visto en toda mi vida.

Me inclino hacia delante para preguntarles:

—Eh, ¿alguno de ustedes sabe algo del nuevo chico de cuarto de secundaria R?

—Solo que fue expulsado de Cloverdale y parece ser que es un chiflado violento —comenta Felix en voz demasiado alta.

—¡Shhh, que te puede oír!

Atisbo por encima del hombro de Felix, pero el chico sigue mirando fijamente sus papas fritas.

—Está muy solo —digo—. ¿Debería invitarlo a sentarse con nosotros?

Felix enarca las cejas con sorpresa.

—¿Acaso las palabras «violento» y «lunático» no te dispararon la más mínima alarma?

—¡Oh, no seas tan aburrido! —lo reprende Essie—. Cualquiera que tenga oficialmente un tornillo suelto es más que bienvenido a nuestra mesa.

—Ve por él, Madre Teresa, difunde algo de amor NC.

De repente vacilo y tengo miedo.

—Si tienes ganas, hazlo tú —le digo.

—No quiero darle miedo —alega Essie—. Muchos hombres se sienten intimidados por las mujeres fuertes.

Felix y yo ponemos los ojos en blanco.

—No, definitivamente es mejor que vayas tú —continúa Essie—. Tú eres amable y no intimidas.

—Vaya, gracias —digo, imitando el acento estadounidense, a la vez que empujo mi silla hacia atrás para dirigirme hacia la mesa del chico.

—Hola —digo, merodeando a su lado.

Me doy cuenta de que tiene un vale rojo de «Comida escolar gratis», debajo de su charola. El chico no contesta.

—Eh, ¿hola? —repito, preocupado porque tal vez no me escuchó.

Suspira profundamente y con lentitud ladea la cabeza para mirarme.

—Soy David Piper —digo, extendiendo la mano—. Encantado de conocerte.

El chico ignora mi mano, bebe un sorbo de su Coca-Cola y se limpia la boca con la manga del *blazer*. Mi mano se queda suspendida en el aire de manera incómoda. Por fin la mira antes de lanzar otro suspiro y al final la estrecha con firmeza.

—Leo Denton —dice de manera brusca.

Levanta los ojos para mirarme, y tengo que recuperar el aliento un segundo porque, *wow*, esos chicos de cuarto de secundaria no sabían de lo que hablaban. Los ojos de Leo no tienen nada de locura; son preciosos, hipnotizadores, casi como si estuvieras mirando dentro de un caleidoscopio: verdes como el mar con manchitas color ámbar alrededor de la pupila y superintensos, como si pudieran verte hasta el alma o algo parecido.

—¿Puedo ayudarte en algo? —pregunta Leo.

Me doy cuenta de que lo estoy mirando fijamente.

—Ahhh, sí, perdón —balbuceo, alejando mis ojos de los suyos—. Es solo que mis amigos y yo...

Señalo hacia donde están Essie y Felix. Como para echarme una mano Essie está jugando y se ha colocado el labio superior sobre la encía; Felix se ha puesto los párpados al revés.

—Ehhh, bueno, nos preguntábamos si te gustaría comer con nosotros.

Aguanto la respiración. Leo me mira como si yo tuviera dos cabezas.

—No, gracias —responde finalmente.

—De verdad que no somos raros. —Miro hacia Essie y Felix—. Bueno, sí lo somos, un poco...

—Mira, gracias, pero no. Ya terminé, de todas formas.

Y diciendo eso, Leo aleja su charola, toma su lata de Coca-Cola y se dirige hacia la puerta.

Yo regreso lentamente hacia nuestra mesa.

—No le interesa —informo.

—¿Qué? —chilla Essie enfurecida.

Me encojo de hombros y me siento.

—Los psicópatas tienden a ser solitarios —reflexiona en voz alta Felix.

—No tenía mucha pinta de ser un psicópata —señalo.

—Nunca lo parecen —contesta Felix con algo de arrogancia.

Estiro el cuello para mirar por la ventana, pero Leo ya desapareció.

—¡Alerta Olsen! ¡Alerta Olsen! —sisea Essie.

—¿Dónde? —pregunto, devolviendo mi atención a la mesa y sentándome derecho de forma instintiva.

—Detrás de ti. En la mesa de Harry.

Me giro lentamente en mi silla. Y allí está. Zachary Olsen. Más conocido como el amor de mi vida.

Estoy enamorado de Zachary Olsen desde que compartimos la misma alberca infantil a los cuatro años. El hecho de que estuviera tan cerca de su cuerpo semidesnudo es algo demasiado fuerte para soportarlo. El hecho de que claramente él no tiene ningún recuerdo de que nuestros cuerpos semidesnudos compartieron alberca lo hace incluso peor. Zachary es todo lo que yo no soy: un Dios del amor medio noruego con cabello rubio despeinado y un abdomen perfectamente marcado y bronceado. Es el capitán de los equipos de futbol y de rugby. Es increíblemente popular. Siempre tiene alguna novia. Básicamente representa todo lo que nosotros, los No Conformistas, predicamos que va mal en el mundo. Y sin embargo, estoy completamente enamorado de él. Por desgracia, parece que él ni siquiera sabe que existo.

Hoy tiene su brazo alrededor del hombro de Chloe Hollins, indicando que ella es su actual novia (muerte a Chloe) y se está riendo de algo que Harry acaba de decir. Incluso el hecho de que Zachary fraternice con el enemigo no sirve para enfriar mi amor por él. Probablemente podría torturar gatitos y asaltar a ancianas con una pistola y yo seguiría adorándolo.

Observo cómo él y Chloe salen del comedor caminando despacio, totalmente engreídos y sexis. Essie acerca la mano por encima de la mesa y aprieta la mía. Lo cual lo dice todo en realidad. Yo soy un caso perdido. De un billón de formas diferentes.

## 8

Mi primer día en la escuela Eden Park va más o menos como lo había previsto. Aparte de un chico de tercero de secundaria que intenta hablar conmigo en el almuerzo, nadie se me acerca durante todo el día. No es que sea exactamente invisible. Los chicos me estuvieron mirando fijamente todo el rato. Al comienzo no puedo saber la razón, pero luego me doy cuenta de la manera en que me observan. Tienen miedo. Así que exagero. Actúo como si fuera un chico duro y les devuelvo las miradas directamente, y cada vez ellos se rajan primero. A quién le importa por qué tienen miedo. Mientras me dejen en paz, me da igual lo que piensen.

Suena el timbre del final del día. El pasillo está lleno, pero cuando paso, los chicos se apartan en desbandada para dejarme sitio, se separan como si se tratara del mar Rojo. Es como si tuviera un escudo protector brillante, como si fuera algún tipo de nueva raza de superhéroe. La verdad es que sería bastante divertido si no fuera tan raro. Estoy casi al final del pasillo cuando una chica aparece de repente y choca conmigo.

Abre los ojos con sorpresa y no puedo dejar de preguntarme qué tipo de idiota camina por este sitio con los ojos cerrados.

—¡Ay, perdón! —ríe, a la vez que se baja los enormes audífonos rojos que lleva y se los pone alrededor del cuello—. No miraba por dónde iba. ¿Estás bien?

Estira la mano y la pone sobre mi brazo. Cuando no la quita inmediatamente tengo que obligarla cruzándome de brazos. Si se da cuenta de lo que estoy haciendo, no lo deja entrever. Tiene el pelo negro y rizado, que se dispara en todas direcciones, y los ojos castaño claro, casi exactamente del mismo tono que su piel. Básicamente es preciosa. Espanto con rapidez ese pensamiento de mi cabeza.

—Es solo que estaba escuchando la canción más increíble de la historia —continúa la chica—. Estoy literalmente obsesionada con ella. ¿Quieres oírla?

Empuja los audífonos contra mí.

—No, gracias —murmuro, avanzando con cuidado de que mi cuerpo no la roce.

—¡Eh! —me llama.

De mala gana me doy la vuelta y la miro a los ojos. Sus pestañas son superlargas, como las de las princesas de Disney. Odio darme cuenta de eso.

—Eres nuevo, ¿no?

—Sí, soy nuevo —digo de mala gana.

Sonríe de manera fresca.

—En ese caso, bienvenido a la escuela Eden Park, chico nuevo.


Cuando llego a casa, descubro el Peugeot machacado de Spike estacionado en un ángulo raro delante de la entrada, como si lo hubiera abandonado en la escena del crimen. Ayer se quedó a pasar la noche otra vez. Ésta mañana vi sus calzones con el dibujo de Homero Simpson colgados en el tendedero y el lavabo estaba lleno de restos de pelos negros de su barba. Los pelitos parecían pequeñas hormigas que intentaban trepar para salir del desagüe.

Abro la puerta de la entrada de un empujón. Spike está sentado en el sillón con mamá encima de sus rodillas. Él le está susurrando al oído y ella se ríe como una niña pequeña. La mano de él se encuentra encima del trasero de ella.

Cierro la puerta de un portazo. Los dos dan un salto. Mamá me mira con rabia y se arregla la minifalda.

Siempre anda diciendo que ahora está tan delgada como cuando tenía quince años, e insiste en ponerse la menos ropa posible para demostrarlo. Son sus ojos los que delatan la realidad: muertos y cansados, como si la vida los hubiera vaciado de todo brillo.

—¿Todo bien, amigo? —pregunta Spike por encima del hombro de mamá. Nota mi *blazer* y suelta un silbido—. ¿Qué demonios traes puesto, chico? ¿Acaso vas a Hogwarts o algo así?

Lo ignoro y me dirijo a la cocina. Abro el frasco de las galletas. Está vacío, salvo por una galleta de crema aguada.

—Disculpa, pero Spike te está hablando —ladra mamá.

—Es el uniforme de la escuela Eden Park —digo, tapando el tarro de las galletas.

—¿Eden Park, eh? Muy fresa —contesta Spike—. ¿Eres un cerebrito?

Yo me encojo de hombros.

—Nada de delirios de grandeza —dice mamá—. Solo porque lleves un *blazer* elegante no significa que estés por encima de nosotros.

—Como si me fuera a atrever —replico entre dientes.

—¿Qué acabas de decir? —pregunta mamá con aspereza.

—Nada. ¿Puedo irme?

—Por favor, vete, pequeño cabrón miserable.


Encuentro a Amber sentada en su litera, se está peinando las extensiones que se ha puesto en el cabello.

—¿Cómo es que no estás en casa de Carl? —le pregunto.

—Discutimos —dice—. Encontré un montón de mensajes en su celular de una zorra de la pista de hielo.

—Oh.

Carl y Amber tienen una tremenda pelea por lo menos una vez cada dos semanas.

Huelo la habitación, hay un olor nauseabundo: a químicos y galletas enmohecidas.

—¡Carajo, Amber, aquí apesta!

—No te alteres, es solo el olor del bronceador —responde.

Dice que preferiría morir antes que estar «asquerosa y pálida».

Cuando yo era pequeño solía broncearme durante el verano, pero mis piernas no ven el sol desde hace siglos y ahora están tan blancas que son casi fosforescentes.

—Pues apesta —me quejo, arrugando la nariz.

—Perdón —dice, de manera despreocupada—. ¿Cómo te fue en el instituto? —pregunta mientras yo cuelgo el *blazer* y me quito la corbata.

Me coloco en el suelo y empiezo a hacer mis flexiones diarias, las termino con rapidez.

—Bien.

—¿Son todos fresas?

—Algunos sí.

—¿Todos tienen nombres como Tarquin y Camila? —pregunta, hablando como fresa.

—La verdad es que no.

—¿Hiciste algún amigo?

Es implacable. Me detengo a mitad de una flexión para mirarla.

—Eres igual de pesada que Jenny.

—Y bien, ¿hiciste alguno?

Pienso en la chica a la que vi en el pasillo, la que llevaba los audífonos.

—No —respondo—. Solo estaré allí un año. No vale la pena.

Amber hace un gesto con la cara, pero no insiste. Me pongo de espaldas en el suelo y empiezo a hacer abdominales. Escucho que abren y cierran la puerta del baño y que alguien abre la llave de la regadera. Unos segundos más tarde Spike se pone a cantar una canción de Elvis. Cuando intenta llegar a las notas altas suena como un gato al que están estrangulando.

Gateo hasta la pared y le doy un buen golpe.

—¡A callar! —grito.

—Bah, déjalo en paz —dice Amber con un bostezo.

—¿Bromeas, no?

—Parece bastante inofensivo.

—Es un cretino, Amber.

—No está tan mal. A Tia le cae bien.

—A Tia le cae bien todo el mundo.

—Por lo menos es mejor que el último —señala Amber.

—Eso no es difícil —digo con un bufido.

El último novio de mamá se largó, pero antes robó la televisión. Pero de todas formas los novios de mamá siempre se largan. Alejará a Spike dentro de nada, igual que hizo con papá. Y no es que me importe que Spike se largue. Papá es el único que me importa.

# 9

Los martes, mi primera clase después del almuerzo es la de inglés, una de las asignaturas que menos me gustan. Prefiero las materias en las que se pueden dar respuestas correctas o incorrectas, con fórmulas y reglas.

Llego temprano y elijo un asiento al lado de la ventana en la parte de atrás del salón. Me siento y empiezo a sacar mis cosas y a ponerlas en el pupitre.

—Eh, ¿tienes una pluma que me prestes? ¡La mía chorrea tinta por todos lados!

Levanto la vista. Es ella. La chica de los audífonos está sentada en el pupitre delante del mío. Se dio la vuelta en su asiento y apoya los codos en mi mesa, con las manos en la barbilla.

—Y bien, ¿tienes una? —pregunta.

—¿Que si tengo qué? —balbuceo como un estúpido.

Entorna los ojos y se ríe.

—¿Tienes una pluma? —vuelve a preguntar, haciendo una pausa tras cada palabra.

—Ah, sí, por supuesto que tengo, espera.

Busco en mi estuche, intentando encontrar el que esté menos mordisqueado. Siento sus ojos sobre mí cuando le paso una pluma negra.

—¡Gracias, chico nuevo! ¡Ay, Dios!, ¿cómo puedo ser tan maleducada? No me presenté como es debido. Soy Alicia Baker —dice a la vez que me extiende la mano—. Perdona, tengo las manos llenas de tinta.

—Yo soy Leo Denton —digo; aprieto su mano una vez y luego la suelto.

—Ya sé quién eres —dice.

La profesora, la señorita Jennings, aplaude para llamar nuestra atención. Alicia me sonríe antes de darse la vuelta para mirar al frente de la clase.

Mierda.

No estoy aquí para conocer a chicas. Las chicas te decepcionan. Te engañan, te manipulan. Uno no se puede fiar de ellas. Es un hecho. Pero al mismo tiempo no puedo ignorar esta rara sensación en mi estómago, un poco parecida a cuando solía lanzarme a la alberca desde el trampolín a diez metros de altura. Mientras la señorita Jennings pasa lista, Alicia se gira y me lanza otra mirada por encima del hombro. Yo miro hacia otro lado de inmediato, fingiendo no haberla visto, y detengo mis ojos en el reloj de la pared, encima de la cabeza de la profesora; lo miro tan fijamente que se me nubla la vista.

Pestañeo. La señorita Jennings está diciendo mi nombre.

—¿Denton? ¿Leo Denton? —pregunta, frunciendo el ceño y buscando con la mirada por el salón.

—Ah, sí; aquí, señorita —contesto, levantando la mano. La mitad de la clase se gira para mirarme.

—Por favor, esté atento, señor Denton —me reprende frunciendo los labios, nada impresionada, antes de seguir pasando lista.

El resto de la clase la pasamos repartiendo los libros, rellenando formularios y escuchando a la profesora. Pongo todo mi empeño en atender, centrándome en el movimiento de los labios rojos de la señorita Jennings, como si mi vida dependiera de ello.

Por fin suena el timbre. Mientras recojo mis cosas, puedo sentir que Alicia me está mirando. Levanto la vista. Otra vez está sonriendo. Tiene hoyuelos en las mejillas. Sus dientes son increíblemente blancos. Preferiría que no fuera así.

—Hasta luego, soñador —dice sonriendo a la vez que se pone los audífonos antes de enlazar su brazo al de una chica rubia y salir del salón.


A la hora de la comida no puedo hacer frente a sentarme en el comedor, así que me compro un sándwich para llevar y me lo como en las escalinatas fuera del edificio de ciencias. Aquí se está tranquilo, lejos del campo de futbol y de los demás sitios donde se reúnen los estudiantes durante los recreos. También está debajo de la sala de profesores, así que puedo relajarme, a sabiendas de que nadie se atreverá a molestarme aquí. Termino mi sándwich con rapidez. Todos en mi familia engullimos la comida como si no fuésemos a probar bocado nunca más. Me pregunto si lo de comer rápidamente está inscrito en nuestro ADN y si papá hace lo mismo.

Miro por encima del hombro. Aparte de un par de chicos góticos que están sentados en las últimas gradas de arriba, no hay nadie más. Me saco la cartera del bolsillo y extraigo la foto de papá.

Es una foto de cuerpo entero, de pie, al lado de un Ford Fiesta rojo. Debía de acabar de lavarlo, ya que está muy brillante y hay una cubeta con agua y jabón al lado de sus pies. Me encantaría que la foto hubiese sido tomada desde otro ángulo, porque entonces podría ver el número de la matrícula, pero fue tomada de lado y mi padre está apoyado delante de la ventana del pasajero. Tiene los brazos cruzados sobre el pecho y está sonriendo a la cámara con orgullo. Sus dientes son bonitos: blancos y rectos. Debo de haberlo heredado de él, porque mi madre tiene unos dientes horribles, torcidos y amarillentos de toda una vida de fumar. Es alto, con el pelo castaño claro, igual que el mío. En la foto está demasiado lejos para ver si yo tengo sus ojos o su nariz o cualquier otra cosa. En el dorso hay una fecha escrita con la mala letra de mamá. Siete meses antes de que Amber y yo naciéramos.

Un Fin de Año, la tía Kerry, que estaba un poco ebria de vino blanco barato, dejó escapar que papá era carpintero. Me gusta la idea de que trabaje con las manos y que cree cosas hermosas de la nada. A Kerry también se le escapó que ella creía que se había mudado al sur para vivir cerca del mar, pero nadie lo sabe con certeza. Cada vez que hago una pregunta, la gente se calla enseguida o se enoja y siempre se cierra el tema antes de que me entere de nada.

Detrás de mí, los dos chicos se levantan de las gradas. Meto la foto en la cartera cuando pasan delante de mí.

## 10

Es viernes por la mañana. Otra vez toca inglés. Cuando camino por el pasillo intento no mirar a Alicia. Estoy casi en mi asiento cuando cometo el error de echar un vistazo hacia su pupitre. Y allí está, sonriente otra vez, totalmente inconsciente del efecto que eso tiene en mi cabeza; me la desordena.

La señorita Jennings baja las luces. Estamos viendo una película de *Noche de Reyes*, la obra de teatro que estudiamos este trimestre. Al principio intento concentrarme en la película por todos los medios, pero tras unos minutos me distraigo y mis ojos miran fijamente la nuca de Alicia. Normalmente lleva el pelo suelto, pero hoy se lo recogió en un chongo y puedo ver su cuello. Me imagino besándolo. Con tan solo pensarlo siento un calorcito por todo el cuerpo. Intento sacarme este pensamiento de la cabeza, como si no existiera. Respiro profundamente e intento mantener los ojos en la pantalla.

Afuera llueve y el salón está caliente. Pongo el dorso de la mano sobre la ventana. La condensación es agradable: fría y húmeda. Cuando retiro la mano, deja una huella. Al lado dibujo un círculo con el dedo índice. La señorita Jennings levanta la vista de sus correcciones. Yo retiro la mano húmeda y me la limpio en los pantalones.

Un segundo más tarde, Alicia se gira en su asiento y añade unos ojos y una sonrisa a mi círculo. Antes de que pueda frenarme me inclino y añado un par de orejas de soplillo y un mechón de pelo. Y puedo notar, por la manera en que se contraen los músculos del cuello, que Alicia está sonriendo.

—¿Ejem?

Levanto la vista. La señorita Jennings nos está mirando fijamente a los dos, tiene las cejas enarcadas. A Alicia se le escapa una risita. Yo lucho para que mis labios no dibujen una sonrisa y sé que tengo que controlarme.

Durante el resto de la clase me obligo a mirar hacia la pantalla y a ningún otro sitio.

Cuando suena el timbre, nuestra carita ha empezado a deslizarse hacia abajo por la ventana, tiene los ojos caídos y la sonrisa ahora es un gesto triste. Mientras guardo mis cosas puedo sentir que me está mirando. De forma distraída, se me cae la pluma. Me agacho para recogerla, pero Alicia es más rápida.

—Toma —me dice, empujándola en mi mano.

—Gracias —murmuro, metiendo la pluma en mi mochila.

Espero a que se vaya, pero no lo hace. En vez de irse, se sienta en el borde de mi pupitre y balancea las piernas mientras continúa mirándome.

—¿Leo? —dice.

—¿Sí? —respondo, cerrando mi mochila sin mirarla a los ojos.

—¿Puedo pedirte un favor?

Trago saliva con dificultad.

—¿Qué tipo de favor? —le pregunto con lentitud.

—Es uno pequeño, lo prometo —responde, mordiéndose el labio inferior—. Es que entré en un concurso de canto por internet y el ganador puede conocer a los mejores ejecutivos de las discográficas, pero necesito un montón de votos más para llegar a la final. Así que me preguntaba si votarías por mí... Se lo pedí a todo el mundo en Facebook y Twitter, pero a ti no te encontré.

Siento un cosquilleo en la piel al imaginarme a Alicia buscándome en las redes.

—Por cierto, creo que es genial —añade.

Yo frunzo el ceño.

—Que no estés en Facebook, quiero decir —continúa—. Muchas veces preferiría no estar. A veces te puede volver loco, ¿entiendes?

No le contesto.

—Entonces, eh, ¿cantas? —pregunto en vez de contestarle.

—Sí, bueno —dice, mirándose los zapatos; de repente parece tímida—. También escribo mis propias canciones y subo los videos a internet, ya sabes, a YouTube y eso.

—Ah, qué padre —murmuro.

—Entonces, ¿votarás por mí?

—¿Qué tengo que hacer?

—Dame la mano.

Antes de que pueda hacer o decir nada, me toma la mano y la pone encima de la suya. Su piel es suave y sus uñas son cortas y están limpias, y tienen una capa de esmalte transparente. Dejo la mano floja y ruego que no se dé cuenta de que me muerdo las uñas. Con una pluma, garabatea algo en el dorso; la punta de la pluma jala un poco de la piel. Cuando termina, hace una pausa. Tengo que luchar contra el deseo de retirar la mano de un jalón. Ella levanta la vista.

—Manos pecosas —dice.

—¿Eh?

—Siempre he querido tener pecas —continúa—. Mi abuela cree que son besos del sol. Bonito, ¿no?

Me encojo de hombros.

Alicia le da un golpecito a mi mano con la pluma.

—Bien, esa es la dirección de la página web. Yo aparezco en la lista como Alicia B.

—Alicia B —repito.

—Para votar por mí, solo tienes que hacer clic en mi nombre y ver mi video. Creo que estoy casi a mitad de la página.

—De acuerdo.

—Genial. Gracias, Leo, realmente agradezco que hagas esto.

Solo entonces deja libre mi mano.


Después de clase, en vez de ir directamente a casa, me dirijo al salón de informática. Aparte de otro chico y el profesor de guardia, está vacío.

Tomo un par de audífonos del montón que hay en la parte delantera del aula y me siento delante de uno de los monitores en la última fila. Escribo la dirección de la web que llevo en la mano en la barra de direcciones. Bajo hasta que encuentro a Alicia B y hago clic sobre su nombre.

La cara de Alicia aparece en la pantalla. Está sentada al pie de una cama con las piernas cruzadas, con una guitarra en el regazo, y su cara está congelada en una sonrisa. Le doy play.

—Hola, soy Alicia B —dice directamente a la cámara—. Esta es una canción que he escrito y que se llama *Deep down with love*. Espero que te guste y si te gusta, ¡que votes por mí! ¡Gracias!

Comienza a cantar. Y es increíble, mucho mejor que cualquier participante del programa «Factor X» o de «Gran Bretaña tiene talento». Miro el vídeo un par de veces más, aunque solo se me permita votar una vez. Estoy a punto de irme cuando recuerdo que dijo algo de subir cosas a YouTube, así que escribo su nombre, Alicia B, y me salen un montón de videos. En algunos sale cantando canciones de gente como Adele o Leona Lewis. Pero los que más me gustan son en los que ella canta sus propias canciones, todas tienen letras tristes sobre desamores. Al final de cada tema siempre espera un par de acordes antes de sonreír ampliamente para demostrar que es solo ficción.

Porque estoy muy seguro de que Alicia Baker es el tipo de chica que rompe corazones y no al revés.


Cuando llego a casa, Spike está en la cocina leyendo el periódico y comiéndose un pan tostado.

—¿Qué haces aquí? —le pregunto.

Tiene los pies sobre la mesa. Uno de sus calcetines tiene un agujero en el dedo gordo.

—Hola a ti también —dice con alegría.

—¿Dónde está mamá?

—Le salió un turno en la lavandería y luego se va a hacer la manicure con tu tía Kerry. «Noche de chicas.»

—Bueno, pero eso no explica qué haces tú aquí —insisto.

—Me ofrecí para ir a buscar a Tia a la escuela y para prepararles algo de cena.

—Pues muy bien.

Abro el cajón donde guardamos el pan; está vacío. Echo una mirada al plato de Spike. Hay por lo menos cinco rebanadas.

—Eh, toma algunas de estas —dice Spike rápidamente, al darse cuenta de que frunzo el ceño—. Engañará al hambre por un rato.

—No, gracias.

—No seas tonto, de todos modos no puedo comérmelo todo. Lo que es tuyo es mío, chico nuestro.

—No soy «tu chico» —digo entre dientes.

Me voy a la sala y enciendo la tele. Está un programa de esos en los que la gente busca casas en el extranjero. Noto que Spike me está observando. Miro por encima del hombro. Se levanta de la mesa de la cocina y se apoya en el marco de la puerta, balanceando el plato con pan tostado en la palma de la mano.

—Caray, qué bonito —dice, indicando con un movimiento de la cabeza hacia el televisor—. ¿Alguna vez has estado en España, Leo?

—No —masculla.

—Es un lugar fantástico —comenta—. Aunque siempre digo que Tailandia es insuperable. Un país hermoso. La gente es superagradable también. Dios, las experiencias que tuve en Tailandia, chico... —dice, soltando un silbido bajito—. La gente siempre me dice que debería escribir un libro sobre mis viajes, ¿sabes?...

—¿Y por qué no lo haces? —masculla.

Normalmente no me quedo a escuchar a Spike, pero cuando lo hago, así es como habla. Como si hubiera tenido grandes aventuras; la versión británica de Indiana Jones, solo que nunca entra en detalles, siempre se muestra muy impreciso, como si lo inventara a medida que lo va contando.

El otro día dejó su cartera en la mesita de centro y le eché una mirada rápida. Su licencia de manejo dice que su nombre es Kevin. Pues vaya con Spike. La dirección es de algún lugar de Manchester. Aparte de eso había un poco de dinero, algunos recibos y una tira de fotos doblada de mamá y él, tomada en una cabina de fotos de esas. En la primera toma los dos están sonriendo a la cámara, en la segunda se están poniendo cuernitos detrás de la cabeza el uno al otro, en la tercera y cuarta, se están besuqueando. Asqueroso.

Spike se acerca y se sienta a mi lado.

—¿Una rebanada? —me ofrece—. Anda.

El pan gotea mantequilla. Huele genial. Muy a mi pesar tomo uno, pero solo porque estoy muerto de hambre. Lo parto por la mitad, me meto el trozo más pequeño en la boca y me lo trago entero. Me raspa la garganta.

Spike le da un mordisco al pan y mastica por unos segundos, relamiéndose los labios.

—En realidad, Leo, me alegro de que tu madre no esté en casa esta noche. Creo que tal vez empezamos mal. Esta puede ser una buena oportunidad para que tengamos una buena conversación, de hombre a hombre.

—Gracias, pero no —digo, tragándome de un golpe el resto del pan mientras me levanto.

—Eh, Leo, espera.

Me volteo. Spike me está mirando hacia arriba. Con ese fleco de medio lado y los ojos entrecerrados, me recuerda un poco al perrito spaniel que tuvo Kerry durante un tiempo, hasta que este se orinó en su ropa interior y lo llevó a la sociedad protectora de animales.

—Me gusta muchísimo tu madre, eso lo sabes, ¿no? —dice.

Yo me limito a encogerme de hombros. La idea de que cualquier persona entre en la zona de desastre que es mi madre me parece bastante imposible.

—Es una mujer muy especial, Leo, y ya sé que todavía es muy pronto, pero si las cosas funcionan, y espero que así sea, yo me portaré bien contigo y con tus hermanas. No soy como los demás. No voy a largarme en cuanto las cosas se pongan un poco difíciles.

—Pues bueno —digo, mirando por la ventana—. Tengo quince años. En algunos años me iré.

—Por supuesto, amigo. Solo quiero que lo sepas. Sé que debe ser difícil para ti y para Amber no tener un padre.

Me volteo rápidamente.

—No metas a mi padre en esto. No sabes nada de él.

—Tranqui, chico, puede que yo sepa mucho más de lo que te imaginas —dice Spike, levantando las manos.

—No sabes una mierda —escupo las palabras y me dirijo hacia la puerta.

—Leo —me llama Spike—. ¡Vamos, vuelve aquí, amigo! ¡Leo!

Azoto la puerta con fuerza al salir.

Mientras cruzo el jardín a grandes pasos oigo que una de las ventanas de arriba se abre y escucho la vocecita de Tia que me llama por mi nombre. La ignoro y sigo caminando.

Sé exactamente hacia dónde voy.

Me dirijo al antiguo balneario de Cloverdale.

Todavía hay luz cuando llego, así que me acuesto boca arriba en el fondo de la alberca vacía con la sudadera metida debajo de la cabeza a modo de almohada. Por encima de mí, la luz solar que lentamente va desapareciendo brilla a través del techo de cristal y me calienta la cara. Ya me siento un poco más calmado. Extiendo los dedos. Noto los azulejos fríos y algo húmedos, lo cual es raro, porque hace un par de años que allí no hay agua. Pero todavía huele a cloro. Me gusta respirarlo, lo hago a grandes bocanadas hasta llenarme los pulmones y las fosas nasales.

Cuando anunciaron que iban a cerrar el balneario de Cloverdale hace unos años, todo el mundo armó un gran revuelo y se firmaron peticiones, pero no sirvió de nada; el Ayuntamiento siguió adelante y lo cerró de todas maneras. Según dicen están construyendo un nuevo centro a un poco más de un kilómetro de aquí, que tendrá un gimnasio, una cafetería y clases de zumba. Pero no será igual.

Yo solía venir a nadar aquí cuando era pequeño. En días soleados como el de hoy, el sol te cegaba si nadabas de espaldas. Pero a mí me gustaba sobre todo cuando llovía. Me encantaba cómo se ponía superoscuro y el agua retumbaba en el techo y te podías imaginar nadando por el río Amazonas en medio de una tormenta tropical.

Gav solía traernos a Amber y a mí los sábados por la mañana mientras mamá se quedaba en la cama para dormir cuando estaba cruda. Gav era el novio de mamá entonces. Él nos enseñó a nadar en la zona con menos profundidad: a espalda y estilo libre. A Amber nunca le gustó mucho. No le gustaba mojarse el pelo y solía toser y escupir cada vez que le entraba agua en la boca. Pero a mí me encantaba. Gav solía decir que yo tenía «talento natural», que era un verdadero pez en el agua.

Me caía bien Gav. Fue uno de los mejores. Por supuesto, era demasiado blando y permitía que mamá le reclamara todo el tiempo, hasta que un día debió de hartarse porque abandonó la casa una mañana y jamás regresó.

Aunque no estoy en el agua desde hace cinco años, extraño lo que sentía cuando nadaba: tranquilidad y control. Extraño el sonido amortiguado de las voces cuando tenía la cabeza sumergida. A veces pienso que la vida sería mil veces más fácil si pudiera hacer todo debajo del agua, sin que nadie me molestara, con las palabras distorsionadas y lejanas y yo debajo de la superficie, rápido e intocable.

Mientras sigo acostado en el suelo, las palabras de Spike me siguen volviendo a la cabeza como un eco: «Puede que sepa mucho más de lo que te imaginas». Parte de mí desearía haberse quedado para preguntarle qué quería decir, pero Spike solo tendrá la versión de la historia de mamá y quién sabe qué mierdas le habrá contado.

No, la única persona que realmente podría decirme la verdad se fue hace mucho tiempo.

## 11

El lunes, a la hora de la comida, el comedor estaba lleno, la mayoría de los chicos estaban preparados para aguantar el olor a col hervida y a chirivía quemada a cambio de algo de calor. Essie, Felix y yo miramos hacia Leo, que está devorando un plato de papas fritas.

—Me pregunto adónde irá —reflexiono, observando cómo deposita su charola vacía y se dirige hacia la puerta.

—¿A aullar a la luna? —sugiere Essie.

—Ja. Ja.

—¿Y a ti qué te importa? —pregunta Essie.

A través de la ventana, veo cómo Leo camina a grandes pasos por el patio. No lleva abrigo y puedo ver el vaho de su aliento en el aire.

—Debe de estar congelado —murmuro, frunciendo el ceño y estirando el cuello hasta que Leo desaparece por la esquina.

El tiempo dio un giro durante el fin de semana. Según el periódico va a ser el septiembre más frío que se haya registrado desde los años cuarenta.

—¿Quién eres, su madre? —dice Essie.

Essie anda con un humor de perros porque acaba de enterarse de que su madre se va a ir a esquiar en Navidad y los va a dejar a ella y a su hermano pequeño para que pasen las vacaciones con su padre y su nueva esposa.

—Solo estaba especulando —susurro, picoteando la comida con el tenedor.

—¿Te dije que está en mi clase de matemáticas? —me pregunta Felix.

—¿De verdad? —respondo.

No puedo evitarlo, pero me sorprende que Leo también esté en la clase avanzada. Inmediatamente me siento avergonzado por juzgarlo tan a la ligera. Hago una nota mental añadiendo «se le dan bien las matemáticas» a la irritante escasa lista de detalles que sé sobre él, y más irritante es el hecho de que todavía no puedo aclarar por qué me interesa tanto.

—¿Cómo es en clase? —pregunto.

—Todavía no ha sacado ninguna arma —responde Felix—. De hecho, casi no pronuncia palabra. Pero es evidente que sabe lo que hace.

—No puedo creer que no me lo dijeras antes —le reclamo.

—¿Qué te pasa con ese chico? —pregunta Essie—. Estás como fascinado por él.

—No, fascinado no. Solo lo encuentro interesante, eso es todo. ¿Acaso tú no?

—Moderadamente —dice Essie con un bostezo.

—Solo estás molesta porque no quiso comer con nosotros —digo.

—No, no estoy molesta, aunque si nos basamos en ese hecho, es evidente que el chico no tiene buen gusto.

Me mira entrecerrando los ojos.

—No será que te gusta, ¿no?

—Solo porque encuentre a alguien interesante no significa que me guste.

—No pasa nada si te gusta. Me sorprende, eso es todo. No creía que los chicos malos fueran tu tipo. Pobre Zachary —dice, lanzando un suspiro—. Destituido por el chico nuevo.

—No me gusta Leo Denton —digo, probablemente demasiado alto porque las chicas que están sentadas a la mesa de al lado nos miran por encima del hombro con mucho interés.

—No me gusta —repito con un bufido bajito.

—Bueno, bueno —dice Essie, con las manos en alto, para implicar que se rinde—. Te creo.

—Gracias —le respondo.

—Aunque miles de personas no lo harían... —añade, riéndose con malicia.

No veo a Leo hasta después de clase. Cuando pasamos la parada del autobús en el coche de mi madre, lo veo apoyado en la marquesina, con las manos en los bolsillos, con sus ojos de caleidoscopio mirando fijamente a la nada. Es raro, porque la sensación que noto cuando lo miro es totalmente diferente a cómo me siento cuando veo a Zachary. No noto mariposas ni siento que voy a vomitar. Sigo con la capacidad de poder hablar. No me pongo del color de un jitomate. Y, sin embargo, definitivamente siento algo. Solo que todavía no puedo descifrar qué es ese algo, y me está volviendo loco.

Cada noche cuando llega a casa del trabajo, papá se sienta en su sillón favorito y lee el periódico mientras bebe una taza de té con leche. Hoy me siento en el sillón enfrente de él y finjo estar estudiando francés para el examen de mañana de *madame* Fournier. Finjo porque lo que realmente estoy haciendo es observar el rostro de papá en busca de pistas: algún detalle cuando enarca las cejas, alguna señal cuando frunce el ceño, tal vez una sonrisa; algún indicio de que algo no le gusta o lo contrario. Porque en la página veintitrés del periódico hay un artículo sobre una chica en Estados Unidos que acaba de ser elegida reina del baile de graduación de su instituto. No sé muy bien qué es lo que hace una reina, aparte de llevar una corona y una banda, salir en desfiles y saludar con la mano a la gente. Pero esa no es la parte de la historia que me importa, porque la chica del artículo, con su brillante traje de noche y tacones altos, nació chico.

Mientras lee, es frustrante porque el rostro de papá permanece impasible sin ningún cambio. Lo miro por encima de la lista de vocabulario mientras él toma otro sorbo de té y pasa la página con tranquilidad.

—¿Algo interesante? —pregunto de manera casual.

—No, nada —contesta con un bostezo.

Después de media hora, termina. Deja el periódico en el brazo del sillón y se dirige a la cocina a lavar la taza. En cuanto sale de la habitación, robo el periódico y subo corriendo la escalera, de dos en dos, cerrando de un golpe la puerta de mi cuarto.

Mi habitación es mi santuario. El año pasado, cuando cumplí trece años, mamá y papá me permitieron pintarlo del color que yo quisiera. El que yo quería en realidad era un precioso rosa fuerte, pero tuve demasiado miedo de pedirlo. Después de pensarlo mucho terminé eligiendo un rojo fuerte, que, según Essie, hace que mi cuarto se parezca mucho a un útero. Papá prefiere referirse a mi habitación como «la cueva», y cuando lo hace lo dice con una voz muy profunda que a él le parece graciosísima. Mis paredes están decoradas con pósteres enmarcados, en su mayoría imágenes de Nueva York en blanco y negro, o carteles de películas de época, y *collages* de Essie, Felix y yo a lo largo del tiempo; los tres hemos cambiado poquísimo, salvo por el color del pelo de Essie, que siempre va variando.

Enciendo las luces de Navidad, que dan la vuelta por toda la habitación, y me tiro en la cama, abriendo el periódico encima del edredón. Voy a la página veintitrés y suelto un suspiro. En ella predomina la foto de la reina del baile de graduación; pelo negro que cae como una cascada por sus hombros bronceados. Es oficialmente hermosa. Mi dedo dibuja los contornos de su rostro y las curvas de su cuerpo en su vestido de gala. Según el artículo, tiene dieciséis años. Se ve mayor, aparenta tal vez veintiuno. ¿Podría ser yo así en dos años? Intento imaginarme encima del escenario de la escuela, con un vestido de fiesta con brillos y sonriendo de forma serena mientras saludo con la mano en el aire a mis compañeros de clase, que aplauden, Zachary (coronado como rey, por supuesto) me toma del brazo y me mira como si me adorara. Pero la imagen no logra formarse adecuadamente en mi mente. La siento como algo estúpido y falso, como si se tratara de un juego de estos en los que fingimos ser otra persona, pero sin entusiasmo.

Saco un par de tijeras del escritorio y recorto el artículo con mucho cuidado. Me tumbo sobre el vientre, estiro las manos debajo de la cama y saco mi enorme cuaderno de recortes.

Fue un regalo de cuando cumplí diez años de una tía abuela lejana. Mi cuaderno de recortes representa cuatro años de esmerada conservación artística. Hacia el comienzo, las páginas están llenas de postales, envolturas de dulces y entradas de cine pegadas cuidadosamente sobre las negras páginas. Luego comencé a pegar cualquier cosa que me pareciera interesante o hermosa: una pluma de pavo real que encontré en una excursión escolar a la abadía de Newstead; un pañuelo de papel con los labios impresos en lápiz labial de color rosa robado de la mesilla de noche de mamá; fotos de mujeres hermosas recortadas de revistas. Mis favoritas son las de las antiguas estrellas del cine: Elizabeth Taylor chorreando diamantes, Marilyn Monroe en una playa con un traje de baño blanco reluciente, Audrey Hepburn con unos largos guantes negros y un collar de perlas. Estos días las estrellas de cine se mezclan con recortes de prensa y de revistas de medicina, estadísticas y tablas, datos y cifras.

Abro el cuaderno en la página más reciente. Huele dulce, de la muestra de perfume que pegué la semana pasada. Dejo que se me cierren los ojos y entierro la nariz en las páginas por un instante, inhalando profundamente. En la hoja opuesta pego cuidadosamente el artículo, estirándolo mientras presiono para que no queden burbujas ni arrugas.

Echo un vistazo a mi celular. Faltan veinte minutos para la cena. Justo el tiempo suficiente para hacer una inspección. Empujo la silla del escritorio debajo de la manija de la puerta y pongo música para hacer el proceso un poco más tolerable. Escojo el CD de Lady Gaga *Born this way* y subo el volumen al máximo.

Cuando termino y estoy a punto de ponerme los calzones la manija de la puerta empieza a repiquetear.

—¿David? —grita Livvy por encima de la música—. ¡Déjame entrar!

—¡Espera! —le grito, poniéndome la bata y apretando el cinturón con fuerza alrededor de mi estómago. Apago la música y aparto la silla. Cuando la puerta comienza a abrirse me doy cuenta de que el cuaderno de inspección está abierto sobre la almohada. En un ataque de pánico lo tomo y lo tiro dentro de la mochila de la escuela antes de pararme de un salto en el centro de la habitación.

Livvy entra con cuidado, arruga la nariz cuando me ve de pie, recto como una regla, con la bata puesta horas antes de irme a la cama.

—¿No nos oíste llamándote para cenar?

—Es evidente que no.

—¿Por qué tenías algo apoyado contra la puerta? —pregunta, frunciendo el ceño mientras mira la silla del escritorio.

—Me estaba cambiando de ropa.

—Como si a alguno de nosotros nos interesara verte cuando te cambias.

Le hago un gesto con la cara. Ella me devuelve otro más feo.

—¡David! ¡Livvy! —grita mamá desde abajo—. La cena se está enfriando.

Me muevo para bajar, pero Livvy se queda donde está, con los ojos entrecerrados por la sospecha.

—Anda, vamos —digo, dándole un empujoncito suave hacia la puerta—. Ya oíste lo que dijo mamá: la cena se está enfriando. Bajo en un segundo.

De mala gana me deja sacarla de la habitación hasta la escalera.

## 12

Esa noche me quedo dormido en la cama rodeado por los apuntes de francés. Tengo pesadillas en las que me encuentro en el cuerpo de *madame* Fournier; lo único es que no puedo hablar francés y tengo que esconderme en el mueble de la papelería.

Esa mañana duermo más de lo que debería, solo me despierto cuando *Phil* salta a mi cama, babeando por todo el edredón. En estado de *shock* me visto a trompicones por la habitación, me pongo el uniforme, intento domar mi pelo, que está de punta, tiro libros y carpetas dentro de la mochila y bajo corriendo por la escalera y me meto en el coche, con los ojos todavía algo pegajosos por el sueño.

La mañana tampoco mejora mucho. La primera clase es educación física, una asignatura en la que no sobresalgo. Es la única que comparto con Zachary y donde no tengo ninguna oportunidad de destacar, aunque sé que es una ocasión excelente para mirarle las piernas. Este trimestre tenemos rugby. Normalmente, la táctica de Felix y mía (Felix es malísimo para los deportes, eso sin mencionar que es casi ciego sin lentes) es mantenernos lo más lejos posible de la pelota y de los demás jugadores. Pero hoy tenemos a un profesor nuevo demasiado entusiasta y nos obliga a meternos en el montón. Lo peor es que Simon Allen se sienta sobre mi cabeza.

En el examen de francés me va espectacularmente mal. Cuando entrego la prueba al final de la clase, *madame* Fournier ya frunce el ceño, como si pudiese predecir que no pasé.

En matemáticas estamos estudiando las ecuaciones generales. El señor Steele podría estar hablando en élfico y yo entendería lo mismo. Incapaz de seguir sus explicaciones, paso casi toda la clase haciendo dibujos. Me sorprende cuando me doy cuenta de que la figura agachada que dibujé en una esquina de la página se parece mucho a Leo Denton.

A la hora del almuerzo estoy agotado. Harry, Tom y Lexi están detrás de mí en la fila del comedor; Harry y Tom se turnan para darme golpes en las orejas, haciendo que Lexi chille de risa cada vez que lo hacen.

—Muy maduros, chicos —digo, intentando parecer lo más aburrido posible.

—Anda, vamos, relájate, *Freak* —dice Harry—. Solo nos estamos divirtiendo un poco.

Me da otro golpe en la oreja derecha, esta vez con fuerza. Me encojo de dolor. Los tres se mueren de la risa.

Fijo mi mirada en la nuca del chico delante de mí y me concentro en estar muy quieto; intento resistir las ganas de abandonar la fila. A veces, si lo ignoro lo suficiente, Harry se aburre y busca otra víctima.

—¿Dónde están tus amigos? ¿La bella y el matado? No, espera, déjame decirlo de otra manera, a fin de cuentas estamos hablando de Essie Staines; ¿dónde están la mutante y el matado? —dice con aire engreído.

—¿Qué acabas de llamar a mis amigos? —pregunto.

Lleno de rabia me volteo para mirarlo de frente.

—La mutante y el matado —contesta Harry con una voz inocente—. ¿Tienes algún problema con eso, *Freak*?

Me muerdo el labio con fuerza.

—Y bien, ¿dónde están? ¿Mutando en alguna parte?

—Están en el ensayo de la banda —digo.

—Ahhh, en un ensayo de la banda —dice Harry con una voz aguda y ceceando.

Le doy la espalda. Delante de la fila, las señoras que reparten la comida parece que estén sirviendo en cámara lenta.

—Dios, esta fila me está matando —se queja Lexi, soltando un suspiro—. Entretenme, Harry.

—¿Acaso no te entretiene lo suficiente estar en mi compañía? —le pregunta este.

Lexi suelta unas risitas.

—Eh, ¿y si jugamos a «Besuquearse, casarse o tirarse de un precipicio»? —sugiere Tom.

—Esta bien —dice Lexi—. Cualquier cosa para acabar con este aburrimiento.

—Déjame ir a mí primero, tengo una fantástica para Lex.

—Adelante, Tommy —dice Harry—. Hazlo lo peor que puedas.

—Bueno —dice Tom—. Estas son tus opciones, Lexi. El señor Wilton...

—¡Repugnante! —grita Lexi.

El señor Wilton es el profesor de matemáticas y tiene unos setenta años como mínimo.

—El señor Stacey... —continúa Tom.

Lexi chilla otra vez. Se trata del profesor de inglés, y es un tremendo degenerado. Corre el rumor de que intentó emborrachar a Caitlin Myers en el viaje de segundo de bachillerato a Toulouse el trimestre pasado.

—Y, finalmente, el mismísimo chico de último año de secundaria... —Tom imita un redoble de tambor en los muslos—. David Piper.

Lexi se muere de la risa.

—¡Genial! —exclama Harry, chocándole la mano a Tom—. ¡Amigo, totalmente genial!

Intento concentrarme en el menú, tratando de decidir entre el puré y las salchichas o la lasaña vegetariana.

—Vamos, Lex, ya tienes las opciones, ¿cuál es el veredicto? —pregunta Harry.

—Es muy fácil —responde Lexi—. Besuquearía al señor Stacey, porque por lo menos sabemos que le gustaría; me casaría con el señor Wilton, porque es probable que se muera pronto y yo me quedaría con todo el dinero de su testamento, y tiraría a *Freak* por el precipicio.

—Ohhh, ¡pobre *Freak*! —dice Harry.

—Como si me importara —digo entre dientes, tomando una botella de agua.

74

—¿Qué dijiste? —pregunta Harry.

Pongo la botella de agua en mi charola, respiro hondo y me volteo para enfrentarlo.

—¿De verdad crees que me importa si esta cabeza hueca quiere tirarme por un precipicio o no?

Tom reprime una risita.

—¿Qué acabas de llamarme? —pregunta Lexi. De repente tiene la cara rojísima.

—Cabeza hueca —digo, con un tono unas mil veces más seguro de lo que realmente me siento.

Existe una línea que no hay que cruzar con Harry y me da la sensación de que estoy en equilibrio sobre el borde de manera muy peligrosa.

—Harry, ¿vas a permitir que me hable de esa manera? —reclama Lexi, haciendo un puchero con la boca.

Harry camina a mi alrededor haciendo un círculo con lentitud. Puedo notar cómo se me acelera el corazón. Se detiene detrás de mí, presiona su cuerpo contra el mío, me apoya la barbilla en el hombro. Puedo notar su aliento cálido en la mejilla. Huele a cigarro, enmascarado con caramelos de menta.

—Pídele perdón a mi novia —me gruñe al oído.

Considero las opciones que tengo. Podría, por supuesto, hacer lo que Harry me pide y disculparme con Lexi. Esto sería probablemente lo más sensato a largo plazo. Sin embargo, también me perseguiría durante días. Me despertaría en medio de la noche empapado de un sudor frío pensando en todas las cosas valientes que le podría haber dicho. La otra alternativa sería canalizar mi Essie interior y soltar un largo discurso sobre los otros «atributos» de Lexi, además de ser una cabeza hueca. Esta sería la opción más satisfactoria, pero la más arriesgada en potencia. Lo que ni siquiera considero es lo que en realidad acabo por hacer, probablemente la opción más peligrosa de todas.

—Estoy esperando, *Freak* —susurra Harry, su aliento me hace cosquillas en la oreja.

Muevo el hombro hacia arriba bruscamente, el hueso impacta con la mandíbula de Harry con un fuerte chasquido. Me doy la vuelta con rapidez. Harry se agarra la boca con las manos, los ojos se le salen por el *shock*.

—¡Hiciste que se muerda la lengua, *Freak*! —dice Lexi en un alarido, y sale corriendo a abrazar a Harry. Él se desembaraza de ella y se lanza encima de mí. Me tambaleo hacia atrás dudando un poco antes de empujarlo. Debo de haberlo tomado por sorpresa, porque da un traspié y choca con Lexi, que está chillando. Se endereza y me vuelve a empujar, esta vez con más fuerza, sus ojos parpadean con rabia. La intensidad del empujón me lanza volando encima de los chicos que están detrás de mí. La mochila se me cae del hombro y acaba en el suelo. Me agacho para recogerla, pero Tom llega primero, mete el pie debajo y la lanza de una patada hacia Harry, que empieza a regatearla en círculos.

—Beaumont, no seas así —dice una chica de primero de bachillerato.

Por un momento pienso que Harry le va a prestar atención porque se detiene y levanta la mochila. Cuando se acerca a mí, estiro las manos para tomarla. Pero en el último segundo sonríe y se la tira a Tom por encima de mi cabeza. Mientras esta vuela por encima de mí en cámara lenta, recuerdo.

Mi cuaderno de inspección está dentro.

El pánico me encoge el pecho.

—Devuélvemela —le digo a Tom.

—Devuélvemela —me imita con un gritito agudo.

—Por lo menos podrías pedirlo con amabilidad —dice Harry.

—¡Por favor, devuélvemela! —repito, un tono de urgencia se cuela en mi voz.

—Eso está mucho mejor —dice Harry—. Pero ¿sabes qué, *Freak*? Todavía no hemos acabado.

Esta vez le tira la mochila a Lexi, que da gritos de alegría antes de lanzársela a Tom.

—¡Va, dénmela y punto!

Ahora estoy gritando. Pero siguen tirándola de aquí para allá y yo estoy en medio, dando saltos con impotencia. Tom le lanza la mochila a Harry. Pasa por encima de mi cabeza, intento tomarla, alcanzo a rozar los tirantes antes de que esta acabe en los brazos de Harry. En vez de tirársela de vuelta a Tom, se la aprieta contra el pecho y la mece como si se tratara de un recién nacido, con una sonrisa burlona en la cara.

—¿Sabes lo que pienso? Que la dama protesta demasiado —dice, abriendo el cierre lentamente.

«No, no, no.»

—Harry —digo en un susurro—. Te lo ruego, devuélvemela.

—¿Me ruegas, es eso lo que estás haciendo? —dice—. Muy interesante.

Sin quitarme los ojos de encima, pone la mochila patas arriba. El contenido cae al suelo. El estuche se abre, lápices y plumas se dispersan en todas direcciones. Media botella de agua sale dando botes, un paquete de chicles, las llaves, los libros y las carpetas, papeles que flotan inocentemente hasta aterrizar en el suelo como si fuese confeti enorme. Y finalmente, mi cuaderno lila. Me tiro al suelo para recogerlo, pero Harry me lleva ventaja y lo atrapa con un rápido movimiento.

—¿Qué tenemos aquí? —anuncia a la audiencia que ha ido creciendo—. ¿Acaso el *Freak* escribe un diario? Querido diario, ¿por qué seré un perdedor tan raro? —recita con voz aguda.

Cada vez se reúnen más chicos. Miro a mi alrededor en busca de un profesor o de una de las señoras que sirven la comida, pero no puedo ver nada por encima de las cabezas de la pequeña multitud que nos rodea.

Multitud que incluye a Zachary Olsen.

De repente me siento muy mareado.

—Déjalo ya, Harry —dice alguien, probablemente esa chica de primero de bachillerato otra vez.

Pero Harry está en trance. Se está divirtiendo demasiado para pensar por un segundo en dejarlo. Abre el cuaderno al azar. Sus ojos leen rápidamente hasta el final de la página y se abren con excitación, como si no pudiese creer la suerte que tiene.

—Harry, por favor —digo, mirando hacia el lado donde está Zachary, que tiene el ceño un poco fruncido.

Pero no sirve de nada, ya nada va a detener a Harry.

—¡Chicos, chicos, oigan esto! —grita—. Ocho de marzo. Altura: un metro sesenta y cinco centímetros; nuez: pequeña pero visible. —Me mira moviendo la cabeza—. ¿Qué demonios es esto, *Freak*?

Me lanzo hacia él e intento atrapar el cuaderno, pero Tom me agarra por los brazos y me los dobla en la espalda.

—¡Suéltame! —grito, volteándome hacia él y dándole una patada en las piernas.

Una de mis patadas le da en la espinilla izquierda. Suelta una maldición entre dientes y me rodea con los brazos por el pecho con fuerza, apenas puedo respirar. Es más alto que yo y tiene un cuerpo grande y fuerte.

—¡Vello púbico: más duro, más rizado! —continúa Harry—. ¡Carajo, escuchen esto! ¡Longitud del pene: seis centímetros y medio!

Una explosión de risa. Ahora estoy gritando a pleno pulmón, pienso que tal vez, si hago suficiente ruido, puedo acallar la voz de Harry. En un momento creo oír que alguien le dice que se detenga, pero con todo el escándalo no puedo estar seguro.

—¡Cállate, cállate, cállate! —repito con los ojos cerrados.

Tal vez si no los abro puedo fingir que esto no es más que una horrible pesadilla; que Zachary Olsen no está a un metro de distancia escuchando a Harry recitar el tamaño fluctuante de mi pene. Siento que debajo de mis párpados se va acumulando agua, y esta amenaza con salir. Pero no puedo llorar delante de ellos. No lo haré.

El puñetazo nos hace callar a todos.

Suena como si no fuera real, como un efecto sonoro de una película de acción. Abro los ojos. Harry está en el suelo, sangra por la nariz, tiene los ojos abiertos en estado de *shock*. Primero pienso que a lo mejor tuve algún tipo de experiencia extracorporal y que fui yo el responsable. Pero entonces me doy cuenta de que los brazos de Tom continúan alrededor de mi pecho. Sigo la mirada de Harry. De pie, por encima de él, está Leo, el chico de Cloverdale, mirándose el puño como si no le perteneciera.

## 13

La oficina del señor Toolan es diferente a como la recordaba: más pequeña y más oscura. En el centro hay un gran escritorio desordenado, cubierto de papeles y tazas de café. Al lado izquierdo de la pantalla de la computadora hay fotos enmarcadas de su esposa y de sus hijos adultos, bronceados y guapos, en vacaciones de esquí y en ceremonias de graduación. A la derecha, un sándwich a medio comer. Detrás del escritorio, el señor Toolan está mirando mi expediente con el ceño fruncido.

Muevo la pierna izquierda de arriba abajo. La mayor parte del tiempo puedo ocultar cómo me siento, poniendo otra cara o ajustando mi cuerpo para que la gente no pueda seguirme la pista. Pero mi pierna izquierda siempre se antepone a mi cerebro.

El señor Toolan deja mi expediente en su escritorio y lanza un suspiro.

—Leo, no voy a seguirte la corriente. Esto no es un buen comienzo.

Doblo los dedos. Mis nudillos están rojos y pican.

—No esperaba verte en esta oficina jamás, y a casi dos semanas del comienzo del primer trimestre, aquí estás. Y nada menos que por pegarle a otro alumno —continúa el señor Toolan.

Me miro los zapatos. Todavía llevo el par del año pasado. Están arañados en la parte de los dedos y las agujetas comienzan a deshilacharse.

Alguien llama a la puerta. Es la señorita Hannah, directora del departamento de orientación.

—Vine en cuanto me enteré —dice, sentándose a mi lado.

—¿Me van a expulsar? —pregunto. Son las primeras palabras que pronuncio desde que llegué.

El señor Toolan y la señorita Hannah intercambian miradas.

—¿Qué tal si primero nos cuentas qué pasó? —me anima el señor Toolan.

Me aclaro la garganta y me inclino hacia delante.

—Es que estaban molestando a este chico, metiéndose con él muchísimo. Y nadie lo defendía, por lo menos no como es debido. Había un montón de chicos mirando, pero ninguno hacía nada, dejaron que pasara lo que pasó.

—Llegados a este punto ¿por qué no alertaste a algún profesor? ¿Por qué decidiste resolver el problema con los puños? —pregunta el señor Toolan.

Cierro los ojos. Pero todavía está todo borroso. Lo único que puedo ver son imágenes intermitentes; la cara del chico, el que se me acercó en el comedor la semana pasada, totalmente dolido y humillado, a punto de echarse a llorar, y luego el otro, al que le pegué, con pinta de engreído y orgulloso. Lo siguiente que recuerdo es estar de pie por encima de él en el suelo, le sangra la nariz, y un par de profesores me sujetan de ambos brazos y me sacan del comedor. Lo que sucedió entre estas dos escenas está difuso.

—¿Y bien? —dice el señor Toolan.

Abro los ojos.

—No lo sé, señor. Es que... supongo que perdí los estribos.

—«Perder los estribos», como dices, no es un comportamiento aceptable.

Vuelvo a mirarme los pies.

El señor Toolan se quita los lentes y se frota los ojos. Tiene marcas rojas en ambos lados de la nariz. Le echo una mirada a la señorita Hannah, intentando descifrar el tamaño del lío en el que me metí, pero ella se niega a establecer contacto visual.

El señor Toolan se vuelve a poner los lentes y coloca los codos sobre la mesa, apoyando la barbilla sobre sus manos cruzadas.

—Leo, ¿sabes por qué te acepté como estudiante de esta escuela cuando otros se mostraron reacios?

—No, señor, no lo sé —respondo.

—No solo es tu clara aptitud para las matemáticas lo que te aseguró una plaza aquí; vi algo especial, algo por lo que valía la pena arriesgarse. Vi a una persona joven que quería trabajar duro y no meterse en problemas.

—¡Y lo hago! Señor, mire, usted no estaba allí, no vio lo que realmente sucedió. ¡Lo estaba pidiendo a gritos!

El señor Toolan levanta la mano para hacerme callar. Me agarro con firmeza a los brazos de madera de la silla, con tanta fuerza que mis nudillos cambian de rojo a un blanco brillante.

—Leo, creo que no comprendes la gravedad de la situación. Tienes suerte de no haberle roto la nariz a Harry.

Quiero decir que Harry es el que tuvo suerte. Pero sé que me la estaría jugando. Respiro hondo antes de hablar.

—Mire, señor, entiendo que tal vez no debería haberle pegado. Y si pudiera retroceder en el tiempo, no lo volvería a hacer. Pero usted no escuchó lo que le estaba diciendo a ese chico, lo estaba destrozando y ¡no estaba bien!

—Leo, no me importa —me interrumpe el señor Toolan—. La conclusión es que los estudiantes de Eden Park no atacan a sus compañeros, fin de la historia. ¿Me entiendes?

—Pero, señor...

—¿Me entiendes, Leo? —repite el señor Toolan.

Entierro las uñas en los brazos de la silla, siento la rabia como algo caliente y burbujeante en el vientre.

—Sí, señor.

La habitación de repente está muy silenciosa salvo por el tictac de un reloj que no se ve.

—Entonces, ¿me va a expulsar?

El señor Toolan suspira.

—No, no te voy a expulsar, Leo. Tendrás una sanción durante todo el mes, empezarás mañana, y estarás a prueba el resto del tiempo que estés aquí. Si te excedes una sola vez, no tendré más remedio que tomar medidas definitivas. ¿Te parece justo?

Lo único que puedo hacer es asentir con la cabeza.

Se pone a escribir en mi expediente.

—Eso es todo, Leo. Ya te puedes ir.

Asiento con la cabeza y me levanto. Aún me tiembla la pierna izquierda.

Fuera de la oficina del señor Toolan, Harry está sentado, con la cabeza apoyada en la pared y con un enorme fajo de pañuelos de papel en la nariz. Una chica rubia está casi sentada a horcajadas encima de él y le susurra cosas al oído y le acaricia el pelo.

—Psicópata —suelta por encima del hombro cuando paso delante de ellos.

Le hago un gesto levantando el dedo medio. Los ojos casi se le salen de las órbitas, pero no dice nada más.

Al otro lado del cristal, en la oficina de la secretaria, el chico del cuaderno, cuyo nombre no recuerdo, está escribiendo su informe. Cuando se da cuenta de mi presencia, sonríe y me saluda con la mano.

—¡Gracias! —me dice moviendo los labios.

Lo ignoro y de un empujón abro la puerta al patio vacío.

Las clases de la tarde ya comenzaron. El aire fresco me golpea la cara; frío e intenso.

No me expulsaron, pero ahora tengo que ser extracuidadoso. Cualquier error y me echan. El señor Toolan tiene razón; si me expulsaran de Eden Park, ninguna otra escuela querría tener nada que ver conmigo. Acabaría en esas unidades especiales con otros psicópatas y marginales. Nunca llegaría al instituto después de eso, y ni hablar de la universidad. Me quedaría atrapado en Cloverdale para siempre. Obtener buenos resultados en Eden Park es mi boleto para escapar. Necesito mantenerme en la sombra, tengo que controlarme, pero al mismo tiempo, la injusticia arde en mi pecho.

La señorita Jennings debe saber de mi visita a la oficina del señor Toolan porque cuando entro en la clase de inglés con más de media hora de retraso solo levanta la vista de sus correcciones y asiente con la cabeza. Puedo sentir cómo mis compañeros del salón me miran cuando camino por el pasillo hacia mi asiento. Yo hago lo que puedo para mostrarme tranquilo y estar a la altura de la reputación que me crearon. Me siento y saco la carpeta. Tras unos minutos, Alicia se da media vuelta en su asiento. Hoy trae unos pendientes distintos, unas pequeñas catarinas de plata en vez de los corazones de oro que suele ponerse.

—Ya me he enterado —susurra.

Intento leer su rostro. Me da la sensación de que Alicia Baker no es el tipo de chica a la que la excita la violencia.

—¿Ah, sí? —digo, intentando parecer indiferente.

—Sí, defendiste a ese chico de secundaria.

—Ah, eso. Fue una estupidez. No sé en qué estaba pensando.

—No fue ninguna estupidez. Creo que estuvo muy bien.

Trago saliva.

—¿Sí?

Ella asiente con la cabeza.

—Al señor Toolan no se lo pareció —digo—. Me castigó durante un mes, empiezo mañana.

—Duro.

—Ni que lo digas.

No menciono el período de prueba.

La señorita Jennings levanta la vista. Los dos bajamos los ojos hacia nuestros libros. Frunce el ceño, pero vuelve a sus correcciones.

—Por si te sirve de algo, lo digo de verdad —continúa susurrando Alicia por encima del hombro—. Estuvo muy bien lo que hiciste. No hay muchas personas que defiendan a los que llevan las de perder por aquí. Ese chico, Harry Beaumont, es un estúpido. Ya era hora de que alguien le hiciera probar de su propia medicina.

Echa una mirada hacia el frente del salón antes de voltearse del todo otra vez.

—Leo, ¿te puedo preguntar algo? —dice, jugueteando con la cadena de plata que lleva alrededor del cuello.

—Claro, sí, de acuerdo —digo, moviéndome en la silla.

86

—¿Cuál es la verdadera razón por la que cambiaste de escuela? Corre un rumor estúpido de que le cortaste el dedo a un profesor, o alguna locura de ese tipo, pero no lo creo ni por un instante.

Durante los últimos días he escuchado partes del mismo rumor. No tengo idea de dónde salió, pero pensé que no me haría ningún daño dejarlo correr; reforzaría mi imagen de tipo duro del lado malo de la ciudad.

—Y ¿por qué no crees ese rumor? —pregunto con cuidado.

—Porque no eres así.

—Y ¿qué te hace estar tan segura de eso?

—Pues no lo sé, simplemente digamos que soy una persona muy intuitiva —dice con una sonrisa.

Yo no se la devuelvo.

—Va, ¿qué pasó en realidad? —pregunta.

Echo un vistazo al frente de la clase. La señorita Jennings está hablando con Lauren Melrose.

—Anda, puedes contármelo. No me voy a ir de chismosa, te lo prometo, te lo juro —dice Alicia, haciéndose una cruz con los dedos en el pecho.

Pero no sabe en lo que se está metiendo. La verdad es mucho más fuerte de lo que jamás podría imaginarse.

—Está bien —acepto, inclinándome hacia delante para causar mayor efecto—. Pero de verdad que no se lo puedes contar a nadie.

—Tu secreto está a salvo conmigo —jura Alicia de manera solemne, remedando mi acción y acercándose.

Dios, qué bien huele. Y todo el tiempo mi cabeza está buscando algo que decir.

—La cuestión es —comienzo, bajando la voz— que me metí con un grupo de chicos malos en mi antigua escuela. Y sabía cómo me iban a ir las cosas... si me quedaba. Y, bueno, no quería ese futuro, así que pedí el traslado.

—¿Se puede hacer eso?

—Bajo circunstancias especiales, sí.

Alicia se endereza sobre el asiento.

—*Wow*, esa es una decisión bastante madura.

Yo me encojo de hombros, como si no fuera la gran cosa.

—Y entonces, ¿por qué no le dices eso a la gente? —pregunta—. ¿Por qué dejas que vayan inventando historias de que te expulsaron?

Me encojo de hombros.

—No es asunto suyo. Creo que pueden pensar lo que quieran. Lo más importante es que yo sé la verdad, ¿me entiendes?

Me miro las yemas de los dedos. Tengo una mancha de tinta en el índice derecho. Puedo sentir que Alicia me está observando.

—Señorita Baker, ¿algún problema? —pregunta la señorita Jennings en voz alta.

Alicia pone los ojos en blanco y se gira para mirar hacia delante.

Me atrevo a soltar un suspiro.

—Por cierto, ya voté —digo, cuando el timbre suena diez minutos más tarde y estamos guardando nuestras cosas—. En ese concurso de canciones.

—¿En serio? —pregunta Alicia.

—Claro, lo haces genial.

—¿De verdad piensas eso?

—Por supuesto. La mejor del concurso —me sorprendo diciendo.

—Gracias, Leo —dice, sonrojándose y contenta.

88

Y de alguna forma me siento bien por haberla hecho sentirse bien.

—¿Sabes a quién me recuerdas? —continúo—. A esa cantante que le gustaba a mi abuela cuando estaba viva. Mierda, ahora he olvidado su nombre, Ella algo...

Alicia me agarra el brazo.

—Ay, Dios, ¿no querrás decir Ella Fitzgerald? —susurra.

—Sí, ese es el nombre.

—¡Ella Fitzgerald es mi musa! —dice Alicia con los ojos brillantes—. ¿De verdad crees que me parezco a ella, Leo?

—Es lo que acabo de decir, ¿no?

Sonríe feliz.

—¿Leo?

—Sí.

—¿Te puedo preguntar otra cosa?

—Eh, bueno —contesto, poniéndome la mochila a la espalda.

—¿Por qué no vas a la clase de educación física? Es la única otra en la que estamos juntos y siempre te quedas sentado en el banco.

Soy totalmente consciente de que educación física es la única otra asignatura que comparto con Alicia y lo guapa que está con esa faldita de pliegues y la playera ajustada.

—Problemas de rodilla, de una lesión de fútbol, hace unos años —miento con fluidez, metido de lleno en la onda.

—Debe de ser difícil que no puedas jugar más —dice, mientras la clase va quedando vacía.

—No es fantástico, pero ¿qué puedo hacer? No es que yo fuera tan bueno como para jugar de forma profesional o algo por el estilo —comento encogiéndome de hombros con modestia.

Hace una pausa y se cruza de brazos.

—Eres interesante, Leo Denton. ¿Lo sabías?

Y Alicia me está mirando como si yo tuviera un montón de capas y nuestros ojos no se apartan. Y por un momento me olvido de Harry Beaumont y del señor Toolan y de que estoy a prueba y de un millón de otros problemas. Incluso la voz en mi cabeza, la que me avisa de que salga corriendo y de que las chicas no son buenas, va desapareciendo. Porque todo queda anulado por mi corazón, que está alocado en mi pecho, como si fuera a explotar y a salirse de mí y a bailar por toda la sala.

## 14

Cuando salgo de la oficina del señor Toolan, Felix y Essie me están esperando. Se levantan de las sillas de un salto y me rodean con los brazos como si fuera un soldado que regresa de una batalla. Se me llena la boca con el pelo de Essie. Sabe a perfume y a químicos.

—Ay, Dios, ¿estás bien? —grita, apartándome un poco mientras me inspecciona para ver si tengo heridas.

—Estoy bien —respondo—. ¿Qué hacen aquí? ¿No deberían estar en la clase de arte a estas horas?

—¡Qué dices! —contesta Essie.

—¿Qué diablos te pasó, amigo? —pregunta Felix por encima de Essie.

Comienzo por la parte de los golpes en las orejas y acabo cuando se llevan a Leo a la oficina del señor Toolan, con una mezcla de rabia y perplejidad en el rostro.

—Pero, en primer lugar, ¿por qué tenías el cuaderno de inspección en la mochila? —pregunta Felix—. Pensé que lo mantenías cerrado bajo llave.

—Les aseguro que no lo hice a propósito —digo en tono grave—, créanme.

—¿Llegó a ver mucho Harry? —pregunta.

—Creo que solo unas cuantas páginas.

—Bueno, al menos no fue mucho.

—¡Todavía no puedo creer que ese chico de Cloverdale le pegara a Harry Beaumont! —interrumpe Essie, sacudiendo la cabeza asombrada.

—¿Fue increíble? ¡Apuesto a que fue genial!

—No lo sé. Tenía los ojos cerrados —admito—. Pero sonó superincreíble. Fue un puñetazo de verdad, superfuerte. Y luego la nariz de Harry sangraba a chorros.

—Genial —exclama Felix, con una mirada feliz.

Harry le rompió los lentes a Felix cuando íbamos en segundo de secundaria y este ha esperado pacientemente a que le llegara su merecido desde entonces.

—Desde luego que deberías invitarlo a comer con nosotros —dice Essie.

—¿A quién? ¿A Harry? —pregunto.

—¡No, idiota! —grita—. ¡Como se llame! ¡El psicópata del serrucho!

—¿Quieres decir Leo? —digo—. Creí que dijiste que ya tuvo su oportunidad.

—¡Pero eso fue antes de que te defendiera y le pegara a Harry Beaumont en la cara! —exclama Essie—. ¡Se merece una medalla!

—Bueno, supongo que le puedo preguntar durante el castigo, tenemos que ir el mismo día. Pero no sé si dirá que sí.

—Espera un segundo, ¿qué castigo? ¿Cómo es que a ti te impusieron un castigo? —exige saber Felix—. ¡Tú fuiste la víctima!

—Porque hice que Harry se mordiera la lengua —digo, poniendo los ojos en blanco—. Una semana. Si sirve de consuelo, a Harry también le dieron una semana. Según parece a Leo le impusieron un mes. Por un mísero puñetazo. Es bastante duro, ¿no creen?

Essie se encoge de hombros y balancea las piernas.

—Ya saben cómo es el señor Toolan, siempre está con la cantaleta de que somos «jóvenes damas y caballeros» —dice, imitando la voz grave del profesor.

—Essie tiene razón —añade Felix—, tiene muy poca paciencia con la violencia física.

—Pero por otra parte, la tortura psicológica... —dice Essie—. Dios, a veces las cosas son un desastre en esta escuela. Si el profesorado tuviera algo de sentido común, le habrían dado un puñetazo a Harry ellos mismos hace años. Bufff, es que es un animal.

Permanecemos sentados y en silencio durante un rato.

—Sin embargo, es extraño si lo piensas —dice Felix.

—¿Qué es extraño? —pregunta Essie.

—Que la escuela aceptara a Leo como estudiante. Da la impresión de que aquí las plazas son como polvo de oro y el señor Toolan siempre se está jactando de mantener una escuela muy «pacífica»; que dejara entrar a un chico con un historial de violencia es raro, ¿no?

—Supongo que sí —digo.

—Y hay algo aún más raro —continúa Felix—. ¿Acaso alguno de ustedes dos sabe qué es en realidad o qué aspecto tiene un serrucho?

Essie y yo negamos con la cabeza. Me parece que ninguno de los dos prestamos mucha atención en las clases de tecnología en el primer año de secundaria, nos quitaba mucho tiempo andar jugando con la pistola de silicona cuando el señor Hampton no nos veía. Felix saca el celular y tras unos segundos de darle golpecitos, nos lo pasa a mí y a Essie. Miramos la foto en la pantalla.

—¿Eso es un serrucho? —digo.

La sierra que aparece en la pantalla es una cosa pequeña y endeble, no tiene nada que ver con la enorme arma con la que yo imaginaba a Leo por los pasillos de la escuela Cloverdale.

—Parece que apenas podría cortar un Kit Kat, y ni hablar de un dedo —se burla Essie.

—Exactamente, amigos míos —dice Felix, cruzando los brazos a la vez que se sienta en su silla otra vez con cara de sentirse muy orgulloso de sí mismo—. Exactamente.

## 15

Al día siguiente, el ambiente está efervescente con el chismorreo. La nariz de Harry se hinchó hasta el doble de su tamaño normal y tiene un color morado oscuro. Lo más genial de todo es el hecho de que, por lo menos hasta ahora, las revelaciones de mi cuaderno están eclipsadas por las noticias de que alguien por fin le pegó a Harry Beaumont. El hecho de que este alguien sea el presunto chiflado de la escuela Cloverdale es solo la cereza del pastel. Pero el contenido de mi cuaderno no se olvida por completo. Cuando entro en clase veo a un montón de chicos haciendo formas raras con las manos. Tardo unos segundos en darme cuenta de que lo que están haciendo es indicar, más o menos, seis centímetros y medio entre el dedo gordo y el índice. Y aunque no esté precisamente emocionado por ello, me siento sobre todo agradecido de que nadie se dé cuenta de la razón por la que anoté estos datos.

Le digo a mamá que estoy ayudando con los trajes para el musical de la escuela durante una semana para que no sepa que me castigaron. Essie, que es una genia de las falsificaciones, acepta firmar mi horario. Á Livvy le pago trece euros para que no diga nada. Frunce el ceño, pero acepta el dinero, y me siento agradecido porque parece que lo que sucedió ayer todavía no llega al molino de los chismes de la escuela.

Mientras almorzamos, Essie lo declara «el mejor día en de la escuela desde aquella vez cuando estábamos en segundo de secundaria y la señora Clarey soltó el pedo más fuerte de toda la historia de los pedos durante el examen de inglés y todo el salón se murió de la risa».

Busco a Leo en el comedor, pero no se lo ve por ninguna parte.

Después de las clases me voy a la sala donde tenemos que pasar una hora para cumplir con la sanción. No había sido castigado desde que estaba en segundo de secundaria, cuando Essie, Felix y yo nos atamos los unos a los otros para apoyar la campaña Niños con Necesidades y causamos un tremendo embudo al pie de la escalera del salón de arte. Esta es mi primera ofensa en solitario y no puedo dejar de sentirme un poco chico malo cuando firmo al llegar y me recibe el anciano señor Wilton.

En cada rincón opuesto de la sala hay dos chicas de tercero de secundaria, con caras serias y con rastros de lágrimas. Me siento en la primera fila y saco la tarea de matemáticas y el estuche. Unos segundos después entra Harry, la nariz se le ve incluso más morada que hace unas horas. Me lanza una mirada asesina antes de dirigirse hacia el fondo de la sala. Unos segundos después, entra Leo. Sus ojos flotan por encima de mí cuando pasa por mi lado y elige un asiento junto a la ventana. Se desploma en su silla, tan abajo que su barbilla casi está al mismo nivel que la mesa.

—Bienvenidos a todos —gruñe el señor Wilton—. Su hora de sanción comienza en este momento.

Pone en marcha un cronómetro, se sienta detrás de su escritorio y rápidamente se queda dormido.

Yo intento hacer la tarea pero no me puedo concentrar. Harry escucha música con sus audífonos y tiene que haber subido el volumen al máximo porque puedo oír con claridad la letra y un poco del bajo. A mi izquierda, Leo tiene una copia abierta del libro *Noche de Reyes*. No creo que lo esté leyendo de verdad. Puedo deducirlo por la forma en que sus ojos están fijos en el mismo sitio de la página, como si fuesen a quemar un agujero y traspasar el libro. Debe de darse cuenta de que lo estoy observando porque me lanza una mirada dura. Rápidamente finjo que frunzo el entrecejo al estudiar el problema de matemáticas en mi libro. Intento no mirarlo otra vez.

El resto de la hora pasa con lentitud, los minuteros del reloj se arrastran lentamente. Por fin el cronómetro del señor Wilson comienza a sonar. Me pongo a guardar las cosas en la mochila. Cuando Harry pasa por mi lado, tira mi estuche del borde de la mesa y este se abre y todo el contenido cae al suelo.

—Hasta luego, *Freak* —dice por encima del hombro.

Suelto un suspiro y me pongo a cuatro patas. Se ha abierto el sacapuntas y hay virutas por todos lados.

—¿Por qué te llama así?

Tardo un momento en darme cuenta de que Leo me está hablando.

—¿Perdón?

—*Freak.* ¿Por qué te llama así?

Pienso un poco en cómo contestarle. Leo le dio un puñetazo en la cara a Harry por mí, lo que seguramente indica que está de mi parte por lo menos hasta cierto punto. Supongo que también oyó lo que dijo Harry sobre mi cuaderno antes de pegarle, lo cual es bueno. Pero al mismo tiempo, no puedo dejar de sentir que debo ir con cuidado.

—Es una larga historia —digo, recogiendo las virutas con la mano para echarlas dentro del estuche.

Leo frunce el ceño.

—¿Qué quieres decir?

—Harry me llama así desde que teníamos unos ocho años —digo, poniéndome de pie y metiendo el estuche en la mochila.

—Pero ¿por qué?

—No lo sé. ¿Porque soy diferente?

—¿Y no lo es todo el mundo?

—En la escuela Eden Park, no.

Tomo el abrigo y comenzamos a caminar por el pasillo vacío.

—¿Y se lo permites? —continúa Leo.

—No se trata de permitírselo... —respondo—. Digamos simplemente que es algo complicado.

Leo enarca una ceja, pero no dice nada más.

—Harry Beaumont es como el rey no oficial del último año de secundaria —puntualizo.

—Pero ¿por qué? Si es estúpido.

—Está en el equipo de futbol y participa en la carrera de los cien metros en el equipo del condado. Ah, y forma parte del comité de baile, lo que automáticamente te garantiza un estatus casi de oro por aquí.

—¿Comité de baile?

—¿No tenían bailes en Cloverdale?

Leo suelta una carcajada.

—No.

—Aquí tenemos dos, uno antes de Navidad y uno en verano. Y este año Harry está a cargo del baile. Prometió una máquina de nieve para el de Navidad. Viva.

—¿Y a la gente le importa ese tipo de cosas?

—Mucho.

Leo sacude la cabeza.

—Por lo menos no estoy solo en cuanto al abuso de Harry —añado alegremente—. La tiene tomada prácticamente con cualquiera que no encaje en el molde. Ayer me tocó a mí, eso es todo. Por cierto, gracias por darle una buena sacudida. Lo aprecio muchísimo.

—Nada que agradecer —murmura Leo, mientras abre las puertas de salida de la escuela.

Estamos afuera. Comienza a llover. Busco el paraguas en la mochila.

—¿Quieres resguardarte? —le pregunto al abrirlo.

—No, gracias.

Comenzamos a caminar por el sendero de entrada.

—No deberías permitírselo —dice Leo, después de un rato.

—¿Perdón?

—A Harry. No deberías permitir que te llame así.

—Solo quedan dos años. Luego, si mis padres me lo permiten, me voy a ir a un instituto en la ciudad en vez de

99

quedarme aquí, y Harry se convertirá en un recuerdo lejano.

—¿Y hasta entonces sencillamente seguirás aguantándolo?

—Sé que suena patético, pero en serio, es más fácil intentar ignorar a Harry. Nunca se sabe, es posible que con el tiempo se aburra. Eh, sería diferente si supiera que tengo un guardaespaldas personal a mano para pegarle cada vez que me molesta, pero me da la sensación de que lo de ayer fue una excepción...

—Sí —dice Leo rápidamente—. Estoy en período de prueba, así que será mejor que me porte bien y no me meta en ningún problema.

Lo miro sorprendido.

—¿Estás a prueba? ¿Solo por lo que pasó ayer?

—Sí —confirma Leo—. Creo que se trata de una nueva política. Algo así como tolerancia cero.

—Ah, bueno. Vaya, lo siento.

Leo se encoge de hombros.

—Tampoco es tu culpa, ¿no?

Lo dice sin mucha convicción.

La lluvia cae con más fuerza ahora, golpeteando sobre la tela de mi paraguas. Intento convencer a Leo de que se tape, pero hace como que no me escucha. Sus ojos se ven incluso más verdes a la fantasmal luz gris del día. Es raro, pero la lluvia como que le queda bien.

Llegamos a las rejas justo cuando se acerca, dando tumbos por la colina, el autobús número catorce.

—Ese es el mío —dice Leo, sacando su boleto del bolsillo.

—¿Cómo es Cloverdale? —suelto abruptamente.

Me lanza una mirada dura.

—¿Qué quieres saber?

—Es solo que se escuchan todas estas cosas y sentía curiosidad...

Leo suelta un suspiro.

—¿De verdad quieres saber cómo es Cloverdale?

Asiento con la cabeza entusiasmado.

—Es una mierda —dice—, sencillamente, así de simple. Nos vemos.

Miro cómo corre hacia la parada del autobús. Su *blazer* se mece en el viento detrás de él como una capa.

## 16

Mientras me dirijo a la parte trasera del piso superior del autobús, reproduzco mentalmente la conversación con David. Es todo tan jodido... Este chico, Harry, se va como si nada cuando molesta a todos estos chicos, y a mí me dan cuatro semanas de castigo y un período de prueba; todo mi futuro en la escuela Eden Park está en peligro, solo porque yo lo desafié. Siento rabia solo de pensarlo. Me gustaría saber dónde vive Harry para pegarle otra vez, solo que ahora lo haría con más fuerza. Una sensación conocida burbujea en mi pecho como si fuera lava caliente. Recuerdo que una vez se lo describí a Jenny y ella escribió algo en su expediente, con el ceño fruncido.

—Los volcanes son impredecibles, Leo, incontrolables —me comentó—. Entran en erupción. Necesitamos trabajar para que el que llevas dentro permanezca inactivo o, por lo menos, tratar de que cause la menor destrucción posible.

Estoy tan inquieto que me bajo del autobús tres paradas antes para poder caminar el resto del camino y tranquilizarme.

Estoy cruzando el puente cuando pasa un coche y reacciono algo tarde. Es un Ford Fiesta machacado. Antes de que tenga la oportunidad de pensar, echo a correr detrás de él, corro con tanta fuerza que creo que voy a explotar y a salpicar el pavimento con sangre y tripas. Por fin lo alcanzo en los semáforos, miro hacia su interior mientras jadeo. La conductora es una señora hindú vestida con un sari de color rosa alegre. En la parte de atrás hay un par de niños. La señora no me ve, pero uno de sus hijos presiona su rostro contra la ventana, aplastando la nariz contra el cristal a la vez que se pone bizco. Lo miro hasta que las luces cambian y se alejan con rapidez.

Fue una estupidez pensar que podría ser papá. Hace mucho tiempo que se marchó de aquí, lo sé. Es una corazonada.

A veces, si no puedo dormir por la noche o estoy aburrido en el autobús o en clase, imagino un universo paralelo en el que papá todavía existe. Me lleva a partidos de futbol, me ayuda con la tarea y me llama hijo, como si se sintiera superorgulloso de mí. También hace que mamá sea mucho más agradable; más joven, más bonita, más feliz. La mamá del universo paralelo siempre se acuerda de comprar papel para el baño, los domingos cocina unas enormes cenas al horno y se ríe mucho. Con la presencia de papá, nuestra casa no es una pocilga de cerdos. Está impecable y si algo se rompe, se repara o se reemplaza. Pero intento no pensar demasiado en ello, no sirve para nada cuando de todos modos es una estúpida fantasía.

Cuando llego a casa, Spike y Tia están sentados en el sillón, viendo caricaturas con las cortinas cerradas. El fregadero está repleto de platos sucios y tazones y hay una mancha nueva con forma de riñón en la alfombra.

Por la casa cada vez aparecen más pertenencias de Spike: una tostadora oxidada en la cocina; un juego de pesas en la sala; un libro de citas «inspiradoras» manoseado y hecho pedazos apoyado detrás de los rollos de papel higiénico en el baño. Es como si su mierda estuviera mutando a diario.

—¡Leo! —grita Tia, en cuanto me ve; corre hacia mí dando saltos, y me rodea la cintura con sus brazos delgados.

—¡Cómo te fue, chico! —dice Spike.

Pongo los ojos en blanco y me gustaría que por una vez me llamara por mi nombre.

Tia sigue agarrada a mí, con la mejilla presionada contra mi vientre, sus pies encima de los míos.

—¿Bailas conmigo? —me suplica.

—No. Vamos, déjame —digo.

Me suelta sin ganas, y hace un puchero con el labio inferior.

—¿Dónde está mamá? —le pregunto a Spike.

—Arriba. Se está preparando para ir a jugar al bingo con Kerry más tarde —me contesta.

—Sorpresa, sorpresa —murmuro entre dientes, mientras entro en la cocina y abro los muebles.

Como siempre, están vacíos salvo por una antigua lata de atún y medio paquete de galletas rancias. No me puedo acordar de cuándo fue la última vez que mamá hizo una compra grande en el supermercado.

—Habrá un gran premio. Nunca se sabe, esta noche puede ser su noche de la suerte —dice Spike, frotándose las manos—. ¿Se imaginan eso, chicos? ¿Su mamá millonaria?

—¿Como Kim Kardashian? —pregunta Tia.

—Exactamente como Kim Kardashian —responde Spike.

Sacudo la cabeza. ¿A quién le está tomando el pelo? Abro el refrigerador. Algo apesta, no sé lo que es. Lo cierro otra vez.

—Estaba pensando... ¿Les gustaría cenar papas fritas y pescado esta noche? —pregunta Spike—. Yo invito.

Tia suelta un gran suspiro.

—¿En serio?

—Sí, ¿por qué no? ¿Leo?

Parte de mí quiere decir «no», solo para arruinarle la fiesta. Pero ya tengo el olor del pescado y las papas en las fosas nasales y estoy prácticamente babeando.

—Como quieras —digo.

—Papas y pescado, papas y pescado —canta Tia, dando saltos encima del sillón.

—¿Y Amber? Apuesto a que también querrá —dice Spike.

—¿Está aquí? —pregunto.

Con un movimiento de la cabeza me indica que está arriba.

—Ya que subes, pregúntale a tu madre si quiere algo —grita mientras subo por la escalera algo cansado.

Choco con mamá en el pasillo. Tiene una toalla rosa alrededor del cuerpo y otra en el pelo, estilo turbante. Las dos están manchadas con los tintes que usa para teñirse las raíces del pelo cada dos semanas. Su piel se ve cerosa y pálida sin su normal capa de maquillaje.

—Llegas tarde —dice, ajustándose la toalla debajo de las axilas. Sus brazos son flacuchos, como los de un pájaro.

—Como si te importara —contesto.

—Eh, te oí —espeta.

—Quería que lo hicieras —murmuro, intentando pasar por su lado.

Me agarra de la manga y me jala hacia atrás para que quedemos cara a cara. Mido solo unos centímetros más que ella, pero como es tan delgada parece que yo sea mucho más alto.

—Te lo dije una vez y te lo repetiré otra vez más —dice, acercándose más hasta que puedo oler su aliento: pasta de dientes y cigarros—. Solo porque ahora vas a esa escuela de ricos, no significa que seas mejor que nosotros, ¿de acuerdo?

—¿Qué? Así que hacer las cosas bien ahora es un crimen, ¿es eso? —pregunto.

—Vamos —dice—. Fanfarroneando otra vez. Cuanto antes termines los exámenes y comiences a ganar tu propio dinero para mantenerte, mejor.

—¿Qué, como tú?

Se le abre la boca, pero no dice nada. A mamá nunca le duran los trabajos mucho tiempo. Está en la lavandería desde mayo; todo un récord para ella.

La mirada de mamá se detiene en mi *blazer*.

—De todos modos, ¿qué significa eso? —pregunta, indicando con el dedo la insignia bordada del bolsillo y frunciendo el ceño.

—Como si te importara.

—¿Qué? ¿Ahora ni siquiera le puedo hacer una pregunta a mi propio hijo?

—Es el lema de la escuela —digo de mala gana—. Es latín, significa «justicia e iniciativa».

Deja escapar una carcajada.

—¿Justicia? Bueno, ahí se equivocan. Porque la vida no es justa, Leo, y cuanto antes se le enseñe eso a la gente, mejor les irá.

Se cruza de brazos, como si se sintiera orgullosa de sí misma. Podría abrir la boca para discutir con ella, intentar explicarle que el lema no significa eso, pero no tengo ganas. Porque aunque se haya equivocado un poco, tiene razón en una cosa: la vida no es justa.

—¿Hemos acabado? —pregunto.

Se limita a sacudir la cabeza, pasa por mi lado y entra en su habitación.

Unos segundos más tarde se escucha el rugido de la secadora de pelo.

Me froto la cara con las manos antes de abrir la puerta de mi cuarto y encuentro a Amber sentada en su litera, pintándose las uñas de los pies de color rosa Barbie.

—Spike va a ir a comprar papas y pescado. ¿Quieres algo? —pregunto.

Me doy cuenta de que se me olvidó preguntarle a mamá. Tampoco querría nada. Parece sobrevivir solo con sidra y nicotina.

—Un par de salchichas, gracias —dice Amber, inclinándose para soplarse las uñas.

—¿Solo eso? ¿Nada de papas?

—No, gracias, estoy limitando los carbohidratos.

Amber siempre está haciendo alguna dieta rara.

—Estás loca —digo, a la vez que me jalo de la corbata—. Si adelgazas más no quedará nada de ti.

—Sí, ya, estoy enorme —dice, agarrándose la grasa invisible en el estómago—. Según los estándares de Hollywood estoy prácticamente obesa. ¿Por qué llegas tan tarde?

—Un castigo —admito.

Se sienta enderezando la espalda.

—¿Estás bromeando?

—No.

—¿Qué hiciste?

Le cuento todas las partes que recuerdo y termino con el aviso del señor Toolan: si me vuelvo a exceder quedo fuera.

—Jenny se va a poner furiosa —dice Amber.

Suelto un gemido. Seguro que el señor Toolan se lo dirá. Y tengo una cita con ella el viernes. Vaya mierda de horario. Ya

107

puedo imaginarme su cara: triste y decepcionada, lo cual es de alguna manera mucho peor que furiosa.

—¿Qué piensas hacer? —pregunta Amber.

—No puedo hacer gran cosa salvo intentar no meterme en problemas a partir de ahora.

—Y este chico al que defendiste, ¿quién es?

—Nadie.

—Lástima. Pensé que me ibas a decir que por fin hiciste algunos amigos.

—¿Por qué está todo el mundo tan obsesionado con que haga amigos?

—Porque es lo normal —dice Amber.

La miro

—¿Normal? Y, Amber, ¿desde cuándo soy normal?

Porque los chicos «normales» no tienen seis carpetas con apuntes sobre ellos. Los chicos «normales» no van a terapia. Los chicos «normales» no tienen madres como la mía, que te dicen que la vida no es justa hasta con regocijo, como si lo injusto de la vida fuera lo único que conocen bien. Me he pasado toda la vida escuchando que yo soy lo totalmente opuesto a lo «normal».

Normal. Lo digo una y otra vez a la vez que camino de un lado a otro sobre la alfombra, noto el nerviosismo que sale a borbotones de mis brazos y piernas, haciendo que quiera explotar y volverme loco. Amber se inclina hacia abajo y me toma por el hombro.

—Okey, pésima elección de palabra. Lo siento. Cálmate, Leo.

Me quito de encima la mano del hombro, pero dejo de caminar.

—Ven, sube aquí —dice, moviéndose para dejarme sitio.

Hago una pausa antes de subir la escalera para unirme a Amber en su litera. Nos sentamos con las piernas cruzadas, nuestras rodillas se tocan, mi cabeza roza el techo. Sigo temblando.

—No entiendo por qué no te abres —dice Amber, con suavidad—. Tener algún tipo de relación significativa con alguien que no sea tu hermana o tu terapeuta.

Casi abro la boca para hablarle de Alicia, solo para hacerla callar, pero en el último momento me detengo.

—No quiero que lo que sucedió en febrero dicte lo que sucederá el resto de tu vida.

Me pongo rígido. Amber nunca menciona febrero. Es una regla tácita entre nosotros. Lo que sucedió ese día fue suficiente para arruinar todo el mes; lo volvió oscuro y turbio. Se me cierran los ojos y de repente estoy de nuevo en el bosque, mi cuerpo está frío, las lágrimas me caen por la cara, tengo vómito en la boca. Abro los ojos. Mi respiración es rápida y dificultosa.

—Lo siento —dice Amber—. No quería hacerte sentir mal. Ven aquí.

Me abraza. La dejo. Mi respiración comienza a volver a la normalidad.

—Yo solo quiero que seas feliz, hermanito. Cambia de página —susurra en mi pelo.

—Lo sé —digo—. Pero déjame que haga las cosas a mi manera, ¿de acuerdo?

—De acuerdo —suspira.

Cuando por fin bajamos, mamá ya se prepara para irse, un poco de labial rojo en la boca, el encendedor en la mano.

—¡Que tengas suerte! —le grita Spike.

Se tambalea por la acera con un brazo en alto, con los dedos cruzados. Para alguien que está tan convencida de que la vida es injusta, juega muchísimo al bingo.

Cenamos cada uno en su regazo, en la sala, mientras vemos episodios repetidos de una serie cómica en la tele. Spike y Tia se ríen como locos todo el tiempo. Amber me roba la mitad de las papas. No vuelve a mencionar febrero.

## 17

En el castigo del jueves, las dos chicas de tercero ya se fueron, así que estamos solo Harry, Leo y yo. Harry ya está allí cuando llego, recostado en su silla al fondo de la sala, escuchando esa basura de música otra vez. La hinchazón bajó un poco, pero el color de la nariz cambió a un agradable y asqueroso tono amarillento. No puedo reprimirme y me río un poco cuando me siento. Saco el libro de historia cuando entra Leo. Muevo los labios para decir «hola» sin emitir sonido alguno. Él duda un poco antes devolverme el saludo, con el ceño fruncido todo el tiempo.

El señor Wilton pone el cronómetro en marcha y enseguida se queda dormido otra vez, sus ronquidos son fuertes e inmediatos.

Incapaz de concentrarme en la tarea, arranco un pedazo de papel de la parte de atrás del libro y me pongo a dibujar al señor Wilton, durmiendo en su silla. Exagero sus cejas peludas y su vientre redondo. Añado una burbuja encima de su cabeza como si estuviera pensando y, en ella, una chica con grandes pechos en biquini, haciendo un puchero con los labios, con las manos en las caderas. Doblo la página en cuartos y apunto en la dirección del escritorio de Leo. Aterriza a unos centímetros de su mano derecha. Lo toma y lo estira sobre la mesa. Por un segundo estoy seguro de que detecto un cambio en su cara; no tanto como una sonrisa, pero algo parecido. No obstante, vuelve a su expresión vacía de inmediato y dobla el pedazo de página y lo empuja hacia el borde de la mesa.

Por fin suena el cronómetro. El señor Wilton, algo dormido, nos deja irnos, aunque Harry sale por la puerta cuando todavía no nos dice que salgamos; sus pasos resuenan por el pasillo. Leo se acerca a devolverme el dibujo.

—Quédatelo —digo.

—¿No lo quieres?

—Lo dibujé para ti.

Leo frunce el ceño.

—Quiero decir —rectifico con rapidez—, es solo un boceto, nada especial. Quédatelo. O tíralo a la basura. Lo que quieras.

Leo me mira de forma extraña, pero mete el dibujo dentro de su ejemplar de *Noche de Reyes*.

—Es bueno, ¿sabes? —dice Leo, mientras caminamos por el pasillo.

—¿Perdón?

—El dibujo que hiciste. Es muy bueno.

Sonrío con timidez.

—Gracias.

—¿Estás en la clase de arte para el Certificado General de Educación Secundaria? —me pregunta.

—No. En textiles.

—¿Qué? ¿Costura y ese tipo de cosas?

—Sí, aunque apenas sé enhebrar una aguja. La señorita Fratton está muy preocupada. Me gusta más lo que tiene que ver con el diseño, la moda y ese tipo de cosas. ¿Y tú? ¿Te gusta el arte?

—Nooo, se me dan fatal esas cosas. Soy un negado para el dibujo.

—Y ¿en qué eres bueno? —pregunto.

—En matemáticas —responde Leo sin dudar—. Números.

—Yo soy terrible en matemáticas —digo—. Es la peor asignatura sin lugar a dudas. Se me da fatal cualquier cosa que requiera respuestas correctas o equivocadas. Es curioso cómo en el cerebro de cada persona los cables están conectados de una manera diferente. ¿No crees?

—Mmm —murmura Leo, mirando al suelo.

Estamos a mitad de la acera que sale de la escuela cuando veo el coche de mamá estacionado justo afuera de las rejas.

Suelto una maldición entre dientes. Le dije que tomaría el autobús para ir a casa.

—¿Qué? —pregunta Leo.

—Nada.

Barajo la idea de fingir que olvidé algo y dar la vuelta, pero mamá ya me vio.

—¡Yujuuu! ¡David! —me llama, saliendo del coche y moviendo la mano.

—¿Esa es tu madre? —me pregunta Leo, girando la cabeza en su dirección.

—Por desgracia —contesto.

Desde la parte de atrás del coche, *Phil* me ve y se vuelve loco, se pone a saltar en los asientos.

—Tienes un perro —dice Leo. Se le iluminan los ojos de una manera que nunca le había visto.

—Ah, sí, ese es *Phil*.

—¿*Phil*? ¿Es una abreviación de *Philip*?

—Ya, aburrido, ¿no? Culpa de mi padre. Tiene la manía de ponerle nombres de personas a todos nuestros animales. Los peces dorados se llaman *Julie* y *Dawn*, y nuestro anterior perro se llamaba *Graham*.

—Pues me parece muy *cool* —dice Leo—. Mejor que llamar a un perro algo estúpido como *Peludito* o *Lucky*.

—Supongo. Pero da algo de vergüenza cuando le quitas la correa en el parque y gritas «*Phil*» y casi la mitad de los hombres se dan la vuelta.

—¿De qué raza es? —pregunta Leo.

—No lo sabemos. Lo encontramos en una perrera hace unos cuatro años. Creemos que puede tener algo de jack russell terrier, tal vez algo de spaniel. Pero no lo sabemos con seguridad. Es un perro sin raza.

—Nooo, es guapo.

Llegamos al coche.

—Hola, cariño —dice mamá, subiéndose los lentes de sol a la cabeza—, pensé que agradecerías que te llevara a casa en coche después de todo lo que trabajas.

Noto que Leo me está mirando de manera burlona e interrogante.

114

—Hola —saluda, inclinándose por encima de mí y extendiendo la mano a Leo—, creo que no nos conocemos. Soy Jo, la madre de David.

—Leo —contesta, dándole la mano.

—Encantada de conocerte, Leo. ¿También estás colaborando en el musical? —le pregunta mamá.

—¿Musical? —dice Leo frunciendo el ceño.

—Sí, eh, Leo trabaja entre bambalinas, construye los decorados —invento con rapidez, abriendo mucho los ojos mientras lo miro—. ¿No es cierto, Leo?

—Sí, entre bambalinas —repite; por suerte me sigue el juego.

—¿Qué espectáculo es el que están preparando este año? —pregunta mamá, dirigiendo la pregunta a Leo.

Leo me lanza una mirada de pánico por encima del hombro de mamá. Yo intento decirle con el movimiento de mi boca *¡Oh, qué guerra tan bonita!*, pero es demasiado tarde; Leo le está diciendo a mamá que estamos ensayando *Grease*.

—¡Ah, fenomenal! —dice mamá—, ¡me encanta *Grease*! Dios, estaba tan enamorada de John Travolta cuando era joven..., pensaba que estaba buenísimo. David, tienes que recordarme que compre entradas cuando se acerque el estreno.

—Claro —digo, con la esperanza de que mamá ya se haya olvidado cuando llegue diciembre.

*Phil* está volviéndose loco, corre en círculos en el asiento de atrás. Abro la puerta. Salta sobre la acera, primero se abalanza encima de mí y luego encima de Leo.

—¡*Phil*! —lo reprende mamá con firmeza—. ¡Bájate!

—No pasa nada —la tranquiliza Leo—, me encantan los perros. ¡Hola, chico! —dice, arrodillándose para que su cara esté a la altura de la de *Phil*, acariciándole las orejas, lo cual *Phil* adora.

A sabiendas de que encontró un fan, el perro se tira de espaldas para que Leo le rasque la panza.

—Ya tienes a un amigo de por vida, Leo —le comenta mamá.

Leo sonríe, sin apartar la vista de *Phil* ni por un segundo. Está totalmente diferente con una sonrisa en la cara; más suave y menos intenso.

—¿Quieres que te llevemos a casa? —pregunta mamá.

Leo le acaricia la panza a *Phil* una vez más y se levanta.

—Gracias, pero vivo demasiado lejos.

—¿Por qué zona? —pregunta mamá.

—Eh, Cloverdale —responde Leo, mirándose los pies.

—Eso no está tan lejos —dice mamá—. Vamos, súbete.

—Nooo, en serio, no se preocupe —replica, retrocediendo—, el autobús está a punto de llegar.

—De verdad que no es ninguna molestia, Leo. De todas formas, tengo que comprar algunas cosas en el supermercado, así que es solo un pequeño desvío. Vamos, ahórrate un boleto.

—Sí, vamos —añado.

*Phil* le lame la mano a Leo.

—Mmm, bueno —acepta Leo—. Gracias.

Leo insiste en sentarse atrás con *Phil*.

—¿Estás seguro? —pregunta mamá mientras pone el coche en marcha—. Está llenísimo de pelos de perro.

—Sí. Me gusta —dice Leo, mientras masajea las orejas de un *Phil* absolutamente feliz.

—¿Tienes perro? —pregunta mamá.

Leo mueve la cabeza de forma negativa.

—¿Te gustaría tener uno? —pregunto—. *Phil* no come mucho.

—¡David! —me regaña mamá.

—Era broma.

—¿Tienes algún otro animal, Leo? —pregunta mamá.

—Una vez tuve hámsteres.

—¿Cómo se llamaban? Sus nombres no pueden ser tan malos como los nuestros —digo.

—*Cheryl*. Mi hermana se lo puso —responde Leo—, por Cheryl Cole, y, eh, *Jimmy*.

—¿Y por quién le pusiste el nombre de Jimmy? —pregunto.

—Por mi padre —dice Leo en voz baja.

—¿Y no se confundían? Apuesto a que tu padre y *Jimmy* el hámster no sabían a quién llamaban.

—Mi padre no vive con nosotros.

—Ah. Perdón.

Leo mira por la ventanilla.

—¿Qué pasó? Con los hámsteres, quiero decir —añado rápidamente.

—*Cheryl* se murió. *Jimmy* se escapó.

—Vaya. Eso no es agradable.

—¿Quieren que ponga algo de música? —pregunta mamá con una alegría algo artificial, a la vez que gira los botones del radio.

117

Por un momento suena estrepitosamente fuerte y hace que *Phil* dé un salto y se meta acobardado debajo del brazo de Leo.

—Por cierto, David —dice mamá—, puede que tenga la banda sonora de *Grease* por algún lado. Mira en la guantera. Tengo ganas de oírla ahora.

Unos segundos después en el coche se escucha a John Travolta y Olivia Newton-John cantando a todo volumen la canción *Summer Nights*, con mamá acompañando muy desafinada. Miro por el retrovisor. Leo mira fijamente por la ventanilla, con el ceño fruncido y su mano izquierda sobre la cabeza de *Phil*.

Veinte minutos más tarde pasamos un cartel desvencijado que dice «Bienvenido a la urbanización Cloverdale». Me enderezo en el asiento. Mamá cierra los seguros en las puertas de manera automática. Hago una mueca y espero que Leo no diera cuenta.

—A partir de aquí tendrás que guiarme, Leo —dice mamá, a la vez que baja la música.

Leo se inclina hacia delante entre los dos asientos y le señala el camino.

Miro por la ventana a medida que vamos entrando. No tiene nada que ver con lo que imaginaba. Por los comentarios de la gente, esperaba *dealers* en cada esquina, tiroteos masivos, por lo menos uno o dos cadáveres, pero prácticamente no se ve a nadie. Todo el mundo debe de estar adentro de sus casas, escondidos detrás de cortinas idénticas.

La urbanización es como un interminable laberinto, las casitas angostas de ladrillos cafés se repiten una y otra vez. Por fin giramos para entrar en la calle de Leo: Syca-more Gardens, según el grafiti pintado en la pared.

—Esta es la mía —informa Leo.

—¿Qué casa es? —pregunta mamá.

—Esa, la número siete. Pero aquí está bien —responde Leo.

—De acuerdo.

La número siete es la casa más desaliñada de la calle: la pintura está descarapelada y el jardín delantero parece una jungla; el pasto llega casi hasta la cintura.

—Gracias por traerme —dice Leo cuando mamá apaga el motor.

—No hay de qué —contesta ella.

Leo acaricia la panza de *Phil* por última vez antes de dar las gracias a mamá de nuevo y bajarse del coche. Cierra la puerta de un golpe y se aleja; enseguida encorva la espalda. Mamá vuelve a poner el coche en marcha.

—Espera un segundo —le pido, abriendo la puerta para salir del coche—. ¡Leo! —lo llamo—. Solo quiero darte las gracias —digo, llegando a su lado—. Ya sabes..., por no decirle nada a mamá sobre mi sanción. Y por cubrirme las espaldas con lo del musical.

—Ah, eso. No te preocupes.

—Es solo que si supiera que me castigaron querría saber la razón y los detalles... —Dejo que mi voz se apague.

—Ya, lo entiendo —dice Leo, cruzándose de brazos. Pero por supuesto que no lo entiende del todo.

Detrás de él, las cortinas de la casa número siete se abren por un momento, una cara borrosa aparece en el cristal, y se cierran otra vez.

—Tu madre te está esperando —indica Leo, señalando el coche con la cabeza.

Miro detrás de mí. Mamá está dando golpecitos en su reloj.

—Bueno, que pases una buena tarde —digo.

—Sí. Tú también.

Él se da la vuelta y camina por el camino de pasto pisoteado que hace las veces de sendero en el jardín.

—Esperemos a ver si llega bien —dice mamá cuando me subo al coche.

Nos quedamos mirando hasta que la puerta arañada del número siete se cierra de un golpe detrás de él.

## 18

Cuando entro en la sala, Tia está recostada en el sillón viendo *Frozen* por milésima vez, con una expresión soñadora en la cara. Por la puerta puedo ver a Amber en la cocina, arrodillada al lado de la lavadora.

—¿Todo bien? —digo, al entrar.

—La verdad es que no. Mamá volvió a dejar un maldito pañuelo de papel en un bolsillo. Todo está cubierto de pelusas blancas.

—¿Dónde está? —pregunto.

—En el bar con Spike.

—Ya —murmuro—. ¿Qué hay en el horno?

—Pizza.

—¿De qué tipo?

—*Pepperoni*. No sé si habrá suficiente para los tres. A lo mejor tenemos que tostar también un poco de pan.

—Pensé que no comías carbohidratos.

—A buena hambre no hay pan duro —responde Amber, suspirando y volviendo a meter toda la ropa en la lavadora—.

Llegaste temprano —dice, mientras añade detergente en el compartimento de la lavadora.

—Me trajeron en coche.

—Sí, ya vi.

—Entonces, ¿para qué preguntas?

—¿Quién es el chico?

—¿Quién?

—¿Quién va a ser? El chico con el que estabas hablando afuera. —Cierra de un golpe el compartimento del detergente y enciende la lavadora.

—Un amigo.

—Pensé que no tenías amigos —dice con una sonrisa.

—No los tengo. No es nadie. Solo un chico al que también castigaron. Su madre insistió en traerme.

—Tienen un coche bonito —comenta Amber—. ¿Son ricos?

—No lo sé, supongo.

Debería de haber rechazado su ofrecimiento, haber seguido mis instintos y haber tomado el autobús. Vi cómo la madre de David cerraba los seguros en las puertas al entrar en Cloverdale. Y la manera en que este miraba la urbanización, embobado como si fuera un niño en un parque temático. Tampoco los culpo. Apuesto a que viven en una casa muy bonita, con tres baños y una enorme cocina con uno de esos refrigeradores grandes y relucientes que se ven en las series estadounidenses, y un jardín inmenso con un pasto espléndido, parterres y muebles de jardín conjuntados.

Me sirvo un vaso de agua y me acuesto en el sillón al lado de Tia. Esta murmura siguiendo el diálogo de la película. Podría recitar con facilidad todo el guion dormida. Bebo un trago. Tiene un gusto raro. Metálico. Debería haber dejado correr el agua un rato más.

Trato de relajarme y pensar en algo bonito. Alicia aparece en mi mente. Intento sacarla de ahí, reemplazarla con otra cosa, pero nada funciona. Me rindo, cierro los ojos e imagino su cara. Alicia en su habitación, el pelo que le cae por la cara, la guitarra apoyada en su rodilla, sonríe y canta una canción solo para mí.

Sí, eso está mucho mejor.


A la mañana siguiente lo primero que tengo es una cita con Jenny en el centro Sunrise. El centro Sunrise, que quiere decir amanecer, tiene un nombre algo engañoso. El propio edificio es de concreto gris y las paredes de adentro están pintadas de color verde menta, que hace que te sientas fresquito incluso en un día caluroso. Hay afiches y pinturas en las paredes, pero aun así no puedes olvidarte de que es un sitio deprimente para chicos con «problemas». Mamá solía venir a las citas conmigo, pero dejó de hacerlo en cuanto cumplí la edad necesaria para venir en autobús solo. Cuando me acompaña habla con esa estúpida voz de fresa, le sigue el juego a Jenny y actúa como si yo ni siquiera estuviera presente. Ahora solo viene si Jenny se lo pide, lo que me parece estupendo.

Llevo viniendo aquí desde que tenía siete años, así que Jenny ya me conoce muy bien, o por lo menos así lo cree ella. Sin embargo, es raro, porque yo no sé casi nada de Jenny, aparte de que creo que tiene un gato, porque siempre lleva pelos pegados en los muslos. A veces intento hacerle preguntas personales, pero siempre logra evitarlas y en vez de contestarlas les da la vuelta y me pregunta a mí por qué le pregunto, y antes de que me dé cuenta, ya estoy contestando otra cuestión. Me molesta bastante. Pero, por lo general, Jenny está bien. Cuando era pequeño solía enojarme y salir del despacho hecho una furia, o le gritaba. Una vez lancé una de sus plantas por la ventana. Se reventó encima del cofre de un coche e hizo que se disparara la alarma. Jenny no perdió la calma ni su profesionalidad, lo que de alguna manera fue peor que si me hubiera gritado.

Espero en la recepción del Departamento de Adolescentes. Jenny va atrasada. Apuesto a que el señor Toolan ya la llamó. También la esperan otros dos chicos, un chico y una chica. Él juega con su celular. Ella lee una revista. Ninguno de los tres hablamos. Es una regla tácita. Miro hacia el reloj.

Jenny saca la cabeza por la puerta.

—¿Leo?

Pone su cara amistosa pero sin expresión, aunque no me engaña. No puede ocultar que tiene los labios tensos y que sus ojos reflejan la decepción. Tiro la revista que estaba hojeando y la sigo hasta su oficina.

El despacho de Jenny es pequeño y angosto, con las mismas paredes de color verde menta. En el centro cuatro sillas están dispuestas alrededor de una pequeña mesita de centro en la que hay una caja de pañuelos de papel. Es evidente que vas a estar bien cuando tienes una caja de pañuelos de papel esperándote, y no se trata de una caja cualquiera, es una gigante. Jenny cierra la puerta y nos sentamos.

—Dime, ¿cómo van las cosas, Leo? —pregunta, tomando un sorbo de té.

—¿Es nuevo ese suéter? —pregunto.

Jenny se mira.

—No, no es nuevo.

—Te queda bien.

—Gracias. Entonces, ¿qué hay de nuevo? ¿Cómo va la escuela?

—¿Dónde lo compraste?

Baja la pluma y me mira.

—Leo, estamos aquí para hablar de ti y no sobre lo que elijo de mi clóset.

Me callo y me enfurruño un poco. De repente no tengo muchas ganas de charlar.

—El señor Toolan me llamó el martes —dice, dejando su tazón en la mesa.

Allá vamos.

— Ah, ¿sí?

—Me temo que sí, Leo. Me dijo que le habías pegado a otro estudiante. ¿Quieres explicarme qué pasó?

—Se lo merecía.

—Ay, Leo —suspira Jenny—. Hemos trabajado esto. No puedes ir pegándole a la gente de esa forma, «lo merezcan» o no.

—Pero estaba acosando a otro chico.

—Lo sé —dice Jenny con suavidad—. Y puedo entender que estabas intentando ayudar, pero estoy segura de que te das cuenta que hiciste mal.

—Tal vez —murmuro, jalando de mi corbata y enrollándomela en el dedo índice.

—Estoy decepcionada, Leo. Eden Park es una escuela muy buena... No me gustaría ver que desperdicias esta oportunidad.

Prosigue una larga pausa.

—¿Qué pasó con esas técnicas que practicamos? —pregunta—. ¿Ayudan?

No respondo.

—Mira, Leo, la conclusión es que no puedes ir por ahí pegándole a la gente, no importa cuánto te molesten o la cantidad de rabia que te hagan sentir. No hay excusas.

125

Me limito a encogerme de hombros y miro por la ventana. El cielo está cubierto de aburridas nubes blancas.

Jenny suspira.

—¿Cómo va todo lo demás? —pregunta, cambiando de tema—. ¿Qué tal con los otros alumnos?

Me encojo de hombros otra vez.

—Bien.

No puedo dejar de pensar en Alicia.

El miércoles me dio la mitad de su chicle, y ayer, cuando me dirigía a clase de historia, me llamó y me pidió que escuchara una canción. Como estábamos compartiendo audífonos, nuestras mejillas casi se tocaban, y Alicia a cada rato me miraba para ver mi reacción, como si para ella fuese importante que a mí también me gustara la canción. Le dije que sí me gustaba.

Pero no voy a compartir nada de esto con Jenny. Lo exageraría y le daría demasiada importancia y me haría un billón de preguntas que no quiero contestar.

—¿Encontraste a alguien allí en quien sientas que puedes confiar? ¿Alguien con quien puedas hablar cuando las cosas se ponen difíciles o confusas?

—No —respondo, tamborileando con las uñas en los brazos de madera de la silla.

Jenny cambia de postura en su asiento.

—Sé que para ti es difícil confiar en tus compañeros, comprendo tu recelo, Leo, de verdad, pero no puedes vivir toda la vida dentro de este cascarón duro, por mucho que creas que es lo que quieres hacer. Me preocupa tu aislamiento social.

Aislamiento social. Otra vez. Carajo, está obsesionada con eso.

—Estoy bien solo —digo con firmeza.

Jenny baja la carpeta con mi expediente y la deja en su regazo.

126

—«Amigo» no es una palabra sucia, Leo.

La miro directamente a los ojos.

—Para mí, sí.

—Solo quiero verte participar de una manera positiva, Leo.

—¿Participar? —pregunto, haciendo una mueca con la cara—. ¿Participar en qué?

Jenny lanza otro suspiro.

—En la vida, Leo. Quiero que comiences a participar en la vida.

## 19

Después de dejar a Jenny pierdo el autobús y llego tarde a inglés.

—¿Dónde estabas? —me susurra Alicia por encima del hombro cuando me deslizo en mi pupitre detrás de ella.

—Eh, tenía médico —digo.

Ella frunce el ceño.

—Por la rodilla —añado con rapidez, felicitándome por pensar tan rápido.

—¿Cómo está la vieja rodilla? —pregunta.

—La verdad es que va mejorando.

—Me alegro.

Y sonríe como si realmente fuera así.

Esa tarde soy el primero en llegar a cumplir la sanción. Me desplomo en el mismo asiento en el que me senté ayer, pero me cuesta ponerme cómodo. Unos minutos después llega Harry, que se dirige directamente al fondo de la sala. Luego David, que me saluda con un movimiento rápido de la mano al deslizarse en su asiento. Yo lo saludo con la cabeza. Hoy se unen dos chicos de segundo. Mientras intento leer el resto de *Noche de Reyes*, puedo sentir cómo uno de ellos me mira, muy fijamente, y tiene la boca abierta, como si yo fuera un muñeco de cera del museo *Madame Tussauds* o algo así. Giro la cabeza con fuerza y le clavo la mirada. Sus ojos se abren con miedo antes de apartar la vista hacia otro lado.

Sigo sin poder concentrarme. Con el rabillo del ojo, veo a David doblado encima de su tarea, con la mano izquierda se sujeta la frente. A cada rato suelta un suspiro o un gemido. Miro cómo arranca una página de su libro y la tira hacia un lado, tiene la cara sonrosada. Me siento un poco más derecho. Reconozco la portada del libro de matemáticas con el que está trabajando. Lo completé hace algunos años.

Delante de mí, el señor Wilton está roncando. Miro por encima de mi hombro. Harry tiene los ojos cerrados y los dos chicos de segundo están enfurruñados. Me levanto y cruzo el pasillo, me deslizo en el asiento de al lado de David. Me mira sorprendido. Observo la página de su libro. Es un lío de garabatos y tachones.

—Estás complicando esto mucho más de lo necesario —digo.

—¿En serio? —susurra David.

—Muchísimo. Cuando logras entender la fórmula, los sistemas de ecuaciones son sencillos de resolver.

—Tal vez para genios como tú y mi amigo Felix —dice con un tono tristón.

—Nooo, te lo digo en serio. Deja que te enseñe.

Tomo la pluma de David.

—Bien, los sistemas son dos ecuaciones con dos incógnitas. Así que el primer paso es encontrar el valor de una de las incógnitas. ¿Me entiendes?

—Supongo que sí.

—Por ejemplo, aquí necesitamos descubrir el valor de $y$. Así que sumamos las dos ecuaciones para calcular la $y$. Así...

Me pongo a escribir, David se inclina hacia mí para ver lo que hago.

—¿Ves? Cuando ya hiciste eso, queda claro cuál es el valor total de $x$. Lo único que tienes que hacer entonces es dividirlo por ¿qué?

David echa un vistazo a la página.

—No lo sé.

—Sí que lo sabes. Tómate tu tiempo. La respuesta está ahí, solo tienes que deshacerlo.

Sigue mirando la página fijamente, su cara se va poniendo cada vez más roja.

Delante de nosotros, el señor Wilton se revuelve en el asiento. Bajamos la voz.

—Relájate —susurro—. Lo sabes.

—¿Cinco? —David susurra dudoso.

—Exacto. Lo cual nos deja con el valor de $x$.

—¿Entonces $y$ es igual a 1, y $x$ es igual a 3? —pregunta con lentitud.

—Bingo.

—¿En serio?

—Sí.

—Pero eso es supersencillo.

—Te lo dije. ¿Quieres probar con otra?


El lunes estoy cumpliendo la sanción haciendo la tarea de geografía cuando un papel doblado viene navegando por el aire y aterriza en mi pupitre. Miro hacia donde está David. Mira hacia delante, aunque se le mueven los labios como si intentase no sonreír. Abro la hoja. Es otro dibujo. Esta vez de un perro que se parece un poco a *Phil*. Al lado del perro hay una burbuja con las palabras «Guau, guau, guau, guau, ¡LADRIDO!» y un asterisco que lleva a una nota a pie de página: «Traducción perruna: ¡¡¡Aprobé la tarea de matemáticas!!! El señor Steele casi se desmaya. Un trillón de gracias. David *x*».

Levanto la vista. David está sonriendo con optimismo. Y aunque la nota es bastante cursi, no puedo dejar de sonreírle de vuelta.

Al día siguiente llego a la clase de inglés y descubro que Matt, el chico con el que normalmente me siento, no vino porque tiene mononucleosis.

—Hoy vamos a trabajar en parejas, vamos a debatir el simbolismo en *Noche de Reyes* —anuncia la señorita Jennings.

Me pone en un trío con Alicia y Ruby, la chica que se sienta con ella. Ruby es simpática; un poco irritante, pero simpática.

Mantengo la calma, saludo con la cabeza de forma casual cuando Alicia y Ruby giran sus sillas para estar en frente de mí. La rodilla de Alicia toca la mía por un breve instante.

—Dios, tengo una cruda... —anuncia Ruby, dejando caer la cabeza sobre el pupitre.

Alicia pone los ojos en blanco.

—Siempre tienes cruda. Es martes, Ruby. ¿A quién se le ocurre emborracharse una noche entre semana cuando hay clase al día siguiente?

Ruby levanta el dedo medio desde debajo de su manto de pelo rubio teñido.

—Déjame tranquila. Ahora mismo estoy en un estado muy delicado —se queja, con la voz amortiguada.

Alicia se limita a negar con la cabeza y me sonríe.

—Entonces, ¿tú no bebes? —pregunto.

—Durante la semana no. Venir a la escuela con cruda no es pasarla bien.

Me pregunto dónde beberá Alicia durante los fines de semana, qué beberá, si tiene un novio que le paga los tragos. Miro con el rabillo del ojo cómo abre su copia de la obra de teatro y estira las páginas con la palma de la mano.

—Sé que no es *cool*, pero me encanta esta obra —dice Alicia.

—Ah, ¿sí? ¿Qué es lo que te encanta de ella? —pregunto.

Alicia arruga la cara para pensar.

—Supongo que el humor. Y la historia de amor, la manera en que todo es un revoltijo, pero se arregla en el último minuto. Y el hecho de que todo el tiempo sabes qué va a suceder, pero cuando sucede te alegras un montón de todas formas, aunque ya supieras que iba a pasar. No sé si eso tiene mucho sentido.

Yo asiento con la cabeza.

—Pero sobre todo —continúa, inclinándose en su silla, entusiasmada, con los ojos brillantes (y su entusiasmo es contagioso porque yo también me inclino hacia delante, aunque no me importa un pimiento la obra, aparte del hecho de que a Alicia le gusta tanto)— me encanta que tenga una heroína tan genial. Quiero decir que Viola es tan valiente y rebelde... Me encanta. Y cuando piensas que esto fue escrito hace chorrocientos años, es incluso más increíble.

—¿Incluso si su personaje hubiera sido representado por un hombre en esa época? —pregunto, recordando lo que la señorita Jennings nos explicó el otro día sobre el elenco formado solo por hombres en los tiempos de Shakespeare.

—Ya lo creo. Quiero decir, el hecho de que escribieran un personaje como ella hace tantos años ya es algo bastante grande. Pero ¿no sería muy confuso? ¿Un hombre haciendo el papel de una chica que se hace pasar por un chico? —Alicia se ríe.

—No lo había pensado de esa manera —digo.

Hay una pausa y puedo notar que sus ojos siguen sobre mí, el aire entre nosotros es algo espeso y borroso.

—¿Vas a ir a la fiesta de Becky? —pregunta con lentitud.

—No sabía que había fiesta —respondo.

Esto no es del todo cierto. Becky Somerville va en mi año y tiene una boca tan grande que tendrías que vivir en Marte para no escucharla hablar sin parar sobre el tema.

—Sí, el próximo sábado —dice Alicia, acariciando de arriba abajo el lomo de su copia de la obra.

—Ah, muy bien. Genial.

—Entonces, ahora que ya lo sabes, ¿crees que es posible que vayas? —pregunta Alicia, enroscándose uno de sus rizos en un dedo.

Me aclaro la garganta y me encojo de hombros.

—No lo sé. Las fiestas no son lo mío.

—¿Qué quieres decir con que las fiestas no son lo tuyo? —grita Alicia—. Eso es como decir que no te gusta comer, o que no te gusta respirar. Quiero decir, ¿a quién no le gustan las fiestas?

Miro al suelo, maldiciéndome por haber dicho algo tan raro. Alicia tiene razón: a la gente normal le gustan las fiestas.

—Es solo que no me muevo bien en multitudes —añado.

Me arrepiento de mis palabras enseguida, porque sé que lo estoy empeorando, estoy arruinándolo todo con mi rareza.

—Es una pena —dice Alicia.

—De todas formas, no me invitó —añado—. No creo que Becky sea una gran admiradora mía.

Becky me trata como la mayoría de mis compañeros de clase, con una mezcla de miedo y fascinación, como si fuera un animal exótico que se escapó del zoo, que puede ser peligroso. Todo el mundo salvo Alicia. Alicia no actúa como si me tuviera el más mínimo miedo.

—Eso es porque Becky no ha tenido la oportunidad de conocerte todavía, nada más —explica Alicia—. Porque si lo hiciera, pensaría de otra manera, lo sé.

Me encojo de hombros y me miro las manos. Hay una larga pausa.

—¿Sabes?... Yo también fui la chica nueva.

—¿Sí? —me intereso, levantando la mirada.

—Sí. En segundo de secundaria. Mis padres se mudaron aquí desde Londres a mitad del curso.

—Y ¿cómo fue?

—Horrible.

—¿En serio?

No puedo imaginar la vida de Alicia como nada más que de oro.

—Ehhh, por si no lo has notado, Eden Park no destaca por su diversidad. Se pueden contar el número de chicos negros con las dos manos. Me sentía como si anduviera con una linterna en la cabeza la mitad del tiempo. Además, todo el mundo ya tenía sus amistades; yo llegué un año y medio más tarde. Y ya había todos estos grupitos y reglas sobre quién podía sentarse dónde en el comedor, y cuando miraba a mi alrededor no podía deducir dónde se suponía que encajaba. Las primeras semanas comía en los baños y cada noche lloraba hasta dormirme. —Se ríe.

—Y entonces, ¿qué cambió? —pregunto.

—Bueno, para empezar me obligué a comer en el comedor. Luego me inscribí en el club de teatro y al coro, sonreí como una chiflada a todo el mundo, etcétera. Y con el tiempo descubrí que había mucha gente simpática, solo tenía que buscarla. El hecho de que me quitaran los aparatos de los dientes probablemente también ayudó un poco. Es algo difícil demostrar seguridad cuando tienes la boca llena de hierros. Hierros de verdad. Mis aparatos eran de talla épica.

Se ríe otra vez.

—Y por si sirve de algo, tu reputación en la escuela es de chico malo —añade—. Creo que yo fui la niña negra muda durante casi todo mi primer trimestre.

Se mete un rizo suelto detrás de la oreja y sonríe. Me gusta lo que produce en sus ojos.

Alicia se aclara la garganta.

—Oye, Becky dice que puedo llevar a alguien —comenta—. Quiero decir a su fiesta.

Un calor trepa por mi cuello.

—Ah, ¿sí? Y ¿a quién vas a llevar?

Respira hondo antes de mirarme directamente a los ojos.

—Bueno, de momento a nadie.

—Ah, bueno —digo, tragando con dificultad.

Ruby (a quien había olvidado por completo) levanta la cabeza del pupitre y pone sus ojos rojos en blanco.

—Por Dios, hacen que me quiera morir. Leo, Alicia está intentando invitarte a salir, tonto. Por favor, dile que irás con ella a la fiesta de Becky. Antes de que agarre sus cabezas y las golpee una contra la otra.

Vuelve a dejar caer su cabeza sobre el pupitre.

Miro a Alicia, que se está escondiendo detrás de las manos. Cuando las baja, tiene las mejillas sonrojadas.

Abro la boca para decir algo, pero no me sale nada. Lo que Ruby propone es genial. Pero hay algo que me impide convencerme para salir corriendo; algo mucho más fuerte e intenso que la voz que suele aconsejarme en mi cabeza.

—Y bien, ¿qué piensas? —pregunta Alicia, mordiéndose el labio inferior—. ¿Quieres venir?

—Eh, sí, de acuerdo. —Me escucho decir, mientras mi voz tranquila lucha con el latido acelerado de mi corazón y con mis palmas sudorosas.

—Genial —dice ella.

Hay una pausa antes de que ella se ponga a reír. Y de repente yo estoy haciendo algo que nunca he hecho antes, y es como si estuviera experimentando una experiencia extracorporal, porque me estoy riendo también...

## 20

—Felicidades —le digo a David, cuando el cronómetro suena al final de la sanción del día—.Ya terminaste, ¿no?

—Supongo que sí —responde David—. En realidad tampoco estuvo tan mal.

—No.

—A lo mejor debería infringir las normas más a menudo —añade con una sonrisa—. Oye, siento que a ti todavía te queden tres semanas más.

—No te preocupes.

David se aclara la garganta.

—Leo, estaba, eh, pensando, en realidad me preguntaba si considerarías darme clases particulares de matemáticas. ¿Me entiendes?, de forma seria.

—¿No puedes pedírselo a otra persona? —pregunto frunciendo el ceño.

—Tal vez a mi amigo Felix, pero es que no se le da muy bien explicar las cosas de forma simple. Es como si no se diera cuenta de que no todo el mundo es un genio como él.

—No lo sé. No estoy seguro de que yo pueda ser mucho mejor.

—Seguro que sí —replica David—. La explicación del otro día fue brillante. Por primera vez en mucho tiempo las matemáticas tuvieron algo de sentido.

—Ya, bueno —digo poniendo los ojos en blanco.

—Lo digo en serio.

—No sé si tengo tiempo.

—Vamos. Te pagaré.

—No seas estúpido —farfullo.

—Lo digo de verdad. Por favor —añade David—. Me ayudaría muchísimo.

Titubeo. La verdad es que en cierta manera disfruté al ayudar a David el otro día, mucho más de lo que habría imaginado. Me gustó ver cómo las cosas iban encajando para él, lo orgulloso que se sintió al poder resolver el problema por sí mismo.

—Solo un par de veces por semana —añade—. Y si no funciona podemos dejarlo en cualquier momento. Sin presiones.

Suelto un suspiro.

—Bueno, de acuerdo.

Da un grito de alegría y por un instante me da miedo que me vaya a abrazar.

—Gracias, gracias, gracias —corea—. Seré un estudiante modelo, lo prometo.

Niego con la cabeza.

—Estás muy loco, ¿lo sabes?

David se limita a sonreírme. Sigo negando con la cabeza, y me doy la vuelta para guardar mis cosas.

—Ah, y otra cosa —añade David—. ¿Estás libre mañana a la hora de la comida?

138

—¿Por qué? —pregunto por encima del hombro.

—¿Quieres comer conmigo, Essie y Felix?

—¿Por qué? —repito, dándome la vuelta para mirarlo.

—Porque queremos conocerte mejor.

—Suelo comer solo —digo.

—Anda, por favor. Será divertido.

Y no sé si es por Alicia y su fiesta, o qué, pero me sorprendo diciendo que sí.

Al día siguiente llueve y fuera está mojado y el comedor está lleno y sofocante. Mientras avanzo en zigzag por entre mesas y sillas, paso al lado de Harry en la mesa del centro.

—¡Psicópata! —exclama su novia rubia.

Si supiera la verdad... La ignoro y sigo caminando.

—Viniste —dice David contento mientras pongo la charola en la mesa.

—Dije que vendría, ¿no? —murmuro, y me siento a su lado.

Enfrente, los dos amigos de David, cuyos nombres me dijo pero he olvidado del todo, me miran con los ojos muy abiertos.

La chica tiene una masa de cabello negro alborotado. Su barbilla reposa sobre sus manos; las uñas, cortas y mordisqueadas, están pintadas con esmalte negro, aunque algunas están descarapeladas. Empequeñece al chico sentado a su lado, que reconozco de la clase de matemáticas avanzada. Es bajito y menudo, y probablemente el chico más pulcro que he visto en la vida. En serio, parece el tipo de chico que plancha sus propios calzones.

De repente la chica se pone en movimiento.

—Soy Essie —dice, inclinándose sobre la mesa para darme la mano. Su voz es ronca y teatral.

139

—Felix —añade el chico.

—Leo —digo yo.

—Ya sabemos quién eres —ronronea Essie—. Eres el chico más famoso de toda la escuela ahora mismo.

Me encojo de hombros y abro mi lata de Coca-Cola. La espuma sale a borbotones por encima y tengo que sorberla rápidamente para que no caiga en la mesa.

—Y bien, ¿cuál es la verdadera razón por la que te expulsaron de Cloverdale? —pregunta Essie mientras poso la lata sobre la mesa.

—¡Ess! —exclama David en un bufido.

—¿Qué? Eso es lo que todos queremos saber, ¿no? —responde Essie.

—¡Pero no lo sueltes de esa forma!

Essie hace un puchero y pone los ojos en blanco.

—Leo, permíteme disculparme por mi novia —interviene Felix—. Tiene tendencia a ponerse un poquito, ¿cómo puedo decirlo? Sobreexcitada.

—Haces que parezca un perrito sin entrenar —se queja Essie.

—Tú sabrás si te das por aludida, cariño —dice Felix, dándole una palmadita en la mano.

—¿Son pareja? —digo, ni siquiera oculto mi sorpresa.

—Sí. ¿Por qué? ¿Acaso no lo parecemos? —reclama Essie.

—No lo sé —digo, poniendo cátsup en el borde de mi plato—. ¿Qué hace que dos personas parezcan una pareja?

Pienso en Alicia y en mí; cómo nos verían si camináramos juntos por el pasillo, con mi brazo alrededor de su hombro, el suyo alrededor de mi cintura. Solo pensarlo hace que un montón de mariposas se agiten en mi estómago.

—Dicen que las mujeres suelen ir por hombres que les recuerdan a sus padres —dice Essie—. ¿No es muy retorcido? Por suerte, Felix no se parece en nada a mi padre.

—Es el complejo de Edipo al revés —explica Felix, mordisqueando lo que parece un pedazo de cartón—. Según Freud, todos los hombres quieren matar a sus padres y tirarse a sus madres.

—Asqueroso —murmuro, enterrando una papa en el cátsup.

—A no ser que tengas una madre buenorra —añade Felix.

—¡Felix! —gritan Essie y David a la vez.

Essie parte su sándwich y comienza a tirar pedacitos de pan a la cabeza de Felix. David se une enseguida.

—¡Celíaco! ¡Abuso! ¡Abuso! —grita Felix, cubriéndose.

Están chiflados. Oficialmente. Los tres.

—Todavía no nos dijiste por qué te expulsaron —dice Essie, pues ya se le acabaron los pedazos de pan para tirar.

—¿Qué les hace pensar que fui expulsado? —pregunto con cuidado.

—¿Ven? ¡Se lo dije! —grita Felix de manera triunfante, dando un golpe con la mano en la mesa—. ¡Les dije que ese rumor era pura basura!

—Pero si no te expulsaron, ¿por qué abandonaste Cloverdale? —pregunta David.

Los tres se inclinan hacia mí al unísono.

Les relato la misma historia que le conté a Alicia. Cuando termino se desploman en sus asientos, decepcionados.

—Qué aburrido —se queja Essie—. Prefiero la versión del serrucho.

—Lo siento —digo encogiéndome de hombros.

141

—Entonces, ¿cómo aprendiste a pegarle a alguien de esa manera? —pregunta David—. Parecías Jean Claude Van Damme o un boxeador por el estilo.

—Me enseñó mi padre —miento.

—¿Jimmy? —dice David, y se le ve contento consigo mismo por recordarlo.

Escuchar de repente que otra persona dice el nombre de papá me hace sentir muy raro.

—Sí —murmuro—. Jimmy.

Justo en ese momento Essie se pone a silbar y doy gracias por la interrupción.

—¡Alerta Olsen! —dice, moviendo la cabeza hacia la izquierda con un gesto exagerado.

David inmediatamente se sonroja.

—¿Qué es una alerta Olsen? —pregunto.

—Querrás decir quién —dice Felix—. Zachary Olsen. Allí.

David se pone todavía más rojo. Sigo su mirada hasta un chico alto y rubio que está en la cola. Miro de vuelta a David. Sus ojos se han puesto tristones y empañados.

—¿Te gusta? —pregunto.

—Más bien está locamente enamorado de él —aporta Essie en un susurro ruidoso.

—¡Ess! —chilla David, con la cara casi de color púrpura.

—Eh, no me molesta —digo, subiendo las manos—. Quiero decir que ya me había dado cuenta de que eras gay si es eso lo que te preocupa.

David me echa un vistazo. Su cara se ha calmado un poco.

—¿Y te parece bien?

—¿Qué? ¿Crees que soy homófobo? Porque cualquier chico de Cloverdale tiene que ser un neandertal, ¿no?

—Por supuesto que no —responde David aturdido—. Solo es que nunca se sabe... —dice hasta que su voz se apaga.

Suelto un suspiro.

—Mira, no me importa quién te guste. No es asunto mío si te gustan los chicos.

—Entonces, ¿eso significa que tú eres hetero, Leo? —pregunta Essie.

Felix mira hacia el techo.

Bajo mi lata de Coca-Cola y la miro a los ojos, que son de un azul pálido y están delineados con lápiz de ojos negro.

—Pues sí —digo—. Haces muchas preguntas, ¿lo sabías?

—Leo, la curiosidad es una de las características permanentes e incuestionables de un intelecto fuerte —recita.

—Samuel Johnson —contesto, sin perder un segundo.

Essie pestañea al mirarme.

—¿Perdón?

—La cita. Es de Samuel Johnson, ¿no?

—¿Conoces a Samuel Johnson? —pregunta Essie, con la boca prácticamente abierta del todo.

—Por supuesto —respondo.

Esto es una verdad a medias. Es una de las citas del libro de Spike que está en el baño. A pesar de todo comencé a leerlo cuando me siento en el escusado.

—Nunca juzgues un libro por su portada, ¿eh? —digo.

Essie abre la boca y luego vuelve a cerrarla.

—Refrán, origen exacto desconocido —añado, metiéndome una papa en la boca.

No puedo evitar mirar a David. Está sonriendo como un lunático.

## 21

El martes siguiente estoy haciendo fila en el comedor cuando oigo que alguien menciona el nombre de Leo. Enseguida agudizo el oído. Echo un vistazo detrás de mí. Se trata de un grupo de chicas de primero de bachillerato, tienen las cabezas inclinadas y forman un círculo para chismorrear. Inclino el cuerpo hacia un lado para escuchar lo que dicen y finjo que estoy estudiando el menú en el pizarrón que cuelga por encima de sus cabezas en la pared.

—Te lo estoy diciendo, Leo Denton va a llevar a Alicia Baker a la fiesta de Becky este sábado —comenta una de las chicas, una pelirroja alta—. Ruby Webber me lo confirmó.

Alicia Baker está en primero de bachillerato, igual que Leo. Siempre es la protagonista del musical de la escuela, y cada Navidad la eligen para cantar el primer verso de un villancico el concierto de fin de año.

—Qué suerte tiene Alicia, el chico es muy guapo —dice otra de las chicas, una rubia pequeña, con voz melancólica, enrollándose un mechón de pelo en el dedo índice.

—Sí —coincide otra—. Me encantan los fuertes y callados. Y un poquito toscos, eso siempre es sexy.

Todas estallan en risitas.

—Pero ¿no se supone que está loco o que es un psicópata o algo así? —indica la pelirroja—. Clare Boulter dice que lo vio salir del centro Sunrise la semana pasada.

El centro Sunrise está en las afueras de la ciudad. Es para adolescentes con problemas de salud mental. Una chica de cuarto B que se autolesionó en los baños solía ir allí. Me pregunto por qué va Leo. Mi mente le está dando vueltas.

—Además, es algo bajo, ¿no creen? —continúa la pelirroja.

—Con los ojos que tiene, a quién le importa —contesta la rubia.

Solo un par de semanas atrás pensaban que ese mismo par de ojos eran «locos».

—¿Qué quieres, cielo? —La encargada del comedor me está hablando, con el cucharón en la mano y una expresión de cansancio en su rostro lleno de arrugas.

—Perdón —tartamudeo.

—¿Qué quieres? —repite.

Pestañeo, de repente no puedo enfocar las palabras escritas en el pizarrón.

—Vamos, no tengo todo el día —dice.

—Eh, pizza, por favor —suelto sin más.

Me pone una porción gruesa en el plato.

Encuentro una mesa en un rincón y me siento. Pero perdí el apetito y solo consigo comerme la mitad del almuerzo.

Durante todo el trayecto hasta casa no puedo dejar de pensar en la fiesta de Becky. Sería impensable que me invitaran a una fiesta de primero de bachillerato, ni en un millón de años. Ni siquiera me invitan a las fiestas de cuarto de secundaria.

Cuando llego a casa me acuesto en el sillón con mi *laptop* y antes de que pueda frenarme, mis dedos están escribiendo el nombre de Leo en Facebook. No lo encuentro. Tampoco está en Twitter ni en Instagram o Pinterest. Busco su nombre en Google, pero lo que más se le acerca es un montón de cosas sobre una chica de Cloverdale llamada Megan Denton que hace tiempo ganó varios trofeos de natación.

—¿Qué estás mirando?

Doy un salto. Livvy está apoyada en el respaldo del sillón inclinada hacia mí, su pelo largo me roza el brazo.

Cierro la *laptop* de un golpe.

—Nada —digo con brusquedad—. ¿Qué haces acercándote por sorpresa?

—Mamá dice que la ayudes con la cena.

Permanezco quieto, con las manos estiradas encima del calor de la *laptop*, que emite un suave zumbido.

—Ve tú, yo voy en unos segundos —le digo.

—Bicho raro —me contesta.

Al día siguiente, me encuentro con Leo en la biblioteca a la hora del almuerzo para nuestra primera clase. Quiero preguntarle sobre la fiesta de Becky, pero no encuentro la forma de dejar caer el tema en una conversación sobre la factorización de las ecuaciones de segundo grado. De hecho, quiero preguntarle un montón de cosas.

Cuando él se inclina para tomar mi pluma, me llega un soplo de jabón y loción para después de afeitar, y cuando el sol le da en cierto ángulo, descubro un grupito de pecas cafés en su nariz que nunca había visto antes. Ambas cosas hacen que me sienta extraño.

—Hola, chicos, ¿los puedo interrumpir?

Levantamos la vista. Es una chica que se llama Rachel, de mi clase de textiles, amiga de Lexi. Sostiene un portapapeles bordeado con oropel y lleva un gorro de Papá Noel y una sonrisa plasmada en la cara.

—¿Quieren entradas para el baile de Navidad? —pregunta.

—No, gracias —murmuramos Leo y yo al unísono.

—¿Están seguros? —insiste Rachel—. Va a ser el evento social del año. Vamos a transformar el salón de actos de la escuela en un maravilloso paraje invernal. Harry Beaumont hasta va a rentar una máquina de nieve artificial. Se lo prometo, no querrán perdérselo.

—No, gracias —digo.

—Yo tampoco —añade Leo.

La sonrisa de Rachel rápidamente se transforma en un puchero.

—Como quieran —dice de manera altanera, ajustándose el gorrito de Papá Noel antes de marcharse sigilosamente.

—¿Por qué hay tanta expectación con este baile? —pregunta Leo—. Hay carteles por todas partes y ni siquiera se va a celebrar hasta dentro de dos meses.

—La fiebre del baile de Navidad empieza más temprano cada año —digo.

—¿Fuiste alguna vez?

—Ess, Felix y yo siempre decimos que no vamos a ir, pero entonces, en el último minuto, terminamos cayendo y compramos entradas.

—Y ¿por qué?

—Pues ya sabes, espantoso. Harry está tan orgulloso como si hubiese acabado con el hambre en el mundo o algo parecido. Siempre hay un enorme recipiente con un ponche sin alcohol asqueroso. Y el DJ es superantipático y se niega a poner lo que la gente le pide, y bla bla bla...

—Entonces, ¿por qué van siempre si la pasan tan mal?

—Pues no lo sé. Supongo que cada año tenemos una pequeña esperanza de que tal vez sea diferente. Una estupidez, ¿no crees?

Leo frunce el ceño.

—¿La gente lleva a sus parejas y cosas así?

—Muchos lo hacen.

Leo se aclara la garganta.

—Vamos, terminemos esta ecuación. Te falta poquísimo para resolverla.

Mientras guardamos nuestras cosas, a Leo se le cae la cartera y me arrodillo para recogerla. Al chocar contra el suelo, se ha abierto, y en la sección donde se pueden poner fotos, hay una imagen de un hombre guapo con el mismo pelo castaño y alborotado que tiene Leo.

—¿Quién es? —pregunto mirando la foto de cerca.

—Es mi padre —responde Leo, estirando la mano.

De mala gana le devuelvo la cartera.

—Eres igual que él —digo, y me levanto.

Leo asiente con la cabeza levemente.

—¿Lo ves con frecuencia? —pregunto.

Leo niega con la cabeza, y se mete la cartera hasta el fondo del bolsillo trasero.

—¿Lo verás en Navidad?

—Lo dudo.

—¿Y eso?

—Mira, se fue cuando yo era un bebé, no lo veo desde entonces.

Ahora entiendo por qué Leo actuó de forma tan rara cuando le pregunté por su padre en el coche la otra semana.

—Pero al menos sabrás dónde está —me intereso.

—No.

—¿Y no tiene que pagar, no sé, manutención o algo por el estilo?

—Quién sabe —dice Leo, poniéndose la mochila.

—¿No intentaste buscarlo? ¿En internet? Seguro que está en Facebook o algo parecido.

—Por supuesto que lo hice —salta Leo—. ¿Crees que soy idiota?

—Perdón.

Leo suspira.

—Lo único que sé sobre él es su nombre y que es carpintero. Ni siquiera sé su fecha de nacimiento.

—¿Me tomas el pelo?

—No.

—*Wow*.

—Sí —asiente Leo, con voz apagada.

—¿Lo extrañas? —pregunto.

Leo parece pensativo.

—Todos los días.

En cuanto las palabras salen de su boca, se ve como si se arrepintiera de ellas, como si ya hubiese compartido demasiado sobre el tema.

—Una locura, ¿no? —añade con una carcajada amarga.

—No me parece una locura para nada —digo rápidamente—. Me parece humano.

Leo se encoge de hombros, con una mirada perdida en los ojos.

—¿Por qué se fue? —pregunto.

Leo hace una mueca.

—Todos se van. Sin excepción. Es lo que mejor se le da a mi madre, su truco de magia.

Quiero hacerle más preguntas, pero Leo está mirando el reloj.

—Tengo que llegar al registro. Nos vemos.

Lo observo salir corriendo de la biblioteca.

Mientras guardo mis cosas, intento imaginarme cómo sería mi vida si papá se hubiera ido cuando yo era un bebé, pero me es imposible. He visto muchísimos álbumes de fotos de él con zapatos y batas de hospital, sonriendo mientras sostiene en los brazos a su primer recién nacido, o dormido en el sillón conmigo, pequeñito y arrugado, enroscado en su pecho.

Jamás me habría abandonado a mí ni a mamá, jamás. Me pregunto qué habrá hecho la madre de Leo para ahuyentar al padre de su bebé, para que este no volviera. Algo terrible. Algo imperdonable. Tiemblo.

Cuando me bajo del coche después de la escuela, mamá suelta un grito ahogado.

—Los pantalones te llegan por encima de los tobillos, David —dice.

Cuando llegamos a casa, corro escaleras arriba y cierro la puerta de mi cuarto. Mamá tiene razón. Crecí dos centímetros en menos de dos semanas. Primero pienso que es imposible, así que me mido otra vez. Y otra más. Cuando lo escribo en mi cuaderno, me tiemblan las manos y las letras me salen torcidas. Si soy capaz de crecer dos centímetros en dos semanas, ¿cuánto puedo crecer en seis semanas? ¿Y en diez?

El sábado por la mañana mamá insiste en llevarme al centro a comprarme un par de pantalones nuevos.

—Estás creciendo tan rápido... —dice mamá, cuando dejamos el coche en el estacionamiento subterráneo—. ¡Espérate a ver, terminarás siendo más alto que tu padre!

Según parece, papá siempre fue uno de los chicos más bajos de su clase hasta que, en menos de un año, dio un estirón, cuando cumplió los quince, y casi de un día para otro creció hasta llegar al metro noventa. Esto está bien si eres varón. Si eres una chica, es un desastre.

Mamá y yo nos dirigimos a la tienda John Lewis. Hace demasiado calor y está desbordada de gente haciendo compras. En el elevador hay una carriola con gemelos. Un niño y una niña.

—¿Qué edad tienen? —les pregunta mamá a los padres.

—Están a punto de cumplir once meses —responde la madre.

—¡Qué edad más divertida! —exclama mamá—. Son preciosos.

—¡Dan mucho trabajo! —El padre se mete en la conversación, y todos se ríen como si acabara de decir el mejor chiste de la historia.

Yo inspecciono a los bebés. La niña está dormida. Es sonrosada. El niño está despierto y está masticando una galleta de arroz empapada de saliva. Lleva un overol de mezclilla con un tractor bordado en el bolsillo y en su puño libre tiene un cochecito. Me mira con cansancio. Apuesto a que sus padres suponen que va a ser un niño normal; que su color favorito será el azul o el negro o el rojo, que jugará al futbol y que le gustarán los coches y los camiones, y que algún día se casará y tendrá hijos. E incluso si no es normal, aunque le guste el ballet, hornear bizcochos o besar a chicos en vez de a chicas, igual imaginarán que su pequeño niño crecerá hasta convertirse en un hombre. Porque ¿por qué no pensar eso? Cuando salimos del elevador, el niño y yo nos miramos fijamente hasta que se pierde de vista.

En el departamento de uniformes escolares mamá revuelve la repisa con pantalones, de vez en cuando saca un par y me los pone encima murmurando para sí misma.

Me doy una vuelta por la repisa de faldas escolares: plisadas, acampanadas, largas, cortas. Estiro la mano y paso los dedos por ellas, fingiendo desinterés, en caso de que mamá me mire y se dé cuenta de lo que estoy haciendo.

En los probadores, me pruebo cuatro pares idénticos de pantalones azul marino.

—Está creciendo tan rápido —oigo que mamá le susurra a la dependienta mientras espera al otro lado de la cortina.

La luz del probador es brillante y dura, no es como la luz tenue que uso en mi cuarto para inspeccionarme. Todo el tiempo mientras me estoy cambiando mantengo la espalda hacia el espejo.

Después nos dirigimos al área de los restaurantes para comer en Yo! Sushi. Nos sentamos uno junto al otro en unos taburetes altos, delante de la cinta transportadora. Le doy instrucciones a mamá sobre la técnica para usar los palillos. Me deja comerme dos porciones del *mochi* de chocolate del postre.

—Me estoy divirtiendo mucho —dice, llenando su vaso con agua con gas de la llave que hay en el bar donde estamos—. Deberíamos hacer esto más a menudo.

Tengo la boca llena, así que me limito a asentir con la cabeza.

—Estamos tan ocupados estos días... —continúa—. Papá y yo con el trabajo, tú y Livvy con la escuela. Siento que tú y yo no hemos tenido la oportunidad de mantener una buena conversación desde hace muchísimo tiempo. Ya sabes..., tiempo de madre e hijo.

Hace una pausa y posa el vaso. Noto que me está mirando, estudiándome. Me limpio los restos de chocolate de los labios con una servilleta.

—¿Todo bien, cariño? —pregunta lentamente.

—Por supuesto que sí. ¿Por qué lo preguntas? —contesto, manteniendo la vista en una ración de rollitos de pepino que serpentean en la cinta transportadora, siguiendo su progreso.

—Es solo que últimamente me parece que estás algo preocupado.

—Es que lo de la escuela me tiene muy ocupado —digo sin convicción.

—Me lo dirías, ¿no?, si algo no estuviera bien, o si quisieras desahogarte. Porque tu padre y yo lo comprenderíamos, ¿entiendes?

Trago saliva. Porque aquí está; mi oportunidad para contarlo. Cuatro palabras: Quiero. Ser. Una. Chica. Pero no me salen. Se quedan de forma testaruda en mi garganta, asfixiándome en silencio. Porque lo que mamá está intentando que le diga no es lo que está preparando para oír. Porque mamá piensa que le voy a decir que soy gay. Sospecho que estuvo preparándose para este momento durante años, desde que pedí mi primera Barbie para Navidad, desde que corrí por la casa con mi primer par de alas de hada, desde que me enrollé una toalla en la cabeza y simulé que era una larga melena. Seguramente estuvo ensayando su reacción durante meses, practicando delante del espejo el equilibrio perfecto entre la sorpresa y la aceptación. Desde luego que dejó caer suficientes indirectas, inició debates apasionados sobre los matrimonios entre personas del mismo sexo durante la cena, haciendo constantes referencias a su primo segundo Craig, que es gay y vive en Cardiff con su novio. Pero papá y mamá

154

interpretaron las señales mal, al igual que Leo se equivocó en el comedor el otro día. Porque no soy gay. Soy sencillamente una chica heterosexual atrapada en el cuerpo de un chico. Pero ¿cómo les explico eso?

—¿David? —Mamá me da la oportunidad para decir algo, con la mirada llena de interrogantes y de esperanza.

—No, mamá —digo, recuperando la voz por fin—, estoy bien. De verdad.

Se ve decepcionada por un segundo, pero lo esconde rápidamente, acercándose para ponerme el pelo detrás de la oreja.

—Bueno, me alegra oírlo —dice, dándome una palmadita en la mano.

Cuando estamos pagando la cuenta, algo dorado atrae mi atención. Miro hacia el bar Nando's, en el lado opuesto del área de los restaurantes. Alicia Baker, Ruby Webber y otras chicas de primero de bachillerato están apretujadas en un reservado rodeadas de un montón de bolsas. Alicia saca un top dorado reluciente de una bolsa de plástico de la tienda Top Shop. Se lo pone encima del pecho mientras el resto aprueba con la cabeza.

—¿Listo para irnos? —pregunta mamá con alegría.

—Claro —murmuro, quitando la mirada de Alicia y sus amigas.

Esa noche, estoy en casa solo. Livvy se fue a dormir con Cressy. Mamá y papá van a cenar a casa de uno de los colegas del trabajo de papá. Essie y Felix tienen una noche «de pareja».

—Nada cursi o romántico —me asegura Essie por Skype, mientras Felix se repantiga en la cama detrás de ella—, solo tiempo de novio y novia, ya me entiendes.

Pero no la entiendo. En realidad, no puedo. Nunca he tenido un novio ni una novia (a menos que cuente el salir con Leila Shilton durante tres días cuando tenía seis años). Nunca he besado a nadie. Ni siquiera he caminado jamás tomando de la mano a alguien. Probablemente haya intercambiado un gran total de diez palabras con Zachary en los últimos cinco años. Soy un novicio total en cuanto a relaciones. Tampoco ayuda que esta noche sea la fiesta de Becky Somerville y al otro lado de la ciudad, en Cloverdale, Leo se esté preparando para llevar a Alicia, y siento que todo el mundo tiene una pareja menos yo.

Es evidente que mamá se siente culpable por dejarme, porque me pidió una enorme pizza de *pepperoni* para mí solo y manda a papá a comprar un vaso de mi helado favorito. Me despido de ellos en la puerta, espero diez minutos antes de irme a la planta de arriba.

En mi cuarto me arrodillo y saco la caja grande que mantengo enterrada bajo montones de zapatos y abrigos en la parte inferior del clóset. Su contenido es el resultado de años de abastecimiento. En el fondo hay cosas que ya no me sirven pero que no logro tirar: las alas de hada que la tía Jane me compró cuando tenía cinco años (no me las quité en una semana), el camisón rosa que robé de debajo de la almohada de mi prima Keira en unas Navidades, el odiado vestido de confirmación de Essie, blanco y con volantes, que me donó con alegría. Encima de estas cosas hay hallazgos de tiendas de segunda mano, que metí en casa de contrabando debajo de mi abrigo; vestidos de coctel y pantalones de poliéster de los ochenta robados del fondo del clóset de mamá amparado por la oscuridad; más desechos de Essie.

Esta noche elijo un vestido que perteneció a la madre de Essie cuando estaba en su época hippy a mediados de los noventa, antes de que naciera ella. Es largo, holgado y teñido a nudos, cubierto de espejitos pequeños. Antes de ponérmelo, me quito la ropa de chico y la dejo amontonada en el piso. Me acerco la falda a la nariz y respiro profundamente. Todavía huele a incienso, algo cálido, como jengibre, mezclado con un perfume añejo y sal marina.

Luego, me pongo la peluca. La compré por internet a comienzos de este año, con el dinero que me sobró de Navidad; corrí hacia mi cuarto antes de que mamá o Livvy tuvieran la oportunidad de preguntar qué había en esa misteriosa caja de cartón que llevaba debajo de mi brazo. Es una melena brillante que llega hasta los hombros, de un tono un poco más oscuro que el castaño de mi verdadero pelo. Sencillamente me encanta.

Me siento al escritorio y saco mi bolsa de maquillaje. La mayoría de las cosas las he comprado con el dinero que me dan mis padres, otras se las he robado a mamá, o las he heredado de Essie. Vacío todo el contenido y lo dispongo de forma ordenada sobre mi mesa, el surtido de colores. Últimamente he estado mirando muchos tutoriales de maquillaje por internet. Sitúo la *laptop* a mi lado y busco mi favorito; una chica de Texas que se llama CeeCee, y que es probablemente lo más parecido que he visto a una Barbie de carne y hueso. Da su tutorial con un acento del sur hipnótico y muy marcado. Juntos, paso a paso, nos ponemos base, corrector, rubor, lápiz de ojos, sombra de ojos ahumada. Los ojos con tono ahumado son más difíciles de conseguir de lo que parece y me lleva cuatro intentos conseguir que el derecho sea igual que el izquierdo. Me reclino hacia atrás y me observo la cara: la complexión suave, el toque de rubor femenino, los ojos que parecen más grandes y misteriosos con la máscara. Para acabar, saco mi labial favorito —rojo diva— y me lo arrastro por los labios.

Suena el timbre, haciendo que dé un salto. Voy a la habitación de mamá y papá y echo un vistazo por las cortinas. Es el repartidor de pizzas. Me olvidé por completo de él. Por un momento barajo si abrirle la puerta como estoy, como una chica. La idea me llena de excitación y de miedo. Pero gana el miedo y rápidamente me limpio la boca con un lado de la mano, dejándola manchada de rojo sangre, y me pongo la bata encima del vestido. Mientras bajo la escalera, me arranco la peluca y me la meto en el bolsillo. Abro la puerta solo un poco, lo suficiente para entregar el dinero y recibir mi pizza, agachando la cabeza para que el repartidor no me vea la cara maquillada. Con la puerta cerrada de forma segura, me pongo la peluca otra vez y me quito la bata, y la cuelgo en el barandal.

Llevo la pizza a la cocina, saco servilletas y me sirvo un vaso de Coca-Cola. Normalmente disfruto cuando veo mi reflejo en la tostadora o la tetera, cuando siento el suave ruido de la tela al rozarse contra mis piernas, pero esta noche, por alguna razón, me siento desanimado. Como la pizza delante de la televisión, y luego el helado, el bote de un tirón. Pero siento como si estuviera fingiendo el disfrute, como por comer. No tengo muchas oportunidades de poder vestirme de mujer sin que me molesten en casa y cuando lo hago lo que me gusta es hacer cosas cotidianas: poner la lavadora, tostar un poco de pan, ver la tele. Pero esta noche no. Esta noche me siento raro, como si todo estuviera descentrado, como si yo fuera un tremendo fraude. Mientras lleno la lavadora, siento el cuerpo pesado y cansado, y noto un lagrimón que baja por mi mejilla. Horrorizado, me la seco. Me deja una mancha negra y acuosa en la mano. Son solo las nueve, faltan horas para que mis padres regresen a casa, pero camino fatigosamente por la escalera de todos modos, me quito el vestido y la peluca y me lavo la cara, los restos del maquillaje se van por el desagüe formando un arcoíris sucio. Me baño en la oscuridad, me pongo una pijama limpia y me meto en la cama.

Estoy a punto de conectarme a Skype para hablar con Essie y Felix, pero en el último instante recuerdo que es su noche de pareja y probablemente ahora mismo estén revolcándose desnudos, con sus pensamientos lejos de mí. Mientras estoy acostado en la oscuridad, me asaltan imágenes indeseables de la fiesta de Becky. En mi mente está oscuro y lleno de humo, con cuerpos sudorosos suspirando y meciéndose, apretujándose unos contra otros en cámara lenta. Siento un dolor sordo en el vientre. Me doy cuenta de que mi almohada está mojada. Me pongo de lado, de cara a la pared. «¿Qué te pasa?», me pregunto con rabia. Y entonces me doy cuenta de lo que me pasa, me siento solo. Me siento tan solo que me duele físicamente. Y el darme cuenta me hace sentir peor. Como si todo este tiempo me hubiera estado engañando y obligando a poner buena cara. Me giro y me pongo de espaldas, me coloco la almohada sobre la cabeza y recito el vocabulario francés en mi cabeza una y otra y otra vez, hasta que al fin me quedo dormido.

## 22

—¿Qué estás haciendo, Leo?

Me volteo. Tia está en la puerta del baño, con su pijama de Hello Kitty, que no se ha quitado en todo el día.

Es sábado por la noche. La fiesta de Becky comienza dentro de poco más de dos horas.

—¿Qué te parece que estoy haciendo? Me estoy arreglando el pelo.

—Pero si tú nunca te arreglas el pelo.

La ignoro y saco un poco de gel fijador de un bote de Spike. Lo huelo antes de untar un poco con el dedo y ponérmelo.

Tia se sienta en el borde de la tina, los dedos de los pies no le llegan al suelo.

—¿Adónde vas?

—A una fiesta.

—¿Puedo ir?

—No.

—¿Por qué?

—Porque es una fiesta para adultos.

—Pero tú no eres un adulto. Solo tienes quince años.

—Bueno, entonces es una fiesta para adolescentes, solo para adolescentes.

—Ah. ¿Jugarán al juego de las sillas?

—No.

—¿Habrá helado y papas fritas?

—Lo dudo.

—¿Cómo puede haber una fiesta sin helado y papas fritas?

La ignoro. El gel de Spike hace que la parte delantera de mi pelo se vea grasienta. Meto la cabeza debajo de la llave e intento quitármelo con agua.

—¿Leo? —dice Tia, tirándome de la manga.

—¿Qué? —grito debajo de la llave abierta.

—Si resulta que hay helado y papas fritas, ¿me guardarás un poco y me lo traerás?

Cierro la llave y me pongo recto, el agua me cae por la frente y miro su carita esperanzada.

—Por supuesto.

Cuando salgo del baño me topo con mamá en el pasillo. Acaba de llegar de la lavandería y se ve colorada y cansada.

—¿Qué te pasa? —pregunta con tono acusador.

—¿Qué quieres decir? —replico.

—Estás tan alegre... —dice, entrecerrando los ojos, como si estar alegre fuera el mayor pecado entre todos los pecados.

—No sé lo que quieres decir —respondo pasando rápidamente por su lado.

Sin embargo, tiene razón, he estado de buen humor toda la semana. Las cosas que normalmente me molestan —que Amber use toda el agua caliente por la mañana, que Tia deje su tazón de

162

cereal en el fregadero, que Spike cante, casi todo lo que mamá hace— me dan igual.

Cuando me pongo la capucha de la sudadera y me miro en el espejo por última vez, esa vocecita familiar aparece en mi cabeza, alertándome de que no me deje llevar. La ignoro. Porque Alicia es diferente, estoy convencido. No es como las chicas de la escuela de Cloverdale, que se volvieron amargadas y malvadas por las cosas que han visto. No, Alicia es dulce y me da esperanzas. Y hoy voy a poder pasar toda una noche con ella.

La casa de Alicia está a cierta distancia del camino principal detrás de un par de rejas enormes. Es grande y simétrica, con una puerta de entrada el doble de grande que la nuestra, y tiene un montón de ventanas. Mientras avanzo por el camino para los coches parece crecer aún más, por encima de mí. Me acerco para tocar el timbre y me doy cuenta de que mi mano está temblando un poco. La sacudo con fuerza. Ahora no es el momento para estar nervioso. Esta noche es para estar en calma, tranquilo, duro.

Un hombre alto y negro, que supongo que es el padre de Alicia, abre la puerta. Su piel es brillante y suave y sus dientes son resplandecientes y blancos, como los de Alicia. Al igual que la casa, se erige como una torre frente a mí.

—¿Puedo ayudarte? —pregunta, con una voz grave y aterciopelada.

Me aclaro la garganta, pero mi voz suena rara de todas formas.

—Vengo a buscar a Alicia.

—Lo siento, joven, pero debe de ser un error, mi hija tiene prohibido salir con chicos hasta que cumpla por lo menos veintiún años. Por favor, váyase —dice, ordenándome que me retire y haciendo un amago de cerrar la puerta.

—Ah, bueno, perdón —tartamudeo, confundido.

—¡Papá! —grita Alicia.

Miro por encima del hombro de su padre y ahí está ella, de pie en la escalera detrás de él, con las manos en las caderas, con unos *jeans* azul oscuro y un top dorado.

—No te creas ni una palabra —dice en voz alta.

Su padre esboza una amplia sonrisa.

—¡Solo estoy bromeando, Leo! —Se ríe y me da un golpe en el brazo—. ¡Entra, entra!

Me acompañan al recibidor. Es enorme. En casa ni siquiera tenemos un recibidor de verdad, solo un espacio al pie de la escalera que siempre está lleno de zapatos y de cartas sin abrir. Pero el de Alicia es tan grande como nuestra sala, o más. Me limpio bien los zapatos en el tapete, no quiero ensuciar la alfombra de color crema. La madre de Alicia aparece desde la cocina, con un delantal a rayas. Parece una madre de un anuncio televisivo, toda resplandeciente y perfecta. Me toma por los hombros y me besa en ambas mejillas, y me dice lo agradable que es conocerme.

Me sorprende que los padres de Alicia sepan mi nombre, lo que significa que Alicia debe de haberles hablado de mí por lo menos un poco.

—Leo, perdona a mis padres, qué vergüenza dan. Piensan que son graciosísimos, pero se equivocan —se disculpa Alicia a la vez que se pone el abrigo y me acompaña hacia la puerta.

—En casa a medianoche, por favor —dice su padre, dándole golpecitos a su reloj.

—Sí, papá —responde Alicia, poniendo los ojos en blanco.

Con todos los nervios no he tenido la oportunidad de mirarla bien, solo ahora, de pie en la escalera de la puerta mientras ella se pone una larga bufanda rosa en el cuello, puedo hacerlo. Lleva el pelo recogido en un chongo con algunos rizos sueltos que enmarcan su cara, y se ha maquillado. Está increíble.

—Estás muy guapa —le digo.

Sonríe.

—Y tú también, Leo Denton.

Me da un vuelco el estómago.

Mierda.


No cabe duda de cuál es la casa de la fiesta. En el número veintiséis, la música ya está a tope y puedo distinguir sombras a través de las cortinas. Llegamos y encontramos a Becky en el recibidor saludando a cada uno de sus invitados con un gritito agudo y/o un abrazo perfumado. Lleva un vestido rosa brillante que la hace parecer un hada encima de un árbol de Navidad. Cuando entramos grita especialmente fuerte.

—Ay, Dios mío, estoy tan megacontenta de que estés aquí... —gime con un acento estadounidense superraro, como el que pone Tia cuando ve durante demasiado tiempo el canal Nickelodeon.

Me saluda de manera muy relajada:

—Hola, Leo. —Me mira de arriba abajo lentamente con una leve sonrisa en los labios—. Vamos, denme sus abrigos —se ofrece, estirando los brazos.

Aunque hace un calor sofocante, me dejo la sudadera puesta. Alicia se quita la bufanda y el abrigo y se los da a Becky.

—Dios, me encanta tu top —dice Becky—. Déjame ver cómo es por detrás.

Alicia hace una pirueta. El top va atado alrededor del cuello y deja a la vista su suave espalda café. Por lo que puedo deducir, no creo que lleve sostén. Trago saliva.

—Pasen a la cocina —nos invita Becky, indicándonos el camino con la mano—. Mi madre pidió unas veinte pizzas.

La madre de Becky es igual que ella, tiene la misma cara de luna y cejas pintadas. La mesa de la cocina está llena de cajas de pizza. Ayudo a Alicia a buscar una porción vegetariana antes de buscar una con jamón y setas para mí.

—¡Ahora, pidan una bebida al padre de Becky! —nos indica la madre de Becky—. Tenemos cerveza, vino, refrescos, lo que quieran. No soy una de esas madres estrictas. Yo también fui joven ¡aunque no lo crean!

Becky aparece por la puerta.

—¡Mamá! —se queja con los dientes apretados—. ¿No se supone que tú y papá tienen que irse?

—Tranquila, querida, solo me estoy asegurando de que todo el mundo tiene comida y bebida.

—¡Bueno, pero apresúrense!

Alicia y yo nos sonreímos el uno al otro.

El padre de Becky está detrás de la barra, haciendo de *barman*. La superficie está llena de botellas de bebidas alcohólicas y mezclas, y un montón de latas de cerveza y botellas de Smirnoff Ice reposan en una cubeta de plástico llena de hielo en el fregadero.

—¿Qué te puedo ofrecer? —dice, ignorándome y mirando directamente a Alicia.

Ella se inclina para inspeccionar la selección de bebidas y juro que el papá de Becky le mira los pechos.

—Un Smirnoff Ice, por favor —pide Alicia animada.

—Una cerveza —intervengo.

—Enseguida —dice el padre de Becky, guiñándole un ojo.

Hace un gran *show* aventando la botella por el aire y atrapándola, como si fuera un camarero de cocteles en un bar. Incluso quita la tapa con los dientes y la escupe en un bote, haciendo una pausa como si esperara que le aplaudiéramos. Todo el tiempo mantiene la vista puesta en Alicia.

—Disfrútalo, cariño —dice, dándole la botella.

Casi como una ocurrencia tardía, empuja una lata de cerveza en mi dirección, su mirada sigue sobre Alicia.

Salimos de la cocina con nuestras bebidas, haciendo equilibrios con los trozos de pizza en endebles platos de papel. La sala está llena de chicos. En el iPod, Kanye West berrea. Es raro ver a la gente de la escuela sin uniforme. Esta es la primera vez que me muevo entre ellos de esta manera, nos rozamos al atravesar la sala. Algunos nos miran fija y abiertamente, y susurran cuando pasamos.

Alicia se dirige al pórtico, donde se está un poco más tranquilo. Ponemos las bebidas en una mesa de campo de plástico que hay en un rincón, pero seguimos de pie, Alicia se mueve al ritmo de la música. Cuando doy el primer mordisco a la pizza, la salsa de tomate rezuma por el lado y termina en mi sudadera.

—¡Leo! —grita Alicia.

Suelto una grosería entre dientes mientras ella revuelve en su bolsa buscando un pañuelo de papel. Logra quitar casi toda la salsa, untando con suavidad el resto. Cuando ha terminado retrocede, satisfecha, y me sonríe, una versión más suave que su normal sonrisa de megavatio. Y por un momento es como si fuéramos las únicas dos personas en la fiesta. Pero entonces nos interrumpen algunos de los amigos de Alicia, lanzando sus brazos sobre ella, piropeándola por su top, por cómo se peinó el pelo, y son solo los primeros de una corriente continua de visitas.

Mientras Alicia recibe a sus súbditos, yo me siento en una de las sillas del jardín y la observo; la forma en que se ríe con chistes que no son divertidos, cómo se inclina y escucha con atención los secretos que le comparten, asintiendo pensativa, diciendo solo lo que debe. En un momento dado me mira y se encoge de hombros un poco como para pedirme perdón.

Cerca de las nueve de la noche, los padres de Becky por fin se van, haciendo grandes aspavientos al decir adiós.

—¡Estaremos al otro lado de la calle si nos necesitan! ¡Volveremos a medianoche! —nos informa la mamá de Becky mientras esta prácticamente la empuja por la puerta.

—Becky tiene tanta suerte... —dice Alicia cuando por fin estamos solos otra vez—. Mis padres no me dejarían hacer una fiesta ni en un millón de años sin que ellos estuvieran. Y seguro que no me dejarían servir todo ese alcohol.

—No, mi madre tampoco me lo permitiría —digo.

—El padre de Becky estaba un poco raro, ¿no te parece? —comenta Alicia, haciendo una mueca.

—Sí, no me gustó. Un poco rabo verde.

—¿Tú crees? Me pareció que era un poco atrevido, pero no estaba segura.

—No, no estuvo bien —digo—. La forma en que te miraba... Seguro que sabe que solo tienes quince años.

Alicia se inclina hacia delante, de manera que su aliento me hace cosquillas en la oreja.

—Casi dieciséis —me susurra.

Trago saliva y creo que ella se da cuenta, porque suelta una risita y me da un golpe en el brazo.

—Eres un verdadero caballero, ¿lo sabías, Leo Denton?

Estoy a punto de contestarle cuando suena una canción de Rihanna y Alicia suelta un grito emocionado, se levanta de un salto y me toma de la mano. Yo ya he bebido dos latas de cerveza y cuando me pongo de pie me siento un poco mareado. Sin embargo, Alicia parece estar bien, y eso que va por su tercer Smirnoff Ice, mientras me arrastra hacia la música.

—Yo no bailo —le digo, pero Alicia o no me oye o elige ignorarme.

Ahora estamos en el centro de la sala, nos rodean cuerpos sudorosos. Alguien sube el volumen de la música y es como si la casa estuviera hinchándose, lista para explotar con el bum bum del bajo. Alicia está dando saltos, más rizos se le sueltan y vuelan alrededor de su cara.

—¡Anda, Leo! —grita por encima de la música—. ¡Baila conmigo!

Miro a mi alrededor. Todo el mundo se está moviendo, sacudiendo los brazos en el aire y riéndose. No tengo ni idea ni de cómo empezar.

—¡Haz lo que yo hago! —me aconseja Alicia, tomándome las manos.

Y tal vez sea la cerveza, o quizá el hecho de que estoy con ella, pero me pongo a bailar. Y no está nada mal. No soy tan torpe. Me estoy metiendo de lleno en el baile cuando cambian de canción. Es otro tema R&B, pero más lento esta vez, sexy, e inmediatamente Alicia se pone a bailar rozándome, frotando el trasero contra mi entrepierna. Me separo un poco y ella se voltea sorprendida, frunciendo el ceño un poco. Rápidamente le pregunto por medio de señales: «¿Quieres algo de beber?», y ella se relaja, me sonríe y asiente con la cabeza, antes de seguir bailando.

Primero voy al baño, aliviado de encontrarlo libre. Al lado del escusado hay un espejo de cuerpo entero. «¿Qué significa esto?», me pregunto. ¿Qué especie de tipo raro querrá verse cuando está cagando? Apuesto que es el rabo verde del padre de Becky. Me lavo las manos. Mi cara está muy colorada. Me echo agua fría, intento refrescarme.

Cuando regreso a la sala, con las bebidas en la mano, Becky baja el volumen de la música y está en el centro de la sala, tambaleándose en sus brillantes tacones rosa.

—¡A jugar! —anuncia en voz alta, intentando que formemos un círculo.

Alicia ya está sentada con las piernas cruzadas en el piso. Da un golpecito en el sitio al lado de ella, pero antes de que pueda acercarme, su amiga Ruby se deja caer en ese espacio. Alicia se disculpa encogiéndose de hombros. Me siento donde estoy, entre Matt y una chica con pelo castaño rizado que reconozco de la escuela, pero cuyo nombre no sé. Becky saca una botella de vino vacía de la nada, y todos dicen ¡Ohhh!, como si estuviéramos en un teatro.

—Este juego no necesita presentación —grita Becky—. Se trata del clásico juego retro de ¡la botella!

Hay gritos de alegría y hurras.

—Ya conocen las reglas, si la botella apunta hacia ti ¡tienes que atreverte!

Más gritos y vivas.

—Como soy la chica del cumpleaños, a mí me toca hacerla girar primero.

Becky gatea hasta el centro de la sala, mostrando los calzones a todo el mundo. Me tomo un trago de cerveza nervioso y hago amago de levantarme.

—¿Adónde crees que vas, Denton? —ladra Becky.

—Iba a pasar de esta ronda —respondo.

—No, ni hablar —dice—. Jugar es obligatorio, ¿no es así, Alicia?

Alicia se sonroja.

Me siento de mala gana. Desde el otro lado del círculo, Alicia me sonríe. Finjo una sonrisa.

Becky hace girar la botella. Mientras esta da vueltas, la gente aplaude y grita. Contengo la respiración, deseando que pase de largo. Apunta a un chico de mi curso que se llama Liam. Se desliza hacia el centro del círculo sin levantar el trasero del piso. Becky agarra su cara con ambas manos y le mete la lengua hasta la garganta. Todos gritan. Intento captar la mirada de Alicia, pero está demasiado ocupada gritando, cubriéndose los ojos con los dedos. Becky por fin suelta a Liam. Tienen las bocas coloradas por la fricción y las manchas de lápiz labial, y parecen payasos.

—Nada mal —informa a todo el círculo—. Tal vez un seis sobre diez.

La cara de Liam se vuelve tan colorada como el lápiz labial que tiene en la barbilla. Le toca darle vueltas a la botella a él. Fijo la vista en la botella, rezo para que no se detenga delante de Alicia.

Una pareja tras otra se junta en el centro del círculo, las chicas informan sobre el rendimiento de los chicos como si se tratara de un examen: «sobresaliente, por esfuerzo», «ocho de diez», «necesita mejorar», etcétera. Los chicos se escabullen de vuelta a su sitio, triunfantes o humillados. Cada giro intento hacer, con el poder de mi mente, que la botella no me apunte ni a mí ni a Alicia, aguantando la respiración cuando pasa cerca de nosotros. Todo el tiempo me repito a mí mismo que pronto se aburrirán y la fiesta volverá a la normalidad.

—¡Una vuelta más! —anuncia Becky, respondiendo a mi ruego secreto.

Me atrevo a relajarme un poco, convencido de que la suerte está de mi parte. Por eso es tan raro cuando de repente la gente está gritando mi nombre y miro hacia abajo y la botella está apuntando directamente hacia mí, como el cañón de una pistola. Pestañeo, miro hacia arriba. Ruby está arrodillada en el centro del círculo, con la cabeza ladeada.

—No pienso esperar toda la noche —dice con coquetería.

Yo asiento con la cabeza y me acerco al centro sobre mis rodillas en cámara lenta. La gente está gritando «¡Leo, Leo!» y me siento como en el coliseo de Roma, solo que en vez de que me tiren como comida a los leones, me están lanzando a Ruby Webber. Ella está inclinada hacia delante y puedo ver su escote. Nunca me había fijado en sus pechos, en lo grandes y redondos que son, y si se inclina un poco más puede que se le salgan de la blusa. Pero nada de esto importa, porque aunque Ruby esté buena y todo eso, no es Alicia. Me acerco aún más, alguien se aproxima y me revuelve el pelo, y me dice que lo haga.

Miro y allí está. La preciosa Alicia. Mordiéndose la uña del dedo gordo. Nos miramos a los ojos por un instante y me sonríe, una sonrisa valiente como para decirme que está bien. A mi alrededor todo el mundo está rugiendo. Ruby sonríe y cierra los ojos. Aprovecho la oportunidad y la beso con rapidez, solo un besito, nuestros labios apenas entran en contacto. Abre los ojos de inmediato.

172

—¿Eso es todo? —pregunta, enojada y divertida a la vez.

Alrededor todos me abuchean.

Me encojo de hombros y echo un vistazo a Alicia. Está sentada con la espalda recta y se muerde el labio inferior. Becky entra en el círculo y pone sus manos sobre mis hombros.

—Tengo la sensación de que el Casanova se está reservando para cierta persona —cacarea.

Un montón de chicas dejan escapar risitas. Becky aplaude.

—Bien, momento de animar un poco las cosas. ¡Un nuevo juego!

Se dirige al recibidor y abre el clóset que hay debajo de la escalera, con un ademán ostentoso.

—¡Vamos a jugar a la botella otra vez y la pareja afortunada ganará diez minutos en el paraíso, aquí! —explica.

Vuelve dando saltitos a la sala mientras todo el mundo se mueve para formar un círculo más cerrado.

—Te toca, Leo.

Respiro profundamente y giro la botella. Parece rodar durante una eternidad hasta que, por fin, comienza a girar más lento, y se detiene apuntando directamente a Becky. Todo el mundo se pone a lanzar vivas. Esta los hace callar, extendiendo las manos en señal de rendición.

—Lo siento, chicos, quedo libre de esta ronda, reglas de cumpleañera y todo eso, lo que significa que doy el paso a mi izquierda y, vaya, vaya, ¿quién está sentada a mi izquierda?, nada menos que ¡la señorita Alicia Baker!

Alicia se sonroja muchísimo. Becky la levanta y prácticamente nos arrastra a la fuerza a los dos hacia el recibidor mientras el resto aplaude y vitorea, coreando nuestros nombres.

—¡Entra ahí, hijo! —dice Matt, con los ojos muy abiertos y excitados.

Consigo devolverle una sonrisa algo exagerada.

—¡Vamos! —exclama Becky.

Nos apretujamos dentro del clóset, entre cacharros domésticos. Huele a moho y a suciedad, trastos de acampar que se han mojado y bolsas de dormir viejas.

—¡Disfruten! —canta Becky al cerrar la puerta de un golpe y apagar la luz, sumergiéndonos en la oscuridad. Un segundo o dos después comienza la música, el bajo retumba otra vez. Alicia y yo nos movemos un poco, intentando ponernos cómodos.

—¿Estás bien? —pregunto con brusquedad.

—Sí, bien. ¿Y tú?

—Sí.

Silencio. Alicia lo rompe.

—Me alegro de que no besuquearas a Ruby.

Trago saliva.

—Yo también.

Más silencio. La oigo respirar profundamente.

—Por si no te diste cuenta todavía, me gustas mucho, Leo Denton.

Siento una extraña explosión en el pecho.

—Y tú a mí también, Alicia Baker.

La imagino sonriendo en la oscuridad, con los hoyuelos más marcados y de repente necesito tocarlos, explorar cada trocito de ella. Tanteo en busca de su mano en la oscuridad y noto que ella enreda sus dedos fuertemente con los míos. Y entonces nos besamos. Sencillamente así, nuestros labios como imanes. Y es increíble. No solo eso, es tan fácil..., como si fuera lo más sencillo del mundo. Y probablemente lo más bonito. Primero es suave, algo vacilante, como si nuestros labios estuvieran teniendo una conversación educada, pero entonces se vuelve más urgente, hambriento, casi como si nos estuviéramos devorando mutuamente. Mis brazos la rodean y los suyos me abrazan a mí. Y me olvido de todo. Me olvido del hecho de que se me está clavando una tabla de planchar en la espalda, me olvido de Becky y de la fiesta, a solo centímetros de nosotros, me olvido de mamá y de Tia y de Spike y de Amber y de Harry Beaumont y de David Piper y de sus extraños amigos, incluso me olvido de papá. Lo único en lo que puedo pensar es en besar a Alicia, y en mis manos sobre su piel desnuda, y en que este es el mejor momento de toda mi vida. Y ella hace sonidos de «mmm» y luego me besa el cuello y suspira. Y dice «Oh, Leo», y, Dios mío, estoy tan excitado que es irreal. Y luego toma mi mano y la pone sobre su pecho y yo estoy a punto de explotar. Es tan increíble..., y el hecho de que haya puesto mi mano allí, de que la quiera allí, me deja perplejo. Y entonces noto que sus manos se mueven debajo de mi ropa, debajo de mi sudadera, luego de mi camisa, luego de mi camiseta, buscando la piel.

—Eres muy musculoso, Leo, ¡tienes unos abdominales increíbles! —susurra, con excitación en su aliento; noto sus manos cálidas encima de mi estómago.

Todos esos abdominales dieron resultado. Intento disfrutar de su reacción, pero no puedo ignorar esa ansiedad tan familiar creciendo en mi vientre. Intento bloquearla, pero se abre camino, como un corredor que acelera para ganar la carrera, y mi cuerpo se tensa por completo. Me separo.

—Leo, ¿estás bien? —pregunta Alicia.

—Por supuesto —miento.

—No lo estás, ¿qué pasa?

—Nada.

—¿Acaso no te gusto o algo?

—¡Por supuesto que me gustas! —casi grito, porque la idea de que ella no se dé cuenta de cuánto me gusta es una locura—. Me gustas muchísimo.

—Entonces ¿por qué te detienes?

—No eres tú —comienzo a decir.

—¿Qué? ¿No eres tú, soy yo? —dice Alicia—. Dios santo.

—¡No es una excusa! —digo, tomándole las manos—. Escúchame, me gustas tantísimo que podría explotar, y quiero hacer cosas contigo. Dios, quiero hacerlo todo contigo. Pero no aquí, no en el maldito clóset debajo de la escalera de Becky Somerville. Tú eres demasiado especial para eso —digo; las palabras se me salen de la boca presas del pánico.

—¿Me prometes que te gusto? —pregunta Alicia con una voz frágil.

—Dios, Alicia, me gustas tanto que me mareo.

Es la respuesta adecuada, porque Alicia deja escapar una risita superlinda.

Dan un golpe a la puerta del clóset.

—¡Un minuto más! —grita Becky.

Me inclino para besarla. Me devuelve el beso. Nos abrazamos. Puedo notar cómo mi ansiedad se va encogiendo. Retomo el control.

El resto de la noche, Alicia y yo permanecemos pegados el uno al otro. Bailamos un poco, pero la mayor parte del tiempo la pasamos sentados en el sillón, con las piernas de Alicia por encima de las mías, y conversamos. Me habla de su deseo de ser cantante, aunque sus padres quieren que sea doctora, me cuenta lo mucho que adora a su hermano pequeño, que tiene síndrome de Down, habla de su vida en Londres. Yo le cuento que comparto cuarto con Amber, las cosas divertidas que a veces se le ocurren a Tia, le hablo acerca de mi abuela, que murió cuando yo tenía doce años y a la que todavía extraño. Y de cierta manera es una agradable sensación poder compartir esto con ella, a pesar de que voy calculando cuidadosamente las cosas que quiero contarle mientras hablo.

La acompaño a casa. Nos besamos en la puerta al mismo tiempo que el reloj de pie del recibidor da las doce. Cuando nos separamos Alicia dice:

—Leo, ¿sabes lo del baile de Navidad?

—Sí.

—Mira, sé que falta un montón de tiempo, pero ¿quieres que vayamos juntos?

—Eh, sí —contesto—. ¿Por qué no?

Sonríe y me besa. Y es increíble otra vez.

—Alicia —dice una voz masculina desde adentro.

—Mi padre —dice ella, poniendo los ojos en blanco—. Puntual como un clavo.

Me besa una vez más antes de entrar corriendo.

Durante unos segundos me quedo congelado en el sitio, por fin soy capaz de digerir lo que ha pasado.

A Alicia le gusto. Es decir, le gusto de verdad. Todo mi cuerpo se siente embriagado. Me siento genial, vivo, como si todas las terminaciones nerviosas estuvieran ardiendo. La vocecita intenta interrumpirme, recordarme lo importante que es esto, lo peligroso que es, todas las cosas que podrían ir mal. Pero por esta noche la voy a ignorar, a ahogar con recuerdos de Alicia. Y funciona, porque durante los ocho kilómetros que camino para llegar a casa, no pienso en nada ni en nadie más.

## 23

Es domingo por la noche. Se supone que debo hacer mi tarea de matemáticas, pero no me puedo concentrar. En lugar de eso estoy acostado en la cama viendo videos de YouTube en mi *laptop*. En este mismo momento uno sobre un chico que vive en Estados Unidos. Tiene una voz cavernosa y barba incipiente de varios días y jamás adivinarías, ni en un millón de años, que antes era una chica hasta que se levanta la camiseta y te muestra algo que se llama vendaje de pecho que parece un top grueso y blanco y ajustado que aplasta sus senos. Está esperando a que le hagan la cirugía del pecho cuando cumpla dieciocho. Es raro pensar que debajo del vendaje tiene exactamente lo que yo quiero, y que todo lo que odio de mi cuerpo, él lo intercambiaría en menos de un segundo. Si solo pudiera...

Oigo un sonido que proviene del baño. Pauso el video y escucho.

Es Livvy, que está llamando a mamá, primero bajito, pero rápidamente con un tono más y más urgente. Me levanto y me dirijo al pasillo. Llamo suavemente a la puerta del baño.

—¿Mamá? —pregunta Livvy.

—No, soy yo, Liv. ¿Estás bien?

—Trae a mamá.

—¿Qué pasa?

—¡Trae a mamá! —Prácticamente me grita.

Corro escaleras abajo y encuentro a mamá en el sillón viendo «Masterchef» con papá.

—Livvy dice que te necesita. Está en el baño —digo sin aliento.

Mamá frunce el ceño y se levanta. La sigo por la escalera.

Llama a la puerta del baño.

—Livvy, cariño —dice—. Soy mami.

Mi hermana entreabre la puerta y mamá entra, yo me quedo merodeando en el pasillo. Tras unos segundos oigo que mamá deja escapar un gritito emocionado y Livvy se ríe. La puerta se abre y mamá reaparece, tiene el rostro sonrosado y contento.

—Mamá, ¿qué sucede? —pregunto.

—Nada, David. Sigue con tu tarea —dice, echándome de allí.

Sigo merodeando mientras mamá corre a su habitación, para volver unos instantes después con un paquete verde de toallas sanitarias en la mano.

Y entonces me doy cuenta. A Livvy, mi hermana pequeña, le ha venido su primer periodo.

Mamá vuelve a meterse en el baño, cerrando la puerta con seguro tras de sí. Puedo oírla hablándole a Livvy en voz baja. Un momento después escucho que mi hermana deja escapar otra risita. Lentamente me alejo, debatiéndome entre las ganas de seguir escuchando y de salir corriendo lo más lejos posible.

Cierro la puerta de mi habitación y me siento en el borde de la cama, pensando en cuántos momentos más como este voy a tener que presenciar; momentos femeninos y privados de los que los hermanos mayores son automáticamente excluidos. Intento centrarme en lo que Essie me dijo sobre el periodo; sobre los dolores de estómago y los granos y el pelo grasiento, sobre cómo se siente permanentemente furiosa con Felix; pero no me sirve de mucho.

Más tarde bajo y encuentro a Livvy acostada en el sillón con una bolsa de agua caliente sobre la panza y mamá acariciándole el pelo. Me invento como excusa que estoy muy cansado y abandono la sala.

Esa noche no puedo dormir. Lo único que consigo pensar es en que jamás experimentaré lo que está viviendo Livvy esta noche. Es una imposibilidad biológica tan injusta que hace que todo mi cuerpo se estremezca.

A la mañana siguiente, en vez de desayunar cereal y pan tostado, mamá hace *hot cakes* con fresas y jarabe de maple «en honor a Livvy». Esta se sienta en el extremo de la mesa como una reina, sonriendo con expresión serena ante sus súbditos. Con el pelo lustroso y la piel clara, no muestra ninguno de los síntomas con tanta crudeza como los describe Essie. No me sorprende en absoluto que Livvy muestre señales precoces de que pasará sin dificultades por la pubertad.

—Mi bebé... Está hecha toda una mujercita —dice mamá sonriente mientras le sirve un segundo vaso de jugo naranja ceremoniosamente.

Papá besa a Livvy en la mejilla.

—¡Espero que esto no signifique que pronto traerás novios a casa! —exclama con una sonrisa mientras me guiña un ojo con complicidad.

Livvy pone los ojos en blanco

—Papáaa.

Sin embargo, puedo ver que a Livvy le hace gracia la idea.

—¿Quieres más *hot cakes*, David? —pregunta mamá, percatándose de mi presencia en la mesa.

Y aunque todavía tengo hambre y podría comerme otras dos con facilidad, digo que no y pido permiso para dejar la mesa para que no vea las lágrimas en mis ojos.

Essie y Felix se dan cuenta enseguida de que no estoy bien cuando me ven en la escuela.

—David, ¿qué te pasa? —pregunta Essie.

Su pregunta abre las compuertas. Rápidamente ella y Felix me llevan al rincón donde está el abandonado estacionamiento para las bicis, donde me siento en una de las barras y lloro como un bebé.

—¿Qué demonios pasó? —pregunta Essie, arrodillándose delante de mí, mientras Felix me frota los hombros.

Primero no puedo hablar porque estoy llorando demasiado, pero poco a poco logro soltar un recuento de mi horrible fin de semana, culminando con las noticias de la regla de Livvy.

—Vaya, David —me consuela Essie, poniéndose de pie y dándome un abrazo.

—Es que me di cuenta de todo a la vez —digo con la respiración y con la voz entrecortadas—. Que las cosas no se van a arreglar por arte de magia. Solo van a empeorar, mucho más.

—No necesariamente —interviene Felix—. No sabes lo que va a pasar.

—Sí lo sé. Soy un mutante asqueroso que solo se pondrá más repugnante y más mutante. ¿Sabías que ahora ya uso zapatos del veintiocho?

—Kate Winslet usa zapatos del veintiocho —dice Felix con rapidez.

—¿Cómo diablos sabes eso? —le pregunta Essie.

—No lo sé, solo lo sé. Según parece, los pies de Paris Hilton son incluso más grandes.

—Ahora haces que me sienta rara —protesta Essie.

Su discusión en cierto sentido ayuda a que me calme.

—Es que me siento tan... solo —digo.

—No digas eso. Nos tienes a nosotros —replica Essie, dándome jaloncitos en la corbata.

Y tiene razón, los tengo a ellos. Pero ellos también se tienen el uno al otro.


A la hora del almuerzo me encuentro con Leo en la biblioteca. Aunque el haber hablado con Essie y Felix me ayudó un poco, todavía me siento raro y vacío debido a mi fin de semana de porquería, como si me faltara un pedacito o algo se hubiera roto. Desde luego que no estoy de humor para clases de trigonometría. Además, Leo está esperando a que complete la próxima ecuación. Se ve más relajado. Me pregunto por qué será.

—¿Qué tal la fiesta del sábado? —comento.

—¿Qué fiesta? —pregunta Leo lentamente, con los ojos puestos en la página.

—La de Becky Somerville. ¿No fuiste? Pensé que todos los de primero de bachillerato estarían allí.

—Ah, esa fiesta. Estuvo bien —responde encogiéndose de hombros—, nada especial.

—Ah —digo, garabateando una estrella en la página—. Qué curioso.

—¿En qué sentido?

—Es que oí que fue increíble.

Observo su rostro cuidadosamente, alerta para hallar pistas, porque desde luego no me lo está contando todo.

—¿David?

—¿Sí?

—¿La hipotenusa?

—¿Perdón?

—¿Qué lado del triángulo es la hipotenusa? —pregunta, dándole golpecitos a la página con la punta de la pluma.

—Ehhh, ese —digo, apuntando al azar.

—No, ese es el lado adyacente. Vamos, lo sabes, David.

—Está claro que no —digo, sintiendo cómo la frustración crece en mi panza.

Leo lanza un suspiro.

—Mira otra vez.

Intento prestar atención a la página, pero no me puedo concentrar como es debido. Cuanto más intento centrarme, más borrosa se pone, las palabras y las formas bailan delante de mis ojos. No puedo impedirlo, estoy enojado con él, aunque técnicamente no haya hecho nada malo, lo cual de alguna manera es incluso peor.

—¿Cuál es la hipotenusa? —repite Leo.

—No lo sé —digo, aterrado por descubrir que una película de lágrimas se me está formando delante de los ojos.

—Sí que lo sabes. No te estás esforzando. Relájate y concéntrate.

Pero no puedo. Estoy demasiado cegado por la frustración para poder centrar mis pensamientos.

—Vamos, David. Esto es muy fácil.

—¡Ya te dije que no lo sé! —grito, tirando la pluma—. No lo sé, ¿entiendes?

Espero a que Leo reaccione, pero se queda totalmente quieto, su cara es indescifrable.

—David —dice con tono cansado, como si yo fuera un bebé que está teniendo una pataleta.

Me levanto, recojo mis cosas y las meto con fuerza en la mochila.

—David, deja de actuar como un idiota y siéntate.

—¿Por qué debería hacerlo? Está claro que soy un idiota. Lo acabas de decir.

—No, no dije eso. Mira, intentémoslo otra vez. Podemos comenzar desde el principio.

—No estoy de humor, ¿de acuerdo? Dejémoslo aquí.

Tiro seis euros sobre la mesa y me largo de la biblioteca.

Leo no sale detrás de mí.

## 24

El resto de octubre pasa de forma borrosa. A pesar de que David saliera enojado de nuestra clase de matemáticas, seguimos reuniéndonos. Aclaramos las cosas, pero parece diferente, más callado y más preocupado. A veces me siento mal al aceptar su dinero a cambio de mi ayuda, pero está claro que puede permitírselo. Además, eso significa que tengo dinero para gastar con Alicia.

Mi periodo de castigo por fin termina. Al mismo tiempo, todo el drama por haberle pegado a Harry parece haberse calmado. Harry todavía me gruñe en los pasillos, pero solo cuando tiene público alrededor. Por una vez en mi vida, las cosas parecen estar tranquilas de verdad. *Yo parezco tranquilo.*

Es el viernes antes de Halloween, y Alicia cena con su familia. Yo deambulo por la casa, inquieto e impaciente, contando los minutos hasta que la vea mañana.

—¿Quieres dejar de pasear de un lado para otro de esa forma, Leo? —exige Amber—. Pareces un animal encerrado o algo.

—Perdón —murmuro, acostándome en mi litera.

Pero aun así no puedo mantenerme quieto, incluso acostado, y tras un momento aparece la cabeza de Amber colgando hacia abajo, su pelo roza el marco de la cama.

—¿Qué te pasa, Leo? —pregunta—. Estás actuando de forma muy rara últimamente.

—No me pasa nada —miento, dándole un manotazo a su coleta.

Mi celular suena.

—¿Quién es? —pregunta.

—No es asunto tuyo —contesto.

Amber entrecierra los ojos, pero vuelve a su cama.

Yo me pongo de lado para poder sacar el celular del bolsillo trasero. Es un mensaje de texto de Alicia:

> Te extraño, besos

Me vuelvo a poner de espaldas y se me dibuja una sonrisa bobalicona en la cara, que agradezco que Amber no pueda ver. Porque es el tipo de sonrisa que me delataría en segundos. Porque tiene razón, me comporto de una manera diferente. No puedo evitarlo.

Le dije a Amber que le doy clases a David las noches que veo a Alicia, así no tengo que dar explicaciones. No sé por qué, pero hablar en voz alta sobre ella me parece un error, como si pudiera arruinarlo. Quiero mantenernos a Alicia y a mí en una preciosa burbuja, a salvo del mundo exterior, por lo menos por ahora. Pero a pesar de esto, no puedo ignorar este irritante sentimiento de culpa. La mayor parte del tiempo lo puedo mantener oculto, pero cada dos por tres Alicia me sonríe, o me cuenta alguna confidencia bonita, y la culpabilidad me invade sigilosamente y me

186

parte en dos, de manera tan aguda que casi me deja sin aliento. Sé que me la estoy jugando, pero al mismo tiempo no me atrevo a parar.

La noche siguiente, el sábado, vamos al cine a ver una función especial de *Halloween* de una película de terror rarísima de los años setenta. Durante toda la película se aferra a mi mano muy fuerte, sus uñas se clavan en mi piel durante las escenas especialmente espantosas. Duele un poco después de un rato, pero no me importa.

Después del cine la acompaño a casa, a pesar de que está lloviendo mucho. Cuando llegamos a su puerta estamos totalmente empapados. Pero es como si ninguno de los dos nos diéramos cuenta.

—¿Sabes lo que estuve pensando esta noche? —me pregunta—. En los momentos en los que no gritaba como una niña de cinco años, por supuesto.

Por Dios, qué guapa está mojada.

—No. ¿Qué? —pregunto.

—Lo diferente que eres a los otros chicos con los que he salido.

Me pongo rígido. Aunque sé que Alicia tuvo otros novios, no me gusta pensar en ello más de dos segundos. Todo el tiempo tengo que recordarme a mí mismo que ella está conmigo, pero es difícil cuando estoy muy seguro de que podría tener a cualquier chico que quisiera.

Sigo frunciendo el ceño.

—Eso es algo positivo —dice—. Me gusta que seas tú mismo, que no te importe si eres popular o si eres duro, que no busques el protagonismo. Eres diferente. Y me gusta lo diferente. Me gusta mucho.

Frota su nariz mojada contra la mía dándome un beso de esquimal. Y tengo esta rara sensación de *déjà vu*. Y entonces lo recuerdo, mamá solía besarnos a mí y a Amber de esta forma cuando nos arropaba por la noche. Me olvidé completamente de eso hasta ahora.

—¿Quieres entrar? —pregunta Alicia; su voz de repente suena ronca y adulta—. Mi familia no está.

Me separo de ella y miro de forma ostentosa la hora en el celular.

—Me encantaría, no sabes cuánto. Pero se está haciendo algo tarde. Mi madre se pondrá como loca si no llego a casa pronto.

Es mentira. Mamá salió con Spike esta noche, y quién sabe a qué hora regresará. Pero Alicia no lo sabe. Asiente con la cabeza, decepcionada.

—Todavía te gusto, ¿no? —pregunta, medio en broma, medio en serio.

Suelto un gemido.

—Por supuesto que me gustas. Solo quiero que las cosas sean especiales, ¿entiendes?

Alicia hace un pequeño puchero, pero asiente.

—Tienes razón —dice—. Es solo que me gustas mucho, Leo.

—Y tú a mí —contesto, sonriente.

Se sonroja y se ríe. Y sé que me he librado.

Nos besamos una vez más antes de darnos las buenas noches.

Mientras camino hacia casa, aunque todavía estoy animado, el mismo pensamiento sigue apareciendo en mi mente y arruinando mi buen humor. ¿Cuánto tiempo más puede durar esto?

El jueves cancelo mi clase de matemáticas con David para tener tiempo para ir a casa y cambiarme antes de llevar a Alicia a la fogata y al espectáculo anual Guy Fawkes de fuegos artificiales en Eden Park. Nunca he ido. Hasta ahora Eden Park era una tierra lejana y no tenía ninguna idea real de cómo era, lo único que sabía era que yo no pertenecía allí. Tengo la sensación de que el espectáculo de Eden Park va a ser muy diferente a los de Cloverdale, donde los chicos enloquecen por el barrio, tirándose fuegos artificiales los unos a los otros, con el sonido constante de los camiones de bomberos como telón de fondo.

«Recuerden, recuerden, el cinco de noviembre.» Versos de aquel poema se me vienen a la cabeza cuando estoy por llegar al parque. Alicia ya está allí, lleva un gorro de lana rojo que le favorece mucho, y está agitando una bengala. Cuando me ve tira la bengala, viene corriendo hacia mí y me rodea el cuello con sus brazos. Todavía me desconcierta un poco cuando lo hace; la manera en que se muestra tan desinhibida aunque alguien nos vea, es como si se sintiera orgullosa de estar conmigo.

Cuando pasamos las rejas, aunque estoy bastante seguro de que no habrá nadie de Cloverdale, me jalo la gorra hasta abajo.

En el centro del parque arde una enorme fogata. Incluso desde aquí puedo sentir su calor en las mejillas. A la izquierda hay un pequeño parque de diversiones y un grupo de puestos.

—¡Subamos a la rueda de la fortuna! —propone Alicia, arrastrándome hacia las luces.

Paga las entradas y subimos por una serie de gradas tambaleantes y nos sentamos en los primeros asientos disponibles. Un chico, no mucho mayor que nosotros, toma los boletos y baja una barra sobre nuestro regazo. Casi de inmediato nos mecemos hacia arriba. Alicia suelta un grito y se aferra a mi brazo.

—Perdona que sea tan infantil —dice, con los ojos brillantes—, pero me encanta todo esto.

Nuestro asiento se sacude y sube aún más, y el ruido de abajo comienza a desvanecerse mientras subimos con un rechinido de forma constante. Miro por un costado, a las cabezas de la gente que pulula debajo de nosotros. A mi lado Alicia los contempla, con una expresión de asombro en la cara, y en ese instante decido que podría mirarla durante días y días y jamás me aburriría.

Arriba, nuestro asiento se mece suavemente cuando suben y bajan más pasajeros. Alicia deja escapar un suspiro.

—Hay tanta paz aquí arriba... —dice—, me encanta.

—Sé lo que quieres decir —contesto—. Es como si aquí pudieras respirar bien, si eso tiene algún sentido.

—Tiene mucho sentido —dice Alicia, tomando mi mano desnuda con la suya enguantada.

Damos unas vueltas más. Lo que más me gusta es estar arriba del todo, donde, por unos instantes, imagino que Alicia y yo somos las únicas personas en el planeta.

—¿Dónde está Cloverdale desde aquí? —pregunta.

Me giro para mirar e intento orientarme.

—No lo sé, ehhh, supongo que en esa dirección —aventuro, apuntando hacia la derecha.

—¿Me llevarás algún día?

—¿Dónde? ¿A Cloverdale? No querrías conocerlo, no tiene nada especial.

—Sí que lo quiero conocer —insiste, dándome jaloncitos en el brazo—. Quiero ver dónde vives, saber cómo es tu cuarto, conocer a tus hermanas, a tu madre.

—No hay mucho que ver —digo de forma despreocupada—. Y mamá trabaja mucho; casi nunca está en casa...

—No será que te avergüenzas de mí, ¿no, Leo?

Pongo una cara como diciendo «¿Qué dices?».

—Entonces, ¿cuál es el problema?

—No hay ningún problema.

Intento imaginar a Alicia en nuestra pequeña sala, sentada en el borde del sillón, tomando una taza de té. De repente mamá invade la imagen, tambaleándose con un cigarro entre los dedos y una lata de sidra en la otra mano. Y luego aparece Spike en escena, sin nada más que sus calzones con caricaturas, eructando, tirándose pedos y rascándose. Antes de que me dé cuenta, Tia aparece también, mirando maravillada a Alicia como si ella fuera una de sus queridas princesas de Disney y haciéndole un montón de preguntas tontas. Los tres son como bombas de relojería, capaces de arruinarlo todo en cualquier momento sin previo aviso. Y esto es sin la presencia de Amber.

—Supongo que les habrás hablado de mí, ¿no es así? —pregunta Alicia, apartándose de mí.

—Claro que sí —miento—. ¡No dejo de hablar de ti!

Se relaja y sonríe y se acurruca junto a mí.

—Cuéntame más cosas sobre tu madre, Leo. Nunca hablas de ella.

Frunzo el ceño y me rasco la cabeza, intentando resolver cómo describir a una madre tan desastrosa.

—Es complicada —digo finalmente.

—¿Cómo de complicada?

—Es una de esas personas cuyo estado de humor afecta a todos en casa, ¿sabes? Si está de buen humor, todos podemos relajarnos, pero si está de mal humor, todo el mundo lo sabe y lo percibe.

—¿Por qué crees que es así? Quiero decir, tiene que haber una razón para que se comporte de esa forma, ¿no?

Me encojo de hombros.

—No lo sé. Siempre fue así. La que más pena me da es Tía, al menos cuando no me está volviendo loco. No sabe qué pasa cuando mamá cambia de humor todo el tiempo.

—Parece difícil —dice Alicia, acariciándome la mano.

—No es para tanto. Quiero decir que podría ser peor. No nos pega ni nos hace pasar hambre ni nada de eso. Supongo que sencillamente no es la típica madre.

Eufemismo del año. De repente siento las mejillas acaloradas. Siempre me pongo nervioso cuando tengo la sensación de que hablo demasiado. Durante algunos segundos permanecemos en silencio, el aire está cargado con el humo de la fogata.

—¿Leo? —dice Alicia, mientras nuestro asiento se mece hacia delante y hacia atrás.

—¿Sí?

—Esta noche, después de los fuegos artificiales, ¿quieres venir a mi casa?

Trago saliva.

—¿No van a estar tus padres?

Alicia sonríe triunfante.

—No. Están en una cena benéfica esta noche. No volverán hasta tarde. Y mi hermano se queda con mi abuela, así que tendremos toda la casa para nosotros.

Se acerca tanto a mí que su aliento me hace cosquillas en el lóbulo de la oreja.

—Y bien, ¿qué me dices?

En vez de contestarle adecuadamente, la beso. Y es un beso genial, lleno de deseo y lujuria y emoción y todo eso. Pero algo más también. Miedo.

Después de la rueda de la fortuna, compramos *hot dogs* y algodón de azúcar rosa. Le doy a todas las dianas en la galería de tiro y gano un canario de peluche enorme para Alicia.

Mientras nos dirigimos hacia la fogata, con las bocas y los dedos pegajosos del algodón de azúcar, oigo que alguien grita mi nombre. Mi primer instinto es bloquearme, aterrado de que sea alguien de Cloverdale. Pero luego conecto la voz con su dueño. David.

—Eh —digo, mientras David zigzaguea en nuestra dirección entre la multitud. Essie y Felix lo siguen.

Lleva *jeans* ajustados, un abrigo con forro de piel y una bufanda con los colores del arcoíris que arrastra por el suelo. Parece diferente a como se ve con el uniforme escolar, menos incómodo.

—Hola, Leo. ¿Qué?, ¿cómo te va? —pregunta. Parece nervioso.

—Bien, gracias. ¿Y tú?

—Sí, bien.

Pasa su mirada de mí a Alicia y a mí otra vez. Me aclaro la garganta.

—Chicos, esta es Alicia. Alicia, estos son David, Essie y Felix.

Alicia saluda con la cabeza con entusiasmo.

—Los he visto en la escuela —dice—. Encantada de conocerlos.

Entonces desciende sobre nosotros un silencio que se hace más patente debido al ruido que hay a nuestro alrededor.

—Bueno. Esto es muy agradable e incómodo —dice Essie en voz alta, estirando la mano y tomando un puñado de algodón de azúcar de mi palito. David le da un codazo.

Alicia se vuelve hacia mí y me jala de los cordones de la capucha.

—Deberíamos irnos si queremos un buen sitio en la parte de delante —dice.

—Tienes razón —respondo—. Nos vemos en la escuela, ¿sí?

—Sí, nos vemos la escuela —repiten los tres.

Alicia me toma del brazo. Mientras nos acercamos a la multitud, miro por encima de mi hombro. Essie y Felix se dirigen al puesto de pescar el patito, pero David sigue mirando hacia nosotros, con el ceño un poco fruncido. Por un instante nuestros ojos se encuentran. Finge una sonrisa y sale corriendo a reunirse con ellos.

A las ocho en punto comienzan los fuegos artificiales. Nunca me interesaron demasiado, pero supongo que es que nunca los miré como debía, porque esta noche, al escuchar los suspiros de Alicia y ver cómo chisporrotean y restallan por encima de nuestras cabezas, me vuelvo un completo fan de la pirotecnia. Casi es suficiente para distraerme de la ansiedad en mi vientre, que no muestra señales de desaparecer.

## 25

—¿Estás segura de que no regresarán hasta tarde? —le pregunto a Alicia cuando abre la puerta de su casa.

—Te lo prometo. Van a esta cena todos los años, y siempre vuelven tarde. Papá incluso se ha tomado mañana el día libre. Barra libre y todo eso. De verdad, tenemos horas.

—Bueno —digo, siguiendo a Alicia por el oscuro pasillo, arrastrando un canario de peluche de la feria detrás de mí.

Casi convencí a Alicia de que fuéramos a Nando's con Ruby y Liam y otros chicos de nuestro curso. No es que yo tuviera un interés especial, pero sabía que entre que llegáramos, pidiéramos la comida, comiéramos y peleáramos por quién pagaría la cuenta, ya sería probablemente demasiado tarde para ir a casa de Alicia. Pero ella ya lo tenía decidido, le susurró algo al oído a Becky antes de arrastrarme lejos de la seguridad de la multitud.

—¿Quieres algo de beber?

—Ehhh, sí, por favor. Un poco de agua estaría bien, o Coca si tienes.

Pone los ojos en blanco.

—Me refería a una bebida de verdad.

Toma mi mano y me lleva por la puerta del recibidor hasta la sala. Enciende las luces y abre una gran vitrina de cristal que contiene por lo menos veinte botellas de diferentes bebidas alcohólicas.

—¿Te gusta el vodka? —pregunta Alicia, mirando la etiqueta de una de las botellas más llenas.

—Sí.

Sirve dos vasos de líquido claro. Tomamos un sorbo al unísono. Me quema la parte de atrás de la garganta y tengo que esforzarme para no toser.

—Llevémonos la botella —propone Alicia, haciendo señas para que la siga fuera de la sala y escaleras arriba.

No es la primera vez que piso la habitación de Alicia. Pero sí es la primera que lo hago sin que sus padres anden merodeando en la planta baja y sin la puerta estrictamente abierta y las luces encendidas.

Alicia cierra la puerta y enciende una lámpara, dando un suave toque rosa a la habitación. Me da la espalda y se inclina para enchufar el iPod en las bocinas. En unos instantes la habitación se llena de una música de jazz suave. Me empieza a palpitar la cabeza.

—Ella Fitzgerald —dice, sonriendo y posando su vaso vacío.

Yo asiento con la cabeza.

Abre los brazos. Sin palabras, me acerco a ellos. Nuestros labios se unen, los míos impregnados de alcohol. Eso es bueno. Besarse distrae, es seguro. Solo que el pie de Alicia se engancha alrededor de mi tobillo y me dirige hacia la cama.

—Todavía tengo puestos los zapatos —digo.

—No te preocupes —murmura Alicia, cayendo sobre la cama y llevándome con ella.

—Pero están sucios.

—Ya te dije que no te preocupes.

Intento centrarme en los besos otra vez, con mis manos en su cara, y me concentro en la sensación increíble de sus labios contra los míos, lo suave que es su piel, sus pequeños suspiros...

—Leo —susurra entre besos—. ¿Tienes un... ya sabes?

—Eh, no, no tengo, lo siento —digo, y mi cuerpo se llena de alivio—. No pensé...

—Está bien, lo tengo todo previsto.

—Genial —miento; el alivio abandona mi cuerpo tan rápido como entró.

Continuamos besándonos. Las manos de Alicia serpentean debajo de mi sudadera y de mi camiseta, mi cuerpo se tensa enseguida. Y de repente estamos de vuelta en el clóset de Becky, debajo de la escalera. Mi respiración se agita y me siento mareado y caliente mientras los dedos de Alicia continúan subiendo sigilosamente. Me siento en la cama, jadeando.

—¿Qué pasa? —pregunta.

—Nada. Solo tengo sed —contesto.

Me sirve un segundo vaso de vodka. Mientras lo bebo, Alicia se quita la blusa y los *jeans* y se queda tan solo con el sostén y los calzones a juego, rosas y satinados, y se acomoda encima del edredón. La miro. Es tan sexy e increíble... Y lo único que quiero hacer es tocarla, olerla, estar con ella. Pero sé que no puedo.

Dejo que me agarre y me lleve a la cama otra vez. Gatea y se pone encima de mí y se sienta a horcajadas y primero solo nos besamos, pero luego comienza a tocar los botones de mis *jeans*. La empujo para alejarla y me vuelvo a sentar, con el corazón latiendo a cien por hora.

—¿Es tu primera vez? ¿Es eso? Porque también es mi primera vez. Estamos en esto juntos —dice Alicia, arrodillándose en la cama.

Es tan hermosa que quiero llorar.

—No es eso —digo.

—Entonces, ¿qué es? Porque cada vez que te toco, te pones todo raro. Dices que te gusto un montón, pero cuando las cosas se ponen un poco intensas, me alejas.

—Me gustas. Mierda, Alicia, creo que hasta estoy enamorado de ti.

—Y yo creo que también lo estoy. Entonces ¿cuál es el problema?

La inmensidad de lo que acaba de decir hace que me duela la cabeza. Quiero a Alicia. Alicia me quiere. Debería estar en las nubes ahora mismo. Pero no lo estoy. Porque sé que me encuentro a punto de arruinarlo todo.

—No hay ningún problema —digo desesperado—. Es solo que no puedo hacerlo. Esta noche no.

—Pero ¿por qué? —dice con voz suplicante—. ¿Cuál es el gran secreto? Somos novios, deberías poder contarme cualquier cosa.

—¿Incluso si eso significa que acabarás odiándome?

—No seas estúpido —dice—. No podría odiarte, Leo.

—Eso no lo sabes.

—Sí, lo sé.

La miro fijamente, mi hermosa Alicia, su mirada está llena de esperanza y miedo, todo mezclado.

—Dímelo de una vez, Leo. No quiero que tengamos secretos.

Mi corazón parece como si estuviese latiendo a diez mil por hora.

—No sabes en lo que te estás metiendo —comienzo.

—Por Dios, Leo, soy mayor —interrumpe—. Sea lo que sea lo podré asumir. Dímelo ya.

—Tal vez deberías vestirte antes —digo.

Alicia frunce el ceño, pero se baja de la cama y se pone una bata color turquesa con un dragón chino bordado en la espalda. Se ata el cinturón y regresa a la cama, se sienta con las piernas cruzadas sobre el edredón. Dudo antes de sentarme en el borde, a su lado. Ella se mueve y se sitúa junto a mí.

—Lo que te voy a decir va a sonar muy extraño —digo, mirando hacia delante—. Así que tienes que prometerme que me dejarás hablar hasta el final sin interrumpirme, ¿de acuerdo?

Me atrevo a mirarla a la cara. Su rostro está serio, por una vez sus ojos no sonríen.

—¿De acuerdo? —repito.

Fija sus ojos en los míos.

—Te lo he dicho, Leo, sea lo que sea puedo asumirlo.

Todavía podría salir corriendo, pero si lo hago sé que la perdería. Y a lo mejor, solo a lo mejor, hay una pequeña posibilidad de que no se espante del todo por lo que estoy a punto de confesarle.

Cierro los ojos. Puedo oír la respiración de Alicia a mi lado y puedo notar que está nerviosa por lo que yo pueda decir.

—Sabes que me alejo de ti cuando, ya sabes, nos ponemos íntimos —comienzo.

Íntimos. De repente me parece una palabra tan estúpida... Rígida y formal. Ni en un millón de años podría expresar cómo me siento cuando hago cosas con Alicia. Ella se me acerca y me toma de la mano. Tengo que resistir la tentación de retirarla y dejarla en mi regazo. En vez de eso, intento ignorar su dedo gordo, que masajea con suavidad la palma de mi mano mientras continúo hablando.

—Bueno, hay una razón por la que he estado actuando de esta manera, alejándome y eso. Y tienes que creerme cuando te digo que no tiene nada que ver contigo, ¿de acuerdo?

Alicia aprieta mi mano como para decir «continúa», y sé que no puedo postergarlo más. De repente me siento mareado, si abriese los ojos, el cuarto de Alicia estaría rotando a cien kilómetros por hora. Respiro profundamente.

—Bueno, la razón por la que he estado actuando de manera tan extraña es porque no soy quien crees que soy.

Noto cómo Alicia suelta mi mano un poco.

Necesito decirlo ahora, rápido, como si arrancara un curita, antes de que pueda cambiar de idea.

—No nací Leo —digo, hablando cada vez más bajito, estoy casi susurrando.

Ella Fitzgerald dejó de cantar. La habitación está en silencio.

—Nací niña.

Mantengo los ojos cerrados cuando Alicia retira su mano rápidamente de la mía.

## 26

El día después del espectáculo de fuegos artificiales en Eden Park, Leo no almuerza en el comedor.

—Entonces, ¿sale con Alicia Baker? —Essie cavila a la vez que saca los pedacitos de zanahoria de su empanada de pollo con el tenedor.

—¿Y yo qué sé? —contesto.

—Eso parecía anoche —dice—. No se quitaban las manos de encima.

—Como te dije, no lo sé —repito con tono irritado.

Essie y Felix intercambian miradas. Yo finjo no verlos.

Esa tarde, cuando mamá nos recoge a Livvy y mí al salir de clase y pasamos por la parada del autobús, Leo no se encuentra por ninguna parte.

El siguiente lunes tampoco lo veo.

El martes, espero en la biblioteca hasta las cinco en punto, pero no aparece para nuestra clase de matemáticas.

Durante el receso de la mañana siguiente, diviso a Alicia Baker con Ruby Webber y Becky Somerville delante del puesto de dulces.

—¿Alicia?

Primero no me escucha. Toso y repito su nombre, esta vez más fuerte.

Se voltea para mirarme. Tiene los ojos muy rojos.

—¿Sí? —dice, mirándome como si yo fuera un fantasma.

—¿Eh, está enfermo Leo? No lo he visto en toda la semana.

Becky Somerville pone un brazo protector alrededor del hombro de Alicia.

—No, no lo ha visto. Y tampoco quiere verlo.

—Becky, basta, déjalo —dice Alicia en voz baja.

—¿Por qué? ¿Qué hizo? —pregunto, pasando la mirada de Alicia a Becky.

—¡Le rompió el corazón a mi mejor amiga! —Ruby interrumpe, poniendo un chocolate Snickers sin envoltura en la mano de Alicia.

—Chicas, deténganse —dice Alicia, observando sus zapatos.

—¿Qué pasó? —pregunto.

—¡Como si te lo fuera a decir a ti! Alicia está demasiado triste, ni siquiera puede hablarlo con nosotras —contesta Ruby, acariciándole el pelo a Alicia—. Tiene el corazón tan roto...

—Pero cuando esté lista para contárnoslo —añade Becky—, Leo Denton va a desear no haber nacido.

Alicia cierra los ojos.

—Chicas, ya les dije que lo dejen —dice con suavidad.

—Y aun así no es asunto tuyo —me dice de mal humor Ruby—. Ahora discúlpanos, por favor.

Se pone el pelo sobre el hombro y juntas, ella y Becky, agarran a Alicia del brazo y se la llevan lejos de mí.

Las miro fijamente cuando se van. La última vez que vi a Leo y a Alicia juntos estaban acurrucados cerca de la fogata, y parecían enamorados.

Esto no tiene ningún sentido.

Después de las clases voy a secretaría, donde la señorita Clay, una de las secretarias, me confirma que Leo no viene a la escuela desde el jueves pasado: el día de los fuegos artificiales en Eden Park.

Me dirijo a la biblioteca, me siento en nuestra mesa de siempre e intento resolver algunos de los problemas de matemáticas en los que estuvimos trabajando la semana pasada, pero no me puedo concentrar. Sin Leo, los números se distorsionan sobre la página, burlándose de mí, y tras veinte minutos me doy por vencido y me voy a casa.

Llamaría a Leo, pero no tengo su celular; varias veces sugerí que intercambiáramos números, pero siempre se negó, o bien daba una excusa o cambiaba de tema. Quisiera preguntarle a Alicia si lo tiene, pero cuando la veo en la escuela al día siguiente, va flanqueada por Becky y Ruby, sus guardaespaldas extraoficiales.

Así que el jueves, después de clase, me subo al autobús número catorce con dirección a Cloverdale. Por suerte mamá piensa que me voy a encontrar con Leo para tomar una clase, así que tengo varias horas libres antes de que envíe a alguien a buscarme.

El viaje se hace larguísimo, enseguida deja atrás las calles bordeadas de árboles de Eden Park y se dirige al sur hacia territorio desconocido. Pasamos por la escuela Cloverdale, sus alrededores son oscuros y están vacíos. El propio edificio parece un enorme bloque de oficinas abandonado en medio de un estacionamiento de concreto. Detrás de la escuela, puedo discernir apenas un revoltijo de árboles, lo único verde a la vista. Cuando paramos, un grupo de chicos del barrio se sube al autobús, haciendo ruido a mi lado hasta subir a la planta superior, y no puedo dejar de sentirme afortunado de haber elegido sentarme en la planta baja, cerca del conductor.

Unos minutos más tarde, una voz robótica anuncia que la próxima parada es la urbanización Cloverdale este. No tengo ni idea de en qué lado de Cloverdale vive Leo, así que pienso que este es tan buen sitio como cualquier otro para bajarme y toco el timbre.

Aunque por lo menos se bajan otras cinco personas en la misma parada, enseguida se dispersan y desaparecen en callejones o en coches que los estaban esperando, se los traga la urbanización y en un instante estoy solo.

Cloverdale es incluso más silencioso de lo que recordaba. Miro por encima de ambos hombros antes de sacar mi iPhone, y espero a que se encienda la señal del GPS. Escribo el nombre de la calle de Leo, Sycamore Gardens, y me pongo a caminar, siguiendo el cursor azul de la pantalla. La ruta me lleva a una pequeña galería de tiendas en el centro de la urbanización, algunas ya cerradas con gruesas cortinas metálicas que cubren sus ventanas. Otras están vacías del todo, solo son cáscaras con rótulos desteñidos y ventanas cubiertas. La única tienda abierta parece ser un pequeño supermercado al final de la calle. La mitad de la ventana está cubierta con cartones, esquirlas de cristal roto centellean como diamantina en la acera de concreto.

Afuera de la tienda, un grupo de chicos con el uniforme de la escuela Cloverdale, de pantalones grises y sudaderas azules y amarillas, están jugando, dando gritos y aventándose papas fritas los unos a los otros. Me miro para asegurarme de que mi *blazer* de Eden Park no se ve debajo de mi abrigo, y me guardo el iPhone en el bolsillo. De repente me arrepiento de no haber postergado mi misión hasta el fin de semana, cuando podría haber venido durante el día con *Phil*. No es que sea un perro guardián muy eficaz, además se marea en el autobús, pero de todos modos seguro que me daría menos miedo.

Ya es de noche cuando finalmente llego a Sycamore Gardens. Inmediatamente identifico la casa de Leo por su jardín descuidado y por la reja rota. Siento alivio al ver las luces de la sala encendidas, y el leve sonido de la televisión que apenas se oye mientras camino entre la maleza hacia la puerta principal. Busco un timbre. No hay, así que repiqueteo la endeble tapa del buzón y espero. Unos segundos después escucho el tintinear de llaves y el ruido de la cerradura. La puerta se abre unos centímetros, restringida por la cadena de seguridad, y la carita pálida de una niña se asoma por la rendija. Tiene los ojos azules llorosos, y algo oscuro, tal vez chocolate, embadurnado alrededor de la boca.

—¿Qué quieres? —me pregunta.

—¿Está Leo? —pregunto.

—No.

—Tia, ¿quién es? —dice una voz femenina.

—No lo sé, alguien que busca a Leo —le responde la niña, que supongo que se llama Tia.

Pasan unos instantes antes de que aparezca un segundo rostro por encima del de Tia; su dueña tiene un par de ojos muy familiares. Me evalúan por un momento antes de quitar la cadena de seguridad y abrir la puerta del todo, poniendo al descubierto a una adolescente vestida con un overol con estampado de leopardo, con el pelo rubio amontonado encima de la cabeza.

—¿Puedo ayudarte? —dice, cruzándose de brazos.

—Busco a Leo —tartamudeo, espiando por encima de su hombro hacia la sala.

Puedo divisar un sillón de tres piezas naranja que domina el pequeño espacio, y la mitad de una televisión enorme. La chica se da cuenta de que estoy mirando y pone la mano en el marco para bloquear mi vista.

—¿Y tú eres...? —quiere saber.

—Eh, David, un amigo de Leo de la escuela.

Ella enarca las cejas.

—¿Con el que pasa todo el tiempo?

—Supongo.

—Soy su hermana, Amber.

—Encantado de conocerte —digo, extendiendo la mano.

Sus brazos se mantienen cruzados y me mira fijamente, como si quisiera decir: «¿Estás bromeando?». Dejo caer la mano y finjo limpiármela en el pantalón.

—Por cierto, Leo no está aquí —dice Amber.

—¿No está? Ah. Bueno. ¿Sabes dónde está?

—Creo que en el balneario.

Hago una mueca.

—Perdón, ¿dónde?

—El balneario. El antiguo balneario donde está la alberca. Al final de la calle Renton.

Niego con la cabeza.

Amber pone los ojos en blanco.

—No eres de aquí, ¿verdad?

—Eh, no.

—Era una pregunta retórica, por cierto —explica.

—Ah.

—¡Tia! —llama a gritos.

A estas alturas, Tia se fue correteando de vuelta a la sala y está absorta en un ruidoso episodio de *Historias horribles*.

—¿Síii? —responde Tia.

—Voy a salir, unos diez minutos. No abras la puerta a nadie.

—¡Okey!

Amber toma un abrigo del montón que cuelga sobre el barandal y se lo pone encima del overol.

—No quiero causar ninguna molestia —digo—. Si me dices el nombre de la calle seguro que la puedo encontrar en mi iPhone.

Amber desliza los pies en un par de botas peludas de color rosa y se pone derecha.

—Sin ánimo de ofender, pero a un chico como tú se lo pueden comer vivo en este sitio. Estoy muy sorprendida de que llegaras tan lejos, la verdad... No, mejor te acompaño yo.

Y tras decir eso cierra la puerta de un golpe y se pone a caminar por Sycamore Gardens, sin dejarme ninguna opción salvo seguirla deprisa.

Amber camina con rapidez, su masa de pelo rubio blanquecino rebota de arriba abajo en su cabeza.

—Leo no me contó que tenía una hermana mayor —digo, mientras me apresuro a su lado.

—Probablemente porque no la tiene —contesta.

—Pero dijiste...

—Somos mellizos.

—¿Ah, sí? —digo con sorpresa—. Leo nunca me lo contó.

Amber se encoge de hombros.

—Desde luego, eso lo explica todo —continúo.

—¿Qué explica? —pregunta Amber con brusquedad.

—Tus ojos. Son idénticos a los de Leo.

—¿Ah, sí? —murmura, antes de girar bruscamente a la derecha y conducirme por un angosto callejón.

Salimos a una calle principal.

—Allí está —dice, señalando hacia el otro lado de la calle a un edificio rodeado por una alta reja de hierro ondulado, solo se ve el arco del techo.

Cruzamos. Amber me guía por el perímetro de la reja. Cada tantos metros hay grandes carteles pegados a la reja que dicen: «Propiedad privada. Prohibida la entrada», la gran mayoría llenos de grafitis.

—¿Qué dijiste que era este sitio? —pregunto, cruzando los brazos por encima del pecho y tiritando.

208

—El antiguo balneario —responde Amber—. Es de la época victoriana. Lo cerraron hace unos años.

—¿Por qué?

—Creo que por cuestiones de higiene y seguridad.

—¿Y ahora está abandonado?

—Prácticamente, sí. Se habló durante un tiempo de convertir esta zona en departamentos de lujo, pero todavía no ha pasado nada. Probablemente se dieron cuenta de que cualquier persona que tenga suficiente dinero para comprar un departamento de lujo no querrá, ni muerto, que alguien lo vea viviendo en Cloverdale.

Cuando por fin llegamos a la parte posterior del edificio, lejos de la luz de los faroles, el atardecer se ha convertido en oscuridad. Amber saca su celular e ilumina la reja con él.

—Vamos allá —murmura, soltando uno de los paneles de la reja para descubrir un pequeño agujero rectangular.

Me hace señas para que me meta por él. Dudo antes de ponerme de rodillas e introducirme por el angosto espacio. Me volteo, esperando que Amber me siga, pero lo que veo es que está poniendo el panel de vuelta en su lugar.

—¡Eh, espera! ¿No vas a pasar? —pregunto, con pánico en la voz.

Se agacha para mirar por el agujero y me observa como si estuviera loco.

—No lo creo.

—Pero ¿hacia dónde voy ahora? ¿Dónde está Leo? —pregunto.

—Adentro, en algún lugar —dice, haciendo unas señales imprecisas—. Puede que tengas que usar tu celular para ver. Está bastante oscuro.

—Ah, de acuerdo. Bueno, eh, gracias por traerme.

—De nada —responde.

Y así, Amber desaparece. Dejándome completamente solo, agachado en la oscuridad, posiblemente a punto de ser asesinado. Me levanto y me limpio las manos llenas de lodo en los pantalones antes de buscar el celular en el bolsillo. Me ajusto los tirantes de la mochila y me pongo a caminar alrededor del edificio. Estoy temblando como un loco y varias veces casi tropiezo con montones de escombros. Me atrevo a mirar a mi alrededor, noto que el balneario está hecho con hermosos ladrillos rojos y decorado con relieves. Delante del edificio descubro un grupo de gradas de piedra que suben hasta una entrada con un arco, sostenida por cuatro grandes pilares. Subo la escalera y empujo la puerta, sin esperar que esta se abra, pero se abre, y de un tropezón llego hasta el vestíbulo, donde aterrizo sobre las manos y las rodillas en un suelo de mármol. Cuando me incorporo, el olor a cloro me da de lleno en la nariz. Luego el silencio absoluto. Es como si todo el ruido del mundo hubiese sido absorbido, todo aparte del sonido de mi respiración irregular.

Me pongo de pie y comienzo a caminar hacia delante, las piernas me tiemblan. Ilumino la zona de la recepción con el celular. A mi derecha hay un escritorio viejo, con una caja registradora y una silla giratoria. A mi izquierda hay una máquina expendedora obsoleta, vacía. Delante de mí hay un par de torniquetes. Paso por ellos y sigo caminando. Llego a los vestidores, las damas a la izquierda, los caballeros a la derecha. Por costumbre entro en el de los caballeros, deduciendo que esto me conducirá hacia la alberca y, con suerte, hasta Leo. Ya no tengo ni idea de qué parte de la reja fue por la que entré y la idea de tener que pasar la noche atrapado en una alberca victoriana abandonada no me llena precisamente de alegría.

Está completamente oscuro. Mi celular suena, informándome de que la batería se está agotando. Decido conservarla y me meto el teléfono en el bolsillo, y opto por ir a tientas. Dejo que mis manos deambulen por los casilleros de metal, que todavía tienen las llaves en sus cerraduras. En un casillero hay una toalla olvidada, tiesa y que huele a rancio. Paulatinamente mis ojos se acostumbran a la oscuridad y puedo ver las clavijas y las repisas que revisten las paredes, las regaderas y los baños. Doblo la esquina y me encuentro con un resplandor tenue. Me dirijo en esa dirección.

Salgo y rápidamente me doy cuenta de que es un lado de la alberca. Encima, se han disipado las nubes y una media luna brilla a través del techo, que, ahora puedo verlo, es de cristal; toda la zona se ve cubierta por un brillo plateado. Hileras de asientos de madera plegables se extienden a lo largo de la alberca por ambos lados. En uno de los extremos hay tres trampolines, y al otro, cinco ventanas, largas y angostas. Me acerco lentamente y miro hacia abajo. La alberca está vacía. Por supuesto. Y sin embargo no puedo evitar decepcionarme. Me siento en el borde, descuelgo las piernas y me asombro de la distancia que parece haber hasta el fondo al no tener agua que distorsione la profundidad. Saco mi agonizante celular del bolsillo e ilumino con él la zona con más profundidad.

—¡Eh!

Se me cae el teléfono. Hace un fuerte ruido al golpear el piso de la alberca.

Se acabó; voy a morir.

—¡Eh! —repite la voz.

Con el pánico no puedo identificar inmediatamente de dónde procede y necesito varios segundos hasta que soy capaz de rastrear una figura borrosa que está de pie en el trampolín más alto. Un instante después un fino rayo de luz de una linterna me da de lleno en la cara. Me levanto, entrecierro los ojos y me los cubro.

—¿David? —dice la voz.

—¿Leo?

Se escucha un profundo suspiro y lo que suena como una retahíla de cerca de diez maldiciones, todas unidas para convertirlas en una sola, y luego el chasquido del metal cuando baja por la escalera. Cuando llega abajo, mi corazón ya casi deja de amenazar con salírseme del pecho.

Leo avanza hacia mí a grandes pasos, con un brazo extendido delante de él, apuntando con la linterna a mi cabeza.

—No dispares —bromeo.

Leo no se ríe.

—¿Cómo llegaste aquí? —me pregunta; en sus ojos se puede ver la rabia.

—Me trajo tu hermana —tartamudeo—. Amber. Eh, ¿cómo es que no me habías dicho que tenías una hermana melliza?

Ignora mi pregunta.

—No debió traerte.

—No es su culpa. Le pregunté dónde estabas.

—Pues bueno —mascula Leo, bajando la linterna.

—Este sitio es genial —digo—. Aterrador, pero lindo. ¿Venías a nadar aquí? Quiero decir cuando todavía estaba abierto.

Leo no me contesta.

—David, no deberías estar aquí —dice.

—Pero estaba preocupado por ti. No fuiste a la escuela en toda la semana.

—Estaba enfermo. Estoy enfermo.

Estudio su rostro bajo la tenue luz de la luna.

—No te ves enfermo —señalo.

Me ignora y apunta e ilumina el fondo de la alberca con la linterna.

—¿Quieres que te recoja eso? —pregunta, indicando con la cabeza hacia abajo.

—¿Perdón?

—Tu teléfono.

—No, yo lo saco.

Me ignora otra vez y salta al fondo de la alberca. Toma el celular y me lo lanza. Me sorprendo a mí mismo cuando lo atrapo.

—¿Cuándo vas a volver? —pregunto; mientras Leo sube por la escalera de metal, sus tenis rechinan en los azulejos.

No me contesta.

—No puedes dejar de darme clase ahora —continúo—. El otro día saqué un ocho en un examen. ¿Lo puedes creer?

El señor Steele casi se cae de la silla del *shock*. Y es todo gracias a ti.

Leo hace una pausa y se sienta en lo más alto de la escalera, con los brazos enganchados al marco.

—¿Quién dice que pienso volver? —balbucea.

—Pero tienes que hacerlo —digo.

Aunque Leo solo ha estado en Eden Park un par de meses, la idea de no verlo por allí en el futuro me parece totalmente injusta.

—¿Quién lo dice? —dice Leo.

—No lo sé. Yo. Las autoridades.

Resopla.

Me siento a su lado, doblo las piernas y las abrazo.

—¿Leo, qué pasó? —pregunto—. ¿Por qué no vas a la escuela?

Él se limita a negar con la cabeza.

—¿Tiene algo que ver con Alicia Baker?

Se voltea bruscamente para mirarme de frente.

—¿Por qué? ¿Qué dijo?

—En realidad no dijo nada. Ruby Webber y Becky Somerville hablaban por ella.

—Y ¿qué dijeron? —exige saber.

—Tampoco dijeron mucho —admito—. Opinan que Alicia tiene el corazón demasiado roto para contarles lo que pasó.

Leo exhala profundamente, frunce el ceño y asiente con la cabeza.

—¿Qué pasó, Leo?

—Nada —gruñe, moviendo la cabeza para mirar hacia otro lado.

—No puede ser nada. Si no fuera nada no estarías escondiéndote aquí.

—No me estoy escondiendo —dice, saltando al fondo de la alberca.

Creo que aterriza mal porque maldice bruscamente para sí mismo y cojea dando una vuelta en círculo por un momento.

—¿Estás bien? —pregunto en voz alta, bajando la escalera tras él.

—Estoy bien —responde con brusquedad.

—No puede ser nada —repito—. Lo que tenías con Alicia, quiero decir que los vi juntos en la fogata, y los dos estaban totalmente entregados el uno al otro, ¿y ahora se terminó?

—David, no es asunto tuyo.

—Pero quiero ayudar —insisto, mirando hacia arriba; los laterales de la alberca se yerguen amenazantes por encima de mi cabeza.

—Créeme, no puedes —responde Leo.

—Inténtalo —digo, plantándome delante de él.

Me mira durante un instante antes de negar con la cabeza y empujarme suavemente hacia atrás.

—David, vete a casa —dice con voz cansada.

—No.

—¿Qué?

Respiro profundamente.

—No —repito—. Puede que todo el mundo se haya tragado tu imagen de chico duro, pero yo no. No te tengo miedo, Leo, ni un poco.

Leo me enfrenta, con el pecho henchido.

—Ah, ¿en serio? —dice.

—Sí, en serio —contesto, manteniéndome recto—. Y no pienso ir a ningún sitio hasta que hables conmigo.

Leo me lanza una mirada asesina, sus ojos se ven fríos e intensos.

—Leo, soy tu amigo —añado.

Resopla otra vez.

—Apenas me conoces, David —dice.

Pero se equivoca. Sí que lo conozco. Y quiero conocerlo mejor. No tengo ni idea de por qué. Solo sé que me atrae de una forma que no puedo explicar, y que no soy capaz de ignorar una leve sospecha de que, en el fondo, me entiende, que también se siente atraído por mí.

—Sí, te conozco —continúo de manera suave—. Sé que eres bondadoso y dulce y paciente.

Leo pone los ojos en blanco y mira hacia el techo de cristal.

—¡Lo digo en serio! —exclamo—. Por favor, dime qué pasó. Yo te apoyaré, sea lo que sea, te lo prometo.

Leo suelta una carcajada.

—Eso es lo que dijo ella.

—¿Quién? —le pregunto—. ¿Alicia?

—Olvídalo.

Se agacha con la espalda hacia mí. De repente parece pequeño, como un niño. Me agacho a su lado. Quiero recomponer las cosas, arreglarlo, pero no sé cómo.

—Leo —me sorprendo diciendo en un suave susurro—. Si te cuento algo, un secreto, algo que solo Essie y Felix saben sobre mí, ¿prometes no decírselo a nadie?

Sacude la cabeza y se ríe.

—Ya sé cuál es tu intención —dice—. Tú me dices algún estúpido secreto y esperas que yo te cuente toda mi mierda, ¿no es eso?

—No. Esto es algo que yo quiero contarte. No me tienes que contar nada a cambio, en serio.

Y de verdad lo digo en serio. De repente quiero que lo sepa. Quiero abrirme a él, sentirme vulnerable, sin expectativas.

Leo se limita a encogerse de hombros.

—Y bien, ¿lo prometes? —susurro.

—¿Prometer qué? —dice exagerando un susurro, burlándose de mí.

—¿No ir diciendo lo que estoy a punto de contarte? —digo.

—Mira, David, me importa una mierda tu estúpido secreto, ¿entiendes?

—¿Lo prometes? —repito en voz alta.

—Lo prometo —murmura, poniendo los ojos en blanco, mirando hacia otro lado.

Me deslizo hasta sentarme en el suelo y volteo para estar frente a él. Siento la dureza y el frío del piso de la alberca a través de la fina tela de mis pantalones de la escuela.

—¿Qué dirías si te confesara que no soy gay?

—Pero eres gay, lo dijiste tú mismo. Te gusta ese chico escandinavo, cómo se llama... Olsen.

Dejo salir un suspiro. Necesito abordar esto desde otro ángulo.

—Déjame empezar otra vez, ¿recuerdas esa vez, después de nuestro primer día de castigo juntos, cuando me preguntaste por qué Harry me llama *Freak*?

—Sí —contesta Leo, jugando con sus agujetas.

—Bueno, la cuestión es que no te conté toda la verdad. Se encoge de hombros otra vez.

—¿Qué querías ser cuando eras pequeño? —pregunto. Arruga la nariz

—No lo sé.

—Tienes que haber querido ser algo.

—Ya te dije que no lo sé —repite irritado—. Mira, ¿qué tiene esto que ver con el hecho de que seas gay o no?

A pesar del frío, las palmas de las manos me pican por el sudor. Me las limpio en los pantalones, pero inmediatamente aparecen más gotitas. Me aclaro la garganta.

—Bueno, cuando tenía ocho años, en clase nos pidieron que escribiéramos lo que queríamos ser cuando creciéramos.

Cierro los ojos y por arte de magia, estoy de nuevo en la clase de la señorita Box, el olor a restos de la comida escolar y del sudor y de las manchas de pasto flotan por encima de nuestras cabezas inclinadas mientras escribimos, mi lengua se retuerce con concentración a la vez que mi pluma se desliza por la página, excitado por la tarea que me han impuesto, inconsciente de lo que se avecina.

Abro los ojos. Leo tiene el ceño levemente fruncido.

—Cuando terminamos de escribir —continúo con lentitud—, la señorita Box, que era nuestra profesora ese año, nos pidió a cada uno, por orden alfabético, que nos pusiéramos de pie y dijéramos lo que queríamos ser. Todos los demás chicos querían ser futbolistas o actores o cosas por el estilo, y en cierto modo me dio esa sensación que a veces te da después de un examen, cuando sales y primero te sientes bastante seguro, pero entonces todo el mundo se

218

pone a hablar sobre sus respuestas y de repente te das cuenta de que te equivocaste a lo grande. ¿Sabes lo que quiero decir?

Leo asiente levemente.

—Bueno, cuando la señorita Box fue preguntando por la clase, fue exactamente así. Porque yo no escribí que quería ser futbolista o actor o médico, como todo el mundo. Yo no escribí nada parecido. Yo solo escribí lo que realmente quería ser. —Puedo sentir cómo la cara se me está poniendo roja—. Lo que realmente soy.

Ahora Leo me está mirando. Fijamente. Me siento aturdido.

—Escribí que quería ser una niña —digo, mi voz se rompe al decir «niña».

Cuando Leo no dice nada, yo sigo hablando. Le hablo sobre mi cuaderno, mi caja de ropa para disfrazarme, la larga lista de cartas que les escribo a mis padres pero que nunca les envío. Le hablo sobre toda la investigación que hice en internet; las páginas web y los foros que visito, los videos de YouTube que veo una y otra vez. Incluso le hablo sobre mis inspecciones semanales y sobre cómo me siento al mirarme al espejo y darme cuenta de que lo que llevo dentro no hace juego con lo de fuera; que ni siquiera se acercan.

Leo no me interrumpe durante todo este tiempo. Solo me mira fijamente, casi sin pestañear, su expresión es indescifrable.

—A veces —digo—, me miro en el espejo y el chico que me devuelve la mirada es como un desconocido para mí, incluso como un alienígena. Es como si yo supiera que el yo real está ahí en alguna parte, pero por el momento es-

toy atrapado en este cuerpo extraño que cada día reconozco menos. ¿Tiene esto algo de sentido?

Leo abre la boca como si fuera a decir algo, pero no sale
ningún sonido.

—Por supuesto que no —digo con tristeza—. ¿Cómo
podría tenerlo?

—¿Por qué me estás contando todo esto? —Leo por fin
pregunta, su voz suena algo ronca.

—No lo sé —admito—. Supongo que una parte de mí
quería compartir algo importante contigo. Algo verdade-
ramente importante.

—De acuerdo.

Una nube de silencio flota entre nosotros. Leo juguetea
con los bordes deshilachados de sus *jeans*, y solo puedo
pensar que está muy sorprendido y que ya ha escuchado
suficiente. Fue una estupidez creer que reaccionaría de
otra manera. Después de todo, no todos los días alguien te
dice que quiere ser del sexo opuesto, y menos un chico al
que solo conoces desde hace unos meses.

—Supongo que ahora también piensas que soy un *freak*
—digo; la voz me sale baja y triste.

Leo me mira con aspereza. Nuestras miradas se cruzan
por un momento, las manchitas de color ámbar de sus ojos
destellan bajo la luz de la luna.

—David, no creo que seas un *freak* —dice; su voz es
pausada y cuidadosa.

—¿Ah, no?

Tiene como una película vidriosa sobre los ojos. No son
lágrimas (no creo que pueda ni imaginar a Leo llorando),
pero algo parecido.

—No —repite—. Lo que quiero decir es que lo entiendo. Suspiro.

—Es muy generoso por tu parte, pero no lo entiendes, Leo, no puedes.

Leo me mira por un segundo antes de decir una grosería entre dientes y levantarse. Primero pienso que quiere darme a entender que es momento de irnos, que la conversación se terminó, y hago un movimiento para levantarme también. Pero entonces me doy cuenta de que, en vez de alejarse, se está quitando la sudadera de capucha. Lo cual no tiene el menor sentido, porque aquí hace un frío increíble, tengo el trasero entumido casi por completo. Lo miro fijamente, confundido.

Tira la prenda hacia un lado. Su pelo está revuelto. Se quita la otra sudadera, luego la camisa, todo el tiempo sin decir ni una palabra, con el rostro inexpresivo, pero con decisión, hasta que solo se queda con la camiseta blanca. En los brazos se le pone la piel de gallina enseguida. Se detiene un segundo antes de levantarse la camiseta; no se la quita por la cabeza, sino que la sube hasta la barbilla. En vez de piel, su pecho está cubierto por lo que a cualquiera otra persona le puede parecer un top blanco estrecho. Pero a mí no. Sé exactamente lo que Leo lleva puesto. Y Leo sabe que yo lo sé. Y es como si todas las piezas del rompecabezas que estaban flotando en mi cabeza durante los dos últimos meses encajaran de repente para formar una imagen.

## 27

—¿Eres una chica? —David susurra, tan bajito que apenas lo oigo.

Dejo que la camiseta vuelva a su sitio. De repente el frío me golpea, agudo y glacial. Siento que un escalofrío me sube por la columna. David se pone de pie de un salto, recoge mi ropa y me la pone en los brazos de un empujón.

—Rápido, vístete o te morirás de frío —dice, sin cruzar su mirada con la mía y con el ceño fruncido, como si le doliera el cerebro al intentar que le entre en la cabeza lo que acaba de ver.

Mientras me pongo las capas, puedo sentir que está mirando cada movimiento que hago, probablemente busca las pistas que se perdió, esas señales reveladoras que pasó por alto.

Me pongo la capucha en la cabeza y cruzo los brazos.

—Parece que viste un fantasma —digo.

David asiente levemente. Porque supongo que, de cierta manera, lo vio.

—Eres una chica —repite. Esta vez no es una pregunta, es más una afirmación de un hecho que él sabe que es cierto.

—Bueno, técnicamente, la verdad es que prefiero el término «de sexo natal femenino», «de sexo biológico femenino» —aclaro.

—Pero pareces un chico —dice David con admiración—. Eres igual que un chico.

—Qué quieres que te diga, practiqué mucho.

Otra vez estoy siendo un sabelotodo arrogante. Pero David no parece darse cuenta o no le importa. Da unos pasos para acercarse, me estudia la cara, da una vuelta lenta a mi alrededor, como si yo fuera una escultura en una galería de arte. Casi espero que me toque con un dedo para comprobar si realmente soy de verdad.

—¿Tomas hormonas? —pregunta.

—Bloqueadores hormonales —contesto—. Inhiben la pubertad.

—Leí sobre ellos en internet —murmura—. ¿Hace cuánto tiempo que los tomas?

—Casi seis meses ya.

—¿Una inyección?

—Sí, cada tres meses.

—¿Duele?

Niego con la cabeza.

—Y ¿qué se siente? ¿Diferente?

—Supongo.

—¿Eso quiere decir que ya no tienes la regla?

Me pongo rígido.

—Sí. Haces muchas preguntas, lo sabes, ¿no?

—¿Qué pasa después de eso? —pregunta—. Quiero decir después de tomar bloqueadores hormonales.

—Bueno, el próximo año me toca empezar con la testosterona.

—Testosterona —repite como un eco, vocalizando cada sílaba como si estuviera intentando sopesar la palabra.

—Dos chicos trans en una escuela —comento—. ¿Quién se lo habría imaginado, eh?

Me doy cuenta de que tal vez sospeché de David todo el tiempo, pero no lo reconocí hasta que me lo dijo directamente. Porque por alguna razón no estoy sorprendido, de hecho, tiene mucho sentido, aunque ahora acabo de sorprenderlo al quitarme la ropa. Mierda, ¿en serio hice eso?

—Leí en algún sitio que la mayoría de las escuelas tienen por lo menos dos estudiantes transgénero —dice David—. Siempre supuse que era una estadística inventada, para hacer que chicos como yo se sientan menos *freaks*. Jamás, ni en un millón de años, habría adivinado que el otro serías tú.

Sonrío débilmente.

—¿Crees que existe una versión trans del radar gay? —continúa David—. Si existe, el mío no funciona para nada.

Me miro los pies.

—Sí, bueno, nadie tenía que saberlo. Se suponía que debía ser un secreto.

Puedo sentir la mirada de David perforándome, como si quisiera meterse dentro de mí y hurgar debajo de mi piel.

—Se lo dijiste a Alicia, ¿no? —dice lentamente—. Por eso no quiere hablar contigo. Y esa es la razón por la que no vas a la escuela.

—Muy perspicaz —respondo con tono grave.

La sola mención del nombre de Alicia me hace sentir enfermo.

—¿Qué sucedió? —pregunta.

—¿Tú qué crees que pasó, eh?

David se mira los pies.

224

—Lo siento.

—Bueno, no pasa nada —murmuro, encogiéndome de hombros, pensando que tal vez si actúo como si no me importara, al final terminará por no importarme del todo.

—¿Es esa la razón por la que dejaste Cloverdale también? —pregunta David.

No contesto.

—Lo es, ¿verdad?

Suspiro.

—Sí, esa es la razón por la que dejé Cloverdale.

—¿Qué pasó? ¿Ibas de incógnito allí también?

—¿De incógnito? —digo—. Esto no es *Scooby Doo*.

Se sonroja.

—Perdón, pero todo este vocabulario es algo nuevo para mí. Sin mencionar que todavía estoy algo en *shock* por, bueno..., esto —dice, gesticulando en mi dirección.

—Se llama acción furtiva —explico—. Y no, no iba de manera furtiva en Cloverdale. Todo el mundo lo sabía, era imposible evitarlo. Hice primaria con la mitad de ellos y todos me conocieron como Megan.

—Megan —dice David—. Por supuesto. Dios, qué tonto soy.

—¿Qué quieres decir? —pregunto.

—Te busqué en Google y me salieron un montón de cosas sobre una chica llamada Megan Denton. Eh, ¿no eras campeón de natación? ¿Es por eso que te gusta pasar el tiempo aquí?

—Algo así —murmuro—. No me gusta hablar de mi vida como Megan con nadie.

—Y ¿qué tal te fue? —pregunta David—. Quiero decir en el instituto.

225

Cierro los ojos por un segundo, intentando pensar en una manera apropiada para resumir mi vida en Cloverdale.

—Un infierno en la tierra —ofrezco, abriendo los ojos.

—¿De qué manera?

Niego con la cabeza.

—¿Pasó algo específico que te hizo dejarla? —presiona David.

Empiezo a sentirme acalorado, como siempre que la conversación lleva a lo que sucedió en febrero.

—No quiero hablar de ello.

Y lo digo en serio. Si existe algo a lo que le quiero dar menos vueltas de a lo que sucedió con Alicia, es a eso.

—Por favor —pide David.

—No, David, en serio.

—Por favor. Quiero saber. Quiero entender. No sé, a lo mejor puedo ayudar.

Y no sé muy bien si es porque ya dije tanto que me parece que no tengo nada que perder o porque las nubes tapan la luna, sumergiendo la alberca en la oscuridad, o por qué. Pero por alguna razón, comienzo a hablar.

## 28

Es un día sumamente frío de febrero, uno de esos días grises e invernales en los que el sol parece no llegar lo suficientemente arriba en el cielo.

Pero no me importa. Porque hoy veré a Hannah Brennan en el bosque después de la escuela.

Durante semanas me estuvo lanzando miradas. Al comienzo solo era una ojeada rápida en el pasillo, o una sonrisa desde el otro lado del comedor. Hasta miré detrás de mí, para cerciorarme de que no iban dirigidas a otra persona, pero enseguida me di cuenta de que eran para mí. Y entonces, se hicieron más largas, más seductoras. La otra mañana se pasó la lengua por los labios. En clase siempre se inventa excusas para hablar conmigo. Me pide prestadas cosas y roza mis dedos con los suyos más tiempo del necesario cuando le paso una pluma o una regla.

Nunca me gustó mucho Hannah, no más que cualquier otra chica de la escuela. Pero en las últimas semanas comencé a fijarme en lo bonito que se le ve el trasero en su ajustada falda escolar, noté el contorno de encaje de su sostén, que se asomaba por la blusa, pensé en cómo sería besarla. Durante un breve tiempo fue novia de Alex Bonner, pero ya terminaron hace meses. Tiene reputación de ser un poco alocada. Corre un rumor sobre ella y uno de los profesores en prácticas, y otro sobre ella y Clare Conroy en una excursión de una noche a Londres... Amber piensa que Hannah es una puta. Pero la verdad es que esa es la opinión habitual de Amber cuando alguien le cae mal.

De todas maneras, ayer iba de camino a clase de geografía cuando Hannah apareció de la nada y me llevó a rastras a un cuartito cerca de la sala de arte. Apretó su cuerpo contra el mío con firmeza, se puso a frotar sus pechos contra mi pecho, mientras su perfume barato me entraba por la nariz hasta marearme.

—Vamos a vernos después de clase —dijo sin aliento.

—¿Dónde?

—En el bosque. A las cuatro en punto.

—Pero ¿por qué?

Sonrió de una manera alocadamente sexy.

—Ven a verme y te mostraré por qué.

Y entonces desapareció.


Me paso todo el día debatiéndome entre si ir o no ir a encontrarme con Hannah, pero cuando suena el timbre que señala el fin del día, le digo a Amber que me voy a quedar hasta más tarde para tomar una clase extra de matemáticas. Entrecierra los ojos con sospecha, pero no pregunta. Entro en el baño para minusválidos cerca de la sala de profesores y me miro en el espejo. Chupo dos caramelos de menta a la vez. Todavía son las 15:40. La escuela ya está vacía. Merodeo por la biblioteca, sin mirar los libros, solo para matar el tiempo. A las 15:55 salgo de la escuela y me dirijo al estacionamiento, hacia el bosque.

El bosque es un título rimbombante para un revoltijo de arbustos y árboles en la parte de atrás del instituto. Oficialmente no podemos ir, pero nadie le presta demasiada atención. A la hora de la comida y en los recesos está poblado por Alex Bonner y su grupo. Al ser una zona agreste y descuidada, por las noches es frecuentada por drogadictos y borrachos. Mientras lucho contra los matorrales, diviso dos jeringuillas abandonadas y un condón usado. Me dirijo al pequeño claro del centro, donde supongo que estará esperándome Hannah.

Llego y lo encuentro vacío. Miro la hora. Las cuatro en punto. Hay un viejo cajón de madera tirado de lado. Le doy la vuelta y me siento. Miro hacia arriba. Por encima de mí la luz solar se va esfumando. Las cuatro y cinco. Escucho un crujido en los matorrales. Me levanto. Soy consciente de que mi corazón está latiendo a cien por hora. Primero creo que es porque estoy nervioso por Hannah, pero luego me doy cuenta de que no son nervios, es miedo. Porque de repente algo no cuadra del todo. El sonido que viene hacia mí es demasiado fuerte, demasiado pesado para ser solo una chica.

En ese momento empiezo a correr.

—¡Se está moviendo! —grita alguien.

Es Robert Marriott, la mano derecha de Alex Bonner.

—¡Síganla! —ordena Alex.

Sigo corriendo, pero sé que no puedo continuar en línea recta porque si lo hago voy a darme de bruces con la reja que marca el perímetro del instituto. Tengo que girar hacia la izquierda o hacia la derecha si pretendo tener alguna esperanza de salir de aquí sin que me atrapen. Se están acercando, cada segundo sus gritos y chillidos se van volviendo más fuertes. Por el sonido, son por lo menos ocho, tal vez más. Toda la pandilla. Giro de manera brusca hacia la izquierda, pero no estoy lo suficientemente lejos para hacerlo sin que ellos me vean. Corro bastante rápido, pero en la pandilla está Tyler Williams, que compite en los cien metros por el condado, y es él el que se está acercando, galopando de manera experta entre los árboles, siguiendo mis oscilaciones y giros con facilidad. De repente, me alcanza, agarra mi sudadera y me jala hacia atrás, no me suelta hasta que los chicos más altos y más fuertes se unen a él y me empujan al suelo, me quitan el abrigo y lo tiran hacia un lado. Entre ellos está Alex. De su mochila saca un rollo de cuerda plástica azul y corta dos trozos con un cúter. Les pasa un trozo a los chicos que están situados a mis pies y al lado de mi cabeza. Los dos primeros intentos para atarme fracasan porque me resisto mucho. Pero luego Alex me da una fuerte patada en el estómago. Me doblo por el dolor. Los dos equipos saltan a la acción, amarrando la cuerda con firmeza alrededor de mis muñecas y de mis tobillos mientras yo me retuerzo sobre la tierra. Alex se pone de pie por encima de mí.

—Si no hubieras venido hoy, te habríamos dejado tranquilo —dice—. Pero tentaste la suerte. Pensaste que podías poner tus sucias garras trans sobre mi novia, y por eso vas a tener que pagar.

—¿Novia? —tartamudeo.

—Espera un segundo, ¿no me digas que creíste que a Hannah le gustabas en serio? Siento defraudarte, amigo, pero a ella le gustan los hombres de verdad.

Detrás de él, los demás chicos se ríen disimuladamente.

—Vámonos —grita.

Se aleja a grandes pasos y deja que los chicos más grandes me levanten.

Me retuerzo todo lo que puedo, pero la cuerda solo parece apretarme más, me roza dolorosamente la piel. Me llevan a rastras hasta el claro y me atan al árbol más grande, la cuerda se hunde por la mitad de mi cuerpo.

—Creo que ya es hora de que recuerdes lo que eres —dice Alex. Saca su cuchillo del bolsillo y exhibe la hoja. Esta refulge.

Decido usar la única arma que tengo. Grito. Hace tantos años que bajo la voz a propósito que ni siquiera sé si lo podré hacer, y al principio el único ruido que puedo vocalizar es un grito vibrante. Pero luego sube de volumen y de mí sale un sonido que no tenía idea de ser capaz de emitir. Los chicos se apartan sorprendidos.

—Tápenle la boca —grita Alex.

Tyler rebusca en su mochila antes de acercarse corriendo con un rollo de cinta de embalar. Durante unos segundos nuestras miradas se cruzan. Tyler y yo solíamos jugar juntos en la guardería. Intento gritar otra vez, pero el sonido es ahogado por la cinta.

—Ahora, ¿por dónde íbamos? —continúa Alex.

Puedo ver su aliento en el aire. Camina hacia mí, sus ojos y la cuchilla destellan. «¿Por qué no puede darme una paliza sin más?», pienso. Ya he recibido suficientes para saber que puedo con ellas. ¿Qué más da otro ojo morado? Pero eso sería aburrido.

Saca el cúter y rasga mi sudadera, desde el cuello hacia abajo, teniendo cuidado de no cortar la cuerda que me tiene atado al árbol. Corta otra vez. La tela se cae, aterriza a mis pies. Hace lo mismo con la camisa, me deja solo con la camiseta blanca y el top que cubre mi pecho. Entonces el frío me golpea, tan helado que arde.

Y luego Alex me corta la camiseta y me doy cuenta de que estoy llorando, lágrimas calientes bajan por mi cara. Cierro los ojos. Si van a hacer lo que creo que van a hacer, no quiero ver sus rostros. Cuando escucho cómo cae la tela de la camiseta escucho un abucheo colectivo. Y entonces Alex corta el top, la cuchilla desgarra la gruesa tela.

—Estate quieta —me grita.

Cierro los ojos con fuerza, mi cuerpo se convulsiona, no quedan lágrimas.

—¡Alex Bonner!

La voz de la señora Hale, la subdirectora de la escuela, es inconfundible.

El cúter rebota en mi rodilla al caerse al piso. Pero todavía no puedo abrir los ojos. Los mantengo cerrados mientras me desatan y me quitan la cinta de la boca con cuidado, y la señora Hale mete mis brazos en su abrigo y llama para pedir ayuda. Por fin los abro cuando me llevan de vuelta al instituto. Lo último que veo es mi ropa hecha jirones en el piso y el brillo de la cuchilla de Alex encima de ella.

Descubro que fue el conserje quien alertó a la señora Hale. Vio a Alex y a su pandilla dirigirse hacia el bosque y sospechó. Luego me comentan que algunos de los chicos intentaron escaparse, pero los atraparon enseguida, Hannah incluida.

Me dan un uniforme de la caja de objetos perdidos. Todo es demasiado grande. Mamá llega con Tia a buscarme. Cuando la señora Hale se da cuenta de que no tenemos coche, ella nos lleva a casa.

Mamá no dice ni una palabra, solo tiene una expresión triste en la cara durante todo el camino.

No hablo durante toda una semana.

Jamás vuelvo al instituto Cloverdale.


—Y ¿qué pasó entonces? ¿A Alex y los demás? —susurra David, rompiendo el silencio.

Me paso las manos por el pelo. Es la primera vez que le he contado a alguien todo lo que sucedió de un jalón. Incluso Jenny solo se enteró con cuentagotas y nunca supo toda la historia. Me siento agotado, pero aliviado de una forma extraña.

—¿Y bien? —me anima a seguir David.

—A Alex lo expulsaron. A los demás los suspendieron por una semana.

—¿Eso es todo?

—¿Qué más podían hacer? ¿Expulsar a todos los chicos a la vez?

—¿Y entonces te obligaron a irte a ti?

—Recomendaron que me fuera a otro instituto. Por mi propia seguridad, dijeron. Yo creo que sencillamente no querían problemas. Un tutor vino a casa durante el resto del año escolar. Yo habría estado feliz de seguir así, pero entonces me dieron una plaza en Eden Park. Se suponía que tenía que ser un nuevo comienzo. Para doblarse de risa, ¿no? —digo, fingiendo una sonrisa.

—No es demasiado tarde. Todavía puedes volver —dice David, con una expresión llena de esperanza.

—No, no puedo.

—Pero no puedes irte ahora.

—Ahora es exactamente cuando tengo que irme. Antes de que más gente se entere.

—¿Sería tan terrible?

—¿Acaso no oíste ni una palabra de lo que acabo de contar? El mundo no es amable con gente como yo.

—Gente como nosotros querrás decir —puntualiza David.

Nos miramos a los ojos por un momento. Los de David son grandes, intensos. Hacen que quiera desviar la mirada.

—Eden Park no es Cloverdale. Será diferente —dice.

—¿Seguro? Harry convierte tu vida en un infierno por algo que escribiste hace años, cuando eras un niño pequeño. A mí me odia de verdad. Imagínate lo que haría si se enterara de lo que te acabo de contar. Tomaría como una misión destruirme, lo sabes, y te puedo apostar que no estaría solo.

David traga saliva con dificultad.

—Es posible que Alicia no diga nada. A lo mejor puedes mantenerlo en secreto a pesar de todo.

Niego con la cabeza.

—Deberías llamarla —dice David.

—¿Crees que no lo intenté? Tiene el teléfono apagado. No quiere ni escuchar mi voz, y mucho menos hablar conmigo.

David enseguida se mira los pies e inmediatamente me siento mal por hablarle bruscamente.

—Perdón —balbuceo.

Hay una larga pausa.

—Leo, ¿te puedo preguntar algo?

Me encojo de hombros.

—¿Cómo reaccionó tu madre cuando le dijiste por primera vez que querías ser un chico?

Suspiro.

—En realidad nunca hubo un momento específico. Yo siempre fui así, prácticamente desde que nací. Al principio me despreciaba, cuando le decía que habían cometido un error en el hospital. Me hacía callar y eso, pero al final se debió de cansar de que le estuviera rogando todo el tiempo, porque me llevó al médico. Y cuando se lo tomaron en serio y me derivaron a un especialista, ella también comenzó a tomárselo en serio. Durante un tiempo estuvimos muy unidos, pero los últimos años chocamos todo el tiempo. Casi no podemos estar en la misma habitación juntos sin que perdamos el control.

—Tienes suerte de todos modos —dice David en voz baja—. De que te acepte así, aunque ya no se lleven tan bien.

Niego con la cabeza.

—No sé, la palabra suerte no es la que se me ocurre cuando pienso en mamá.

Silencio. David se mordisquea la uña y me mira, como si estuviera esperando a que yo dijera algo más.

—Entonces, ¿qué vas a hacer? —pregunta al final—. Acerca de todo lo que ha pasado.

No encuentro las palabras para contestarle.

## 29

Leo me acompaña hasta la parada del autobús. La cabeza me da vueltas.

Leo es como yo. Yo soy como él.

Quiero hacerle un millón de preguntas, pero no sé por dónde empezar. Lejos de la seguridad oscura de la alberca, Leo permanece en silencio otra vez. A cada rato lo miro con el rabillo del ojo, buscando pruebas que haya pasado por alto, lo miro de arriba abajo tratando de encontrar pistas. Pero sigue siendo el mismo Leo, el Leo arisco, gruñón, complicado.

Cuando llegamos a la parada de autobús empieza a lloviznar y hay un velo gris en el ambiente.

—A lo mejor podemos darnos nuestros números de teléfono —propongo.

Leo frunce el ceño.

—A no ser que quieras que venga a llamar a tu puerta cada vez que desaparezcas en combate —digo.

Esto da resultado y Leo recita su número de manera monótona. Lo llamo enseguida. Su teléfono se ilumina en el bolsillo de su pantalón, el tono de llamada es metálico y agudo.

—Y ahora tienes el mío —digo—. Por si me necesitas —añado de manera significativa.

—Okey —murmura sin mirarme—. Oye, ¿te importa esperar solo?

—Ah. Sí, no te preocupes.

Asiente con la cabeza. Nos quedamos de pie incómodos por un segundo, expuestos bajo las luces brillantes de la parada después de la oscuridad sombría de la alberca.

—Entonces me voy —anuncia, dándose la vuelta.

—Espera —digo abruptamente.

Se vuelve, tiene el ceño fruncido.

—¿Te volveré a ver? —pregunto.

Las palabras parecen tontas en el momento en que salen de mi boca, excesivamente dramáticas y sentimentales, como si fueran de un diálogo de una película o de una obra de teatro.

Leo se limita a encogerse de hombros y a empujar con el pie una lata de Coca-Cola. Aparecen las luces de un autobús que se aproxima. Indica con la cabeza en su dirección.

—Qué oportuno —dice.

—Sí —murmuro, buscando en mi mochila el dinero para el boleto.

—A veces tienes que esperar siglos —añade Leo, con la mirada fija en la calle.

Extiendo la mano y el autobús comienza a ir más despacio. Respiro hondo y digo lo que quiero decir rápidamente.

—Sería una gran pena si no volvieras al instituto, ¿sabes?

Leo no dice nada, dirige la mirada hacia algún sitio por encima de mis cejas.

—Te extrañaría mucho —añado, sonrojándome de inmediato.

Leo sigue sin responder.

El autobús se detiene y se abren las puertas. Me subo, meto el dinero en la ranura. Cuando ya me he acomodado en el asiento, Leo desaparece de mi vista, tragado por la urbanización Cloverdale.

Mientras el autobús se dirige al norte por la ciudad, la imagen de Leo subiéndose la camiseta para revelar el peto que le cubre el pecho se repite en mi cabeza. Es casi demasiado fuerte para poder absorberlo todo y me da miedo que mi cerebro explote de excitación y preguntas sin respuestas. Y luego caigo en la cuenta. Por fin no estoy solo. Existe alguien que comprende exactamente cómo me siento. La revelación hace que tenga ganas de gritar y cantar para todos los que van en la parte baja del autobús.

—¿Qué tal las matemáticas? —me pregunta mamá cuando llego a casa.

—Las matemáticas, increíbles —respondo, tirándome sobre el sillón.

—*Wow!* —exclama—, jamás pensé que te escucharía usar las palabras «matemáticas» e «increíbles» en la misma frase. Leo debe de ser un gran profesor.

—Lo es —digo bajito—. Es el mejor.

Antes de irme a la cama le mando un mensaje de texto:

¿Te veré en la escuela? D

No me contesta. La idea de que no vuelva nunca más me hace sentir enfermo. Más que nunca, ahora tiene que regresar a la escuela, sencillamente tiene que hacerlo.

## 30

Cuando llego a casa, Tia está sentada con las piernas cruzadas en el piso y Amber está detrás de ella en el sillón, tiene la frente arrugada por la concentración mientras intenta forzar el escaso pelo de Tia en una trenza francesa. Cuando me ve entrar en la sala, enarca una ceja.

—¿Qué fue todo eso? —pregunta.

—No es asunto tuyo —respondo entre dientes.

—Leo no quiere hablar. Qué sorpresa —dice a nadie en particular.

La ignoro, dejándome caer sobre el sillón a su lado, agotado. Asegura el final de la trenza de Tia con un pasador de pelo y le da un golpecito en el hombro.

—Hecho, T.

Tia le sonríe antes de gatear para recuperar el control remoto, que está debajo de la mesita.

—¿Dónde está mamá? —pregunto.

—En el bar con Spike. Están celebrando.

—¿Celebrando? ¿Celebrando qué? —pregunto.

—Que Spike se muda aquí.

—¿Acaso no lo hizo ya?

—Según parece no era oficial.

Tomo una copia del periódico *The Sun* del brazo del sillón y finjo leerlo. Todo el tiempo puedo sentir que Amber me observa.

—Toda tu vida no puede ser un enorme secreto, Leo —dice.

—¿Por qué no? —contesto, mientras sigo mirando las palabras impresas, pero sin enterarme de nada.

—Porque así jamás vas a disfrutar de ella. Vas a estar demasiado preocupado mirando por encima del hombro todo el tiempo, siempre nervioso de que la gente se vaya a enterar. Esa no es vida.

—Y ¿qué esperas que haga? —pregunto, bajando el periódico—. Porque decir la verdad tampoco me sirvió de mucho hasta ahora.

—No lo sé, Leo, pero podrías empezar por decirme por qué durante toda la semana tuve que llamar a la escuela para decir que estás enfermo.

Dejo el periódico de lado y me levanto.

—Voy a salir.

—Pero si acabas de entrar.

—Sí, bueno, no estoy de humor para tener compañía.

Dejo que la puerta dé un gran golpe tras de mí.


Paso el viernes y el sábado en el sillón viendo DVD con Tia. Cualquier cosa con tal de no pensar. Porque pensar significa tomar decisiones. Y tomar decisiones sugiere que tienes opciones. Y ahora mismo opciones es lo que no tengo. Me aseguré de ello cuando me metí en un terreno demasiado profundo con Alicia.

Estamos más o menos a la mitad de *El Rey León* cuando mi celular suena. Me lanzo sobre él, pensando, deseando que sea Alicia, pero es David.

> Hablé con A. Todo está bien. No va a decir nada!!! D

¿Hablé con A? ¿Qué dice? Entonces me doy cuenta. A es Alicia. Le contesto, mis dedos se mueven con rapidez sobre las teclas.

> K kieres decir? K le dijiste?

Unos segundos más tarde, la respuesta de David entra.

> Le pregunté si se lo contó a alguien y dijo que no. Tampoco tiene intención de hacerlo. Buenas noticias! D

Golpeo el sillón con el puño, distrayendo a Tia de su trance Disney y haciéndola saltar. ¿Cómo se atreve David a meter su nariz en mis asuntos y hablarle a Alicia de esa forma? Y ¿qué pasa si alguien lo oyó por casualidad?

—¿Estás bien, Leo? —pregunta Tia, con los ojos muy abiertos y asustada.

—Sí, T, estoy bien. Perdona que te asustara —murmuro distraído.

Mi celular suena otra vez.

> Sigues ahí? No estás contento? No va a decir nada!
> Después de todo puede seguir siendo un secreto! D

Realmente debe de pensar que es así de simple. Tal vez contárselo fue un gran error.

Miro mi saldo. Casi no me queda. Tomo el auricular del teléfono fijo y me lo llevo a la oreja, siento alivio al escuchar el tono de llamada. Por lo menos mamá se acordó de pagar la factura. Me lo llevo al pasillo, cierro la puerta de la sala con un clic y marco el número de David.

—¿Sí? —contesta con entusiasmo.

—Soy Leo —digo bruscamente, acomodándome en el segundo escalón.

—¡Ah, hola, Leo! ¿Es tu número fijo?

—¿Qué demonios crees que hacías? —gruño—. ¿Por qué le hablaste a Alicia de eso?

—¿Qué quieres decir? —pregunta, con una voz baja y herida.

—No tenías ningún derecho a hacer eso, David, ningún derecho.

Desde el otro lado de la puerta puedo oír a Tia que está cantando *Hakuna Matata*, imitando todas las voces. Me pongo la mano encima de la oreja libre y me giro hacia la pared en un esfuerzo por bloquearla.

—Pero está bien, ella no se lo va a decir a nadie. Lo prometió —dice David—. Pensé que te alegrarías.

Dejo escapar un gemido bajito.

—Dime lo que dijo.

—Cuando le pregunté, dijo que no se lo contó a nadie y que no tenía intención de hacerlo.

243

—¿Eso es todo?

—No tuvimos mucho tiempo. Prácticamente tuve que perseguirla para encontrarla sola. Ruby y Becky casi no se apartaron de ella durante toda la semana.

Exhalo. Entonces Alicia no va a hablar. Pero no siento alivio, ni me aproximo a eso.

—¿Leo? —dice David—. ¿Sigues ahí?

—Sí.

—Pensé que te alegrarías.

—Es porque siente vergüenza —digo con un tono sin emoción—. Esa es la única razón por la cual lo va a mantener en secreto.

—Eso no lo sabes —empieza David.

Le interrumpo.

—Sí lo sé —digo con firmeza.

Hay una pausa. Puedo oír a *Phil* ladrando de fondo.

—Siento haberlo hecho a tus espaldas —dice David en un tono bajito.

—Mira, siento hablarte así, ¿de acuerdo? —me disculpo con un suspiro—. Es que no me gusta que la gente meta la nariz en mis asuntos.

—Solo intentaba ayudarte.

—Lo sé, lo sé, es que... —dejo que mi voz se apague.

No sé qué pensar. Lo único que sé con seguridad es que Alicia me odia. El hecho de que no tenga intenciones de contárselo a nadie no cambia nada.

—¿Vas a volver a la escuela entonces? —pregunta David, con un tono de voz esperanzado.

—¿Eh?

—¿A la escuela? Tienes que regresar en algún momento.

Me paso las manos por el pelo e intento visualizarme entrando por las rejas, almorzando en el comedor. Sentado detrás de Alicia en inglés. Las dos primeras casi las puedo tolerar. La tercera...

—Pronto tienes tus exámenes, ¿no? —añade David—. Y tienes que rellenar las solicitudes del último año de bachillerato para poder acceder a la universidad. No puedes perder todo eso, Leo, y lo sabes.

Lo odio por tener la razón. Si me va bien en los exámenes tendré un boleto para salir de Cloverdale. Si me va bien, puedo acceder a los niveles avanzados de grandes instituciones en la ciudad, luego puedo ir a la universidad lejos, muy lejos; Escocia o Cornualles u otro sitio, incluso en el extranjero, comenzar de cero. Pero nada de eso es posible sin el Certificado General de Educación Secundaria. Y para tenerlo tengo que regresar a la escuela Eden Park.

Tengo que enfrentarme a Alicia.

Dejo escapar un suspiro. David salta enseguida.

—¿Eso quiere decir que te veré en la escuela el lunes? —pregunta.

—No lo sé. Puede. Mira, tengo que dejarte.

Cuelgo, apoyo la parte de atrás de la cabeza en la pared y cierro los ojos.

En la sala, Tia sigue cantando.

245

## 31

El lunes por la mañana espero a Leo en la parada del autobús delante de la escuela. Al lado contrario, dos autobuses están estacionados delante de las rejas, los motores zumban con suavidad; los conductores, de pie en la acera, conversan y fuman. Hoy debe de haber alguna excursión a algún sitio.

Miro la hora en mi teléfono. El número catorce viene con retraso. En la distancia suena el primer timbre. Veo cómo el patio se vacía poco a poco. Puedo divisar a Essie y a Felix en la distancia; el pelo recién teñido de rojo de Essie prácticamente resplandece.

Me pongo de puntitas y observo la calle buscando el autobús de Leo, disfrutando el sol invernal en la cara y el cielo azul brillante encima de mí. La mañana está fresca, llena de optimismo, y no puedo dejar de sentirme esperanzado por Leo de que las cosas van a ir bien después de todo.

Mi mente todavía está dando vueltas con lo que me contó la semana pasada; de hecho, casi no he pensado en otra cosa. Tengo tantas preguntas que creo que voy a explotar, pero intuyo que Leo necesitará prepararse un poco antes de estar listo para contestarlas todas.

Por fin veo el autobús. No localizo a Leo entre los pasajeros que bajan y por un instante temo que al final hoy no vuelva a la escuela, pero luego lo descubro bajando la escalera agachado, la última persona en salir. Se ve cansado. Tiene el pelo apelmazado, como si se hubiera caído de la cama hace un segundo, y unas ojeras púrpura que casi parecen moretones, y parece que le duelan. Cuando me ve frunce el ceño.

—¿Qué haces aquí? —pregunta, cambiándose la mochila de un hombro al otro.

—Pensé que apreciarías algo de apoyo moral —respondo alegremente.

—Me va bastante bien solo, gracias —murmura, entrecerrando los ojos por el sol, usando su mano como protección.

—Ya sé que te va bien solo —digo—. Solo quería verte y decirte hola.

—Bueno, pues hola —contesta, poniendo los ojos en blanco.

En la distancia suena el segundo timbre.

Lanza un suspiro.

—Anda, vamos.

Cruzamos la calle y pasamos las rejas, caminamos a través del patio.

—¿Qué tal el resto del fin de semana? —pregunto.

—Bien —balbucea Leo.

No pregunta por el mío.

Lo miro por el rabillo del ojo. Aunque se ve totalmente hecho polvo, le queda bien. Lo hace parecer atrevido, casi peligroso. Es un aspecto que yo no podría tener nunca.

Abre la puerta principal y hay un momento incómodo cuando me doy cuenta de que la mantiene abierta para mí, fingiendo ser un caballero.

—¿Entras o qué? —pregunta cuando yo titubeo.

—Por supuesto —digo, agachándome para pasar por debajo de su brazo.

Enseguida Leo gira hacia la izquierda, hacia los salones de primero de bachillerato.

—Si hoy me necesitas, por cualquier cosa, llámame —le digo.

Él sacude la cabeza un poco y sigue caminando.

Llego al salón de mi año justo cuando todo el mundo se está yendo. Harry me empuja al pasar, aplastándome contra el marco de la puerta. Cuando el señor Collins me ve frunce el ceño y hace un gesto al poner una marca negra de «tarde» al lado de mi nombre en la lista.

Articulo mi disculpa y me voy directo a biología.

Cuando llego Essie y Felix ya están allí, sentados uno al lado del otro en nuestra mesa, con las cabezas agachadas.

—Hola —saludo, arrastrando un taburete.

—¡David, te estuvimos buscando! —dice Essie, enderezándose—. ¿Dónde estabas esta mañana?

—Tenía cosas que hacer —respondo, poniendo la mochila en mi regazo y sacando el estuche.

Me siento raro al no dar más detalles, pero me siento más seguro si no digo absolutamente nada. A fin de cuentas, no es decisión mía compartir el secreto de Leo.

—¿Eso quiere decir que no te enteraste? —pregunta Felix.

—¿De qué?

Los dos intercambian miradas.

—De lo de Leo —dice Essie.

—¿De qué están hablando? —pregunto, sin humor para adivinanzas.

—Espera, ¿de verdad que no sabes nada? —se sorprende Felix.

Miro a mi alrededor. Todo el salón está animado, se escucha su parloteo en voz alta interrumpido por ocasionales gritos ahogados o estallidos de risas. Me volteo hacia Essie y Felix.

—¿Qué es lo que está pasando?

—Mira —dice Felix, aclarándose la garganta—, parece ser que Leo Denton no es quien dice ser.

—¿Qué quieres decir? —pregunto, apoyando la mano en la mesa para no perder el equilibrio.

—Becky Somerville le siguió la pista a un chico del instituto Cloverdale en Facebook —dice Essie—. Un primo de un primo o algo así, y le contó por qué Leo dejó el instituto.

Trago saliva. No necesito que Essie me diga nada más.

—¡Ahí lo tenemos! —grita Lexi, apuntando con el dedo hacia las ventanas al otro lado de la sala.

La mitad de la clase corre a unirse a ella.

—¿No querrás decir «ahí la tenemos»? —bromea Tom ante un coro de carcajadas crueles.

Me uno al montón, empujo para estar al frente. A mi lado, las narices de mis compañeros de clase están prácticamente pegadas al cristal, sus caras resplandecen con excitación y alboroto.

Debajo de nosotros, sin darse cuenta de su audiencia boquiabierta, Leo va cruzando el patio en dirección a los dos autobuses que vi antes.

El doctor Spiers entra en el salón, gritando para que nos alejemos de la ventana y para que nos sentemos. De mala gana, nos despegamos de las ventanas y volvemos a nuestras mesas.

Me siento en mi taburete, temblando. Saco mi celular. Tal vez si soy lo suficientemente rápido le puedo avisar. Estoy a mitad de escribir el mensaje cuando la mano del doctor Spiers da un golpe en la mesa, a centímetros de la mía.

—Dámelo.

—Pero, señor, es una emergencia.

—No se permite enviar mensajes de texto en clase. No hay excusas. Vamos, entrégamelo.

—Por favor, señor —le suplico.

—Deme el teléfono, señor Piper —ordena el doctor Spiers con un tono de voz aburrido y extendiendo la mano—. Antes de que me enoje.

Con el dedo meñique, logro enviar el mensaje incompleto antes de depositarlo en la mano abierta del doctor Spiers. Observo cómo lo guarda bajo llave en el cajón de su escritorio.

—Lo podrás recoger después de clase —dice.

Sé que es inútil intentar discutir con él.

Cuando el doctor Spiers comienza la clase, cierro los ojos y me encuentro haciendo algo que no hacía desde que era pequeño y tenía muchísimas ganas de recibir una casita de ensueño de Barbie para mi cumpleaños.

Rezo.

Rezo por Leo.

## 32

Al llegar al aula donde pasan lista y encontrarla vacía, vuelvo a cruzar por el patio tal como me indicó la señora Craig.

Ahora recuerdo haber llevado una carta a casa sobre la excursión, hace semanas, en octubre. Es a una galería en el centro; un «regalito» antes de que tengamos que aplicarnos a repasar para los exámenes. Se me olvidó pedirle a mamá que firmara el permiso y tuve que falsificar su firma en el autobús.

Delante de mí, puedo ver una fila de chicos que esperan subirse en dos autobuses. Camino más lento. Parece ser todo mi grupo. Estupendo. Busco a Alicia. No puedo dejar de hacerlo; mis ojos lo hacen antes de que mi cerebro pueda detenerlos. El momento en que la veo es como si el corazón se me saliese por la boca. Está de pie con Ruby, con los labios fruncidos y los brazos cruzados encima del pecho; una cinta plateada mantiene la masa de rizos negros lejos de su cara.

Me quedo detrás, sin ganas de que me vea, y espero a ver en qué autobús se sube antes de elegir el otro.

Soy el último en subirme, el señor Toolan marca mi nombre en la lista mientras subo los escalones.

—Bienvenido, Leo —dice—. ¿Ya estás mejor?

—Sí, gracias, señor —respondo, sin mirarlo.

Titubeo, buscando un asiento para ir solo.

—Vamos, Leo, no tenemos todo el día —dice el señor Toolan—. Hay un montón de asientos libres.

De mala gana elijo uno cerca del frente, junto a una chica de mi clase de francés; Serena, creo que se llama. Es callada en clase, solo habla cuando *madame* Fournier le pregunta algo, así que estoy bastante seguro de que no va a intentar conversar conmigo durante el viaje. Cuando me siento, casi se le salen los ojos al mirarme para luego apartar la vista hacia otro lado. Incapaz de meter la mochila debajo del asiento de enfrente, me levanto y la coloco en el compartimento de arriba. Mientras meto los tirantes puedo sentir los ojos de Serena encima de mí otra vez, pero es demasiado rápida y se voltea para mirar por la ventana antes de que pueda sorprenderla en el acto. Miro hacia la parte de delante del autobús. El señor Toolan habla con el conductor. Me siento y veo que Serena ha girado el cuerpo, se ha cruzado de piernas, dándome la espalda. ¿Qué le pasa?

El otro autobús se pone en marcha primero, nos pasa por el lado izquierdo. Busco en las ventanas a Alicia, pero los cristales son polarizados y lo único que puedo distinguir son sombras turbias.

El celular me vibra en el bolsillo. Lo saco. Es un mensaje de texto de David. Para ver cómo estoy, supongo.

> Leo, hagas lo que hagas, no te subas en el autobús.
> Creo que

Me quedo mirando la pantalla fijamente. El mensaje termina ahí. ¿Cree qué? A lo mejor se dio cuenta de que en la excursión vería a Alicia sin esperarlo y quería avisarme. Demasiado tarde. Intento ignorar las náuseas en mi vientre y cierro los ojos.

Mientras nuestro autobús se mueve con cuidado a través del tráfico de la hora pico intento no pensar. Solo necesito centrarme en superar el día de hoy. Me preocuparé de mañana cuando llegue. Un paso cada vez. Cuando lleguemos a la galería, con suerte podré escabullirme, mantenerme fuera del camino de todos hasta que sea hora de volver a casa. Comienzo a sentirme un poco mejor.

Entonces lo escucho. «Megan.»

Abro los ojos bruscamente y escucho con atención. Me digo a mí mismo que debo de haberlo imaginado, pero no me convenzo. Le echo una ojeada a Serena. Lleva puesta una versión rosa azucarada de los audífonos que lleva Alicia. Está escuchando pop, el tipo de música que le gusta cantar a Tia. Me encantaría tener un iPod y audífonos propios para poder sofocar el ruido. Cierro los ojos otra vez, pero esta vez no puedo ignorar las náuseas.


Llegamos a la galería con casi media hora de retraso. Parece un terrón de azúcar gigante; cuadrada y blanca y moderna. Mientras nos llevan como un rebaño desde el autobús hasta el vestíbulo, me encuentro cara a cara con Alicia. Estuvo llorando, estoy seguro. Tiene los ojos rojos, y la cara con manchitas. Cruzamos miradas por un segundo. Se le llena la expresión de pánico y mira hacia otro lado. Quiero acercarme y abrazarla, arreglar las cosas, pero sé que no puedo.

Nos dividen en cuatro grupos. Me desanimo cuando veo que estoy en el mismo que Alicia. Considero la opción de unirme a otro grupo, pero la señorita Jennings me tiene controlado.

Nuestro guía, un hombre chino muy animado con acento estadounidense, nos conduce a la primera galería. La habitación es larga y blanca y está intensamente iluminada. Las pinturas en las paredes son enormes y justo del estilo de arte que detesto, el tipo que parece haber sido pintado por un bebé de unos dos años. De todas formas, intento prestar atención a lo que el guía nos está diciendo, cualquier cosa para distraerme del hecho de que una Alicia con huellas de haber llorado está a solo unos metros de mí.

—*Freak*.

La forma de decirlo destila veneno y, aunque no lo sé con seguridad, estoy bastante seguro de que va dirigido a mí. Intento mantener la calma y lucho contra el deseo de voltearme, de descubrir a quién pertenece esa voz y de hacerle pagar por ello.

Delante de mí, el guía mueve las manos a su alrededor mientras habla sobre la inspiración del cuadro que tenemos delante. Me importa un bledo, a mí me parece un montón de pintura roja y azul que alguien tiró sobre un lienzo, pero de todas formas intento concentrarme en sus palabras, sutilmente moviéndome hacia el frente del grupo, lejos de la voz. Todo el tiempo siento cómo el pánico crece dentro de mí. Porque todo esto solo puede significar una cosa: Alicia habló y mi secreto salió a la luz.

—Trans.

Esta vez sé a quién pertenece la voz. La señorita Bocazas, Becky Somerville. Me volteo rápidamente para encararla. Ella sonríe con superioridad.

—¿Qué me acabas de llamar? —le digo con decisión, encarándola.

—Transexual —responde de manera inocente—. Me alegra tanto que te dieras por aludido...

Sonríe con dulzura mientras mira mis puños apretados.

—No le vas a pegar a una chica, ¿verdad? Espera, qué tonta soy, se me olvidaba que sí te está permitido. Anda, vamos. Veremos cuánto duras en Eden Park.

Respiro profundamente y relajo los puños. Dios, cómo la odio.

Alicia avanza y hace retroceder a Becky de un jalón. Esta se voltea y la mira con cara enfurruñada.

—¿Qué? Ella se lo merece, después de lo que te hizo —dice Becky, poniendo énfasis extra en «ella»—. No es más que una pequeña degenerada mentirosa.

Los chicos a su alrededor hacen sonidos en señal de estar de acuerdo. Sus rostros se vuelven borrosos. Me siento mareado.

—¿Y bien, Alicia? —dice un chico llamado Charlie—. ¿Cómo fue batear para el otro equipo?

—Que te jodan —dice Alicia.

Nunca había escuchado a Alicia decir una grosería. Es una de las cosas que más me gustan de ella, que no siente la necesidad de llamar la atención de esa manera, no quiero decir que ahora esté llamando la atención; al contrario, su cara está roja de vergüenza.

—No batea para el otro equipo, imbécil —la defiende Ruby con rabia—. No es su culpa. Leo, o debería decir Megan, la engañó.

—¡Silencio! —dice la señorita Jennings, lanzándonos una mirada asesina.

Ruby hace una pausa antes de bajar la voz.

—Alicia es la víctima.

—Cállate, Ruby —la reprende Alicia.

—Pero ¡es verdad!

—¡Dije que te calles!

Todo el intercambio parece suceder en estéreo, y estoy seguro de que las paredes comienzan a girar. Quiero chillar y gritarles, volverme loco y explotar, pero no puedo. Porque a mi cerebro lo consume un solo pensamiento.

Ella dijo que no lo contaría. Lo prometió. Después de todo no es especial. Es igualita que el resto, como Hannah.

Necesito escapar. Ahora.

El guía pasa al siguiente cuadro. En el momento en que la cabeza de la señorita Jennings se voltea, me escondo detrás de otro grupo y salgo de la galería lo más rápido posible.

# 33

Son casi las dos en punto cuando regreso a Cloverdale. Tuve que tomar tres autobuses para volver de la galería. No tenía suficiente dinero para el tercer autobús, así que tuve que entrar por la puerta trasera.

Durante todo el viaje a casa mi cerebro es un lío de pensamientos; imágenes de Alicia chocan con *flashbacks* del bosque, de la galería. Jamás va a cambiar. Siempre que haya una posibilidad de descubrirme, jamás estaré seguro, siempre estaré esperando. Necesito irme de aquí, y rápido.

Mientras me acerco a casa puedo escuchar el leve bramido de la aspiradora.

Mamá está en casa.

Considero la opción de darme la vuelta, pero me muero de hambre y sé que mamá y Spike por fin fueron al supermercado el otro día, así que el refrigerador tiene comida de verdad por primera vez en semanas. Además, sé que mamá tiene un turno a las tres en la lavandería. Si actúo con rapidez, cuando se vaya puedo salir de casa sin tener que toparme con Amber ni con Tia.

Una imagen indeseada de Tia cuando se dé cuenta de que me fui surge en mi cabeza, su labio inferior comienza a temblar, sus pestañas se mojan con las primeras lágrimas. Aparto la imagen de mi cabeza a la fuerza.

Cuando meto la llave en la cerradura, oigo que apagan la aspiradora. Cierro la puerta tras de mí y me quito el *blazer*, lanzándolo al barandal.

Aterriza con el escudo bordado hacia arriba. ¿Justicia e iniciativa? Y una mierda.

Entro en la sala. Mamá está de pie con las manos en las caderas, tiene el cuerpo en un ángulo hacia la puerta como si hubiera estado esperándome. La tele, donde están dando un *reality* estadounidense, está sin volumen.

—¿Se puede saber qué haces aquí a estas horas del día? —pregunta, señalando el reloj.

Lleva unos *jeans* viejos y una camiseta desteñida de Spike, y tiene un trapo de cocina atado alrededor de la cabeza como si fuera una bandana. La prefiero así, cuando está natural. Se ve más joven y más guapa; pero no lo creería si se lo dijera.

—¿Y bien? —dice, siguiéndome hacia la cocina.

Abro el cajón del pan y saco dos rebanadas. La margarina ya está sobre la mesa, con la tapa abierta y con migajas de pan tostado pegadas al borde del bote.

—Medio día festivo para los estudiantes —digo, levantando el cuchillo.

—Mentiroso —responde, sin dudar.

Me doy la vuelta despacio para mirarla de frente.

—Eres un mentiroso, Leo —continúa—. Descarado. Acabo de colgar después hablar con el tal señor Toolan hace un instante. Según él te acabas de escapar de la escuela.

—¿Y? ¿A ti qué te importa? —digo, volviendo a la tarea de untar la margarina en el pan.

—¿Quieres cambiar de escuela otra vez, Leo? ¿Quieres terminar en la UER?

La UER. Unidad de Estudiantes Referidos. El lugar para los hijos a los que nadie quiere. La última amenaza. Una vez que caes en la UER no hay vuelta atrás, pase lo que pase.

—Porque no puedo soportar todo ese enredo otra vez —dice—. De ninguna manera.

Suelto el cuchillo con un gran estruendo y me volteo otra vez.

—¿Qué enredo? Lo único que hiciste fue venir a una pequeña reunión y firmar un par de formularios. Jenny solucionó el resto.

—¡Ah, perdón, lo olvidé, hagámosle una reverencia a santa Jenny! —ironiza mamá levantando las manos en el aire—. Con sus sofisticados títulos universitarios es una puta condescendiente. La mitad del tiempo me habla como si tuviera cinco años.

—Y ¿por qué crees que lo hace, eh, mamá?

Se me acerca, su rostro está a tan solo cinco centímetros del mío y puedo distinguir los poros de su nariz y mejillas.

—Te crees muy listo, ¿no? —bufa—. Piensas que sabes perfectamente lo que sucede en la trastienda de las vidas de todo el mundo.

Le doy la espalda y me dirijo al refrigerador. Saco mayonesa, jamón y jitomates, los dejo caer de un golpe en la mesa.

—Pues no lo sabes, Leo —continúa—. No sabes ni la mitad.

—Te diré lo que sí sé —replico, poniendo una gruesa capa de mayonesa en cada rebanada de pan, las manos me tiemblan—. Sé que estos quince años, mi vida, pasada, presente y futura, fue y siempre será un montón de mierda.

Pongo el jamón de un manotazo y me pongo a cortar los jitomates, pero el cuchillo que estoy usando no tiene filo y acabo aplastando el jitomate. De todas formas, lo pongo en el sándwich; a estas alturas no me importa qué aspecto tiene, ni cómo sabe.

—¡Eso no es mi culpa, Leo! —grita mamá—. Sé que te gusta pensar que todo lo es, y tal vez algunas cosas sí lo son, pero ¡no me puedes culpar de cada una de las cosas malas que te pasan!

Casi enseguida se me saltan las lágrimas.

Creo que me sorprenden más a mí que a mamá. No soy un llorón, incluso de niño casi nunca lloraba. Me enojaba, gritaba, tiraba cosas, pero no lloraba. Y estos días soy Leo Denton, maestro del rostro impasible. Pero ahora mismo no tengo fuerzas para detener las lágrimas que fluyen y lo único que puedo hacer es quedarme allí mientras estas sacuden mi cuerpo.

—¿Qué quieres que haga, Leo, eh? —pregunta mamá con desesperación—. ¿Qué demonios esperas que haga? ¿Que por arte de magia lo arregle todo? Si supiera cómo hacerlo no estaríamos metidos en este lío, ninguno de los dos.

No puedo recuperar el aliento para contestar.

—¡Dios, Leo, no puedo con esto ahora mismo, no puedo! —dice mamá, caminando de un lado a otro.

Mira hacia el reloj y suelta una grosería en voz baja.

—Mierda, tengo que irme.

Se quita el trapo de cocina de la cabeza y lo lanza sobre la mesa, toma la bolsa y las llaves.

Yo sigo llorando, temblando por completo. Lo único que quiero es que ella pare y me abrace, que lo arregle todo, como solía hacerlo tiempo atrás. Pero se está retocando el carmín, buscando su encendedor y los cigarros, se niega a mirarme. Todo el tiempo le tiemblan las manos.

—Mira, Leo, cálmate —dice—. Por favor. Y limpia esto mientras lo haces.

Unos segundos después la puerta se cierra de un portazo y estoy solo. Tiro el sándwich hacia la pared. Golpea los azulejos con un plaf, el pan blanco barato se pega por un momento antes de deslizarse hacia abajo y caer en el fregadero.

Las lágrimas son reemplazadas por rabia, me doy la vuelta y salgo corriendo hacia la escalera, entro en mi cuarto y meto ropa en mi bolsa de deportes lo más rápido que puedo. La cierro y la arrastro hacia abajo. Vuelvo a la cocina y miro la lata de dinero. Tiene menos de cinco euros, pero me los meto en el bolsillo de todos modos. Pero necesito más, mucho más. Vuelvo a dirigirme hacia arriba, al cuarto de mamá. Las cortinas todavía están cerradas y la cama sin hacer. Toda la habitación huele a encerrado y a perfume rancio. Abro los cajones. Están desordenados; un desorden de calzones y medias, pero estoy seguro de que debe de tener algo de dinero en algún lugar. Solo necesito lo suficiente para tomar un tren o un autobús que ponga una distancia decente entre Cloverdale y yo. Ya me preocuparé de lo que tenga que hacer luego cuando llegue allí. Me arrodillo e investigo el último cajón. Está lleno de cosas dispares: recibos arrugados, pilas, restos de papel de regalo, tarjetas de cumpleaños antiguas. Pero nada de efectivo. Le doy un jalón al cajón con frustración. Se sale del todo y se cae al suelo por sorpresa, enganchándome el dedo debajo de él. Soltando maldiciones, lo levanto e intento meterlo de vuelta en el mueble. Pero es pesado y me cuesta trabajo encajarlo en sus rieles.

Es entonces cuando me doy cuenta del destello dorado.

Me detengo y saco el cajón del todo, y lo pongo en la cama, detrás de mí. Me acuesto boca abajo. La alfombra está llena de pelos de mamá, rubios y como alambre. Asqueroso. Meto la mano en el hueco donde estaba el cajón y rápidamente me doy cuenta de que no son tan profundos como el marco. Alargo la mano izquierda hasta que toco algo frío y de metal. Lo saco. Es una caja rectangular, roja con bordes dorados. Me resulta vagamente familiar. Tiene abolladuras en ambos lados, como si se hubiera caído o la hubiesen tirado en más de una ocasión. La tapa no encaja del todo, y, por suerte para mí, la cerradura está rota. Me la pongo sobre el regazo y levanto la tapa.

La caja contiene sobre todo fotografías. Varias son las que le rogué a mamá que quitara cuando hice la transición de Megan a Leo: Amber y yo de bebés con pijamas idénticas de una pieza y de color rosa; las dos como damas de honor en vestidos de satén color durazno, Amber radiante mientras yo frunzo el ceño, odiando cada segundo; los cuatro, Amber, mamá, Tia de bebé y yo, sentados en el sillón, Tia está gritando como loca y el resto nos estamos riendo. Al mirarlas ahora, es como si estuviera viendo el fantasma de una chica a la que un día conocí. Dejo las fotos de lado.

Están las pulseras del hospital que llevábamos cuando nacimos, son pequeñitas, no más grandes que mi dedo gordo; las huellas de nuestras manos de bebé en pintura roja sobre papel blanco, mechones de nuestro pelo pegados en una tarjeta desaliñada. Debajo de estas cosas hay varios papeles. Abro el primero. Es el certificado de nacimiento de Tia, que dice que Tony, el bobo, es su padre. Pobre Tia.

Me doy cuenta de que nunca vi mi certificado de nacimiento, nunca tuve la necesidad. Rápidamente abro el siguiente trozo de papel. Es el mío.

Hago un gesto de dolor al leer mi nombre de nacimiento, Megan Louise Denton, y veo que mi sexo está marcado como femenino, allí en blanco y negro. Mis ojos se desplazan hacia el final de la página. Luego se detienen. Algo no está bien.

El nombre de mi padre dice Jonathan Denton. ¿Jonathan? Pero papá se llama Jimmy. Jimmy Denton.

Entonces caigo en cuenta.

Siempre supuse que Jimmy era una abreviación de James. Nunca de Jonathan.

Estaba buscando al hombre equivocado.

## 34

Los chicos de primero de bachillerato vuelven a la escuela a eso de las tres, mientras estoy en clase de educación física. Puedo ver llegar los autobuses desde donde estoy, temblando en el campo de futbol, congelado de frío, pero estoy demasiado lejos para poder distinguir a Leo entre la constante corriente.

Después de educación física me dirijo a los laboratorios de ciencias a recuperar mi celular. El doctor Spiers, antes de entregármelo, insiste en darme un sermón sobre los males de los teléfonos celulares. Cuando por fin termina tengo que luchar contra la necesidad de arrancárselo de las manos. En cuanto salgo al pasillo miro a ver si tengo mensajes de Leo, nada. Solo puedo pensar que debe de estar sin saldo. Marco su número, pero enseguida me manda a buzón. Sin saber bien qué decir, cuelgo.

—Perdón por el retraso —me disculpo, mientras me deslizo en el asiento trasero del coche.

—No te preocupes —contesta mamá, poniendo el coche en marcha.

Mientras pasamos con el coche, busco a Leo en la parada del autobús, pero la marquesina está vacía.

Livvy se gira en su asiento.

—Ay, Dios, ¿te enteraste de lo del chico de primero de bachillerato? —pregunta.

—¿Qué chico? —digo cuidadosamente.

—¡Sí, hombre! ¡Al que expulsaron de Cloverdale!

—¿Cloverdale? ¿No es ese tu amigo, David? —pregunta mamá, mirándome por el retrovisor—. ¿Leo?

Livvy me mira fijamente, asqueada.

—¿Eres amigo de Leo Denton?

—No sabía que lo expulsaron de Cloverdale —dice mamá, frunciendo el ceño.

—No lo expulsaron —digo; siento cómo me sube la rabia en el pecho—. Le pidieron que se fuera por su propia seguridad.

—¡Y desde entonces está en Eden Park fingiendo que es un chico, pero en realidad es una chica llamada Megan! —acaba la frase Livvy, con tono triunfal.

Mamá enarca las cejas.

—¿Es eso verdad, David?

Una parte de mí quiere defender a Leo y dar su versión de la historia, pero la otra parte sabe que estoy entrando en territorio peligroso si lo hago. Dejo que esa parte gane.

—¿Y qué sé yo? —digo bruscamente—. Ni siquiera somos amigos de verdad. Solo me ayuda con las matemáticas de vez en cuando, eso es todo. Seguro que inventaron la mitad de la historia.

Pongo mi cuerpo en un ángulo para mirar por la ventana, pero puedo notar los ojos de mamá encima de mí. Me siento agradecido cuando no dice nada más sobre el tema y sube el volumen del radio.

Después de la cena, estoy acostado en mi cama con mi *laptop*, espiando la página de Zachary en Facebook, cuando vibra mi teléfono. Me tiro de cabeza a recogerlo, desesperado por que sea Leo. Dejo escapar un suspiro de alivio cuando veo su nombre parpadeando en la pantalla. Su mensaje de texto es corto.

> Nos vemos en el balneario. 20:00

Muerto de ganas de saber más detalles, lo llamo, pero otra vez me manda a buzón.

Le digo a mamá que voy a casa de Essie y que me llevo a *Phil*, prometo estar de vuelta a las nueve y media. Frunce el ceño, pero me deja ir, siempre y cuando le envíe un mensaje de texto cuando llegue, y cuando salga hacia casa de nuevo. Antes de irme tomo la linterna que tenemos para emergencias debajo del fregadero y la meto en la mochila.

Mientras estoy sentado en la parte baja del autobús, con *Phil* acobardado a mis pies, intento averiguar qué es lo que querrá Leo. Y mientras espero que esté bien, no puedo dejar de sentirme halagado por ser a quien llama en esta situación.

Un campanario en la distancia marca las ocho cuando me introduzco por el agujero en la reja que rodea el balneario. *Phil* gime un poco cuando lo arrastro por el hueco detrás de mí.

—Perdón, amigo —susurro—. Ya casi llegamos, te lo prometo.

Enciendo la linterna, arropado por su grueso haz de luz, y comienzo a caminar entre los escombros.

Descubro a Leo sentado en el nivel más bajo del trampolín, balanceando sus piernas del borde.

—¡Hola! —digo, caminando hacia él.

Leo levanta la mano en un saludo silencioso. A mi lado, las patas de *Phil* se apresuran sobre la superficie resbalosa. Lo ato a la escalera de metal antes de subir por el tablón, con la linterna metida debajo de la barbilla. Leo se voltea y sonríe mientras observa mis movimientos cautelosos.

—¿Estás bien? —pregunta; el tono divertido en su voz es patente.

Lo ignoro mientras maniobro para sentarme en la tabla junto a él; nuestros hombros se tocan.

Apago la linterna y la dejo detrás de mí. Me atrevo a moverme hacia delante un poco, doblando los dedos para que puedan agarrar la parte inferior del tablón, e intento no fijarme en la distancia que me separa de la superficie sólida de la alberca vacía debajo de mí.

Leo se mueve inquieto a mi lado, un ovillo de energía nerviosa.

—Gracias por venir —dice.

—Cuando quieras —murmuro, mirando cómo sus rodillas se mueven de arriba para abajo a la luz de la luna.

Este no es el Leo al que estoy acostumbrado. El Leo Denton que conozco es tranquilo y serio.

—Y bien, ¿qué pasa? —cuestiono, confundido.

Leo se gira para mirarme. Sus ojos no se están quietos.

—Lo encontré —dice.

—¿A quién? —pregunto.

—A papá. A Jimmy.

Dejo escapar un suspiro de emoción.

—¡Eso es increíble! Pero ¿cómo? ¿Se puso él en contacto contigo?

—No exactamente.

—Entonces, ¿cómo? —inquiero, mientras miro cómo se mueven los pies de Leo, sus dedos de arriba abajo, el nerviosismo apoderándose de todo su cuerpo.

—¿Para qué nombre se usa el mote de Jimmy? —pregunta.

—James —contesto de manera automática.

—Sí, pero también Jonathan, ¿lo sabías? Porque desde luego que yo no tenía la menor idea. Todo este tiempo estuve buscando al hombre equivocado.

—¡Me tomas el pelo!

—No. Encontré mi certificado de nacimiento y allí estaba, en blanco y negro. Salí corriendo hacia la biblioteca, puse su nombre en Google, y bingo, la cuarta entrada. Jonathan Denton & Cía. Carpinteros. En Tripton-on-Sea.

—¿Y estás seguro de que es él?

—Vi su foto en la página web; ya lo creo que es él.

Saco mi iPhone del bolsillo y escribo Jonathan Denton Carpinteros en Google. Segundos después estoy mirando una foto del padre de Leo. Lleva una sudadera roja con la inscripción «Jonathan Denton y Cía.» bordada en el pecho y tiene la misma sonrisa arrugada de la foto que me mostró Leo aquel día en la biblioteca. Leo se inclina para mirarla.

—Sí, ese es —dice, con un tono que derrocha orgullo—. Ese es mi padre.

—¿Dónde queda Tripton-on-Sea? —pregunto—. Nunca he oído ese nombre.

—Kent. Es un sitio pequeño en la playa. Lo que significa que mi tía Kerry tenía razón, se fue a la costa después de irse de Cloverdale.

—¿Y ahora qué? —pregunto.

—¿Qué te parece? Voy a buscarlo.

—¿Qué quieres decir? No puedes presentarte en su puerta así sin más.

—¿Por qué no? —pregunta Leo, claramente molesto de que haya cuestionado su clara falta de planificación.

—A lo mejor podrías llamarlo primero. Prevenirlo.

—¿Prevenirlo? Muchas gracias.

—No lo digo en ese sentido.

Leo niega con la cabeza con firmeza.

—No, esto hay que hacerlo cara a cara. Por teléfono podría ser cualquier chiflado, pero si me ve en carne y hueso, seguro que sabrá que soy su hijo. Tú mismo dijiste lo mucho que nos parecemos.

—Supongo —murmuro, sin estar convencido.

—¿No lo ves? —dice Leo, cambiando su postura para mirarme de lado, haciendo que todo el trampolín tiemble—. Es como si estuviera escrito que tenía que pasar. Estaba a punto de escaparme de casa a quién sabe dónde, y entonces encuentro mi certificado de nacimiento y descubro el paradero exacto de mi padre. Quiero decir, normalmente no creo en este tipo de cosas, lo del destino y esas tonterías, pero tiene que significar algo, ¿no?

—Espera, ¿estabas pensando en escaparte de casa? ¿Sin decirme nada?

—¿De verdad esperas que me quede después de lo que sucedió en la escuela? Por si no te diste cuenta, todos lo saben, David. Es igual que lo que pasó en Cloverdale, otra vez lo mismo.

—Pero no te puedes ir, ahora no.

—¿Acaso no me estás escuchando? Jamás volveré a pisar la escuela Eden Park, en la vida.

—Pero, Leo...

—Mira, no importa, David, nada de eso importa. Lo importante es que encontré a mi padre, y ahí es donde entras tú.

—¿Yo?

—Sí. Mira, esta es la cuestión. Me preguntaba si tal vez podría pedirte dinero prestado. Solo un préstamo, hasta que me instale en Tripton.

La idea de que Leo se vaya es como si me dieran una fuerte bofetada. Por fin encuentro a alguien que realmente entiende lo que siento y se larga casi de inmediato.

—¿David? —insiste Leo.

Me doy cuenta de que no le he contestado.

—Por supuesto —digo, recuperándome—. ¿Cuánto necesitas?

—Pues el viaje a Tripton cuesta ciento siete euros. Además, supongo que necesitaré un poco más, para no llegar con las manos vacías. ¿Tal vez doscientos? Solo para mis gastos en lo que sé que hacer.

Intento recordar cuánto había en mi cuenta la última vez que miré. Incluido el dinero de mi cumpleaños hay por lo menos unos quinientos euros. Más que suficiente. Miro a Leo. Aunque está a mi lado, puedo sentir cómo se me escapa entre los dedos. Su cabeza ya está en ese lugar llamado Tripton, llena de pensamientos de Jonathan Denton.

—Te digo lo que voy a hacer —sentencio.

Leo asiente con ansiedad.

—Te presto el dinero con una condición. Que me dejes ir contigo.

Leo frunce el ceño, arrugando toda la cara.

—¿Qué?

—A ver, no puedes ir solo.

—¿Y qué te hace pensar eso?

—Pues que vas a necesitar apoyo moral.

—Estaré bien —dice Leo, cruzándose de brazos.

—No digo que no lo estarás. Pero no debes dejar de tener cuidado. Quiero decir, ¿qué pasa si tu padre resulta ser un asesino loco con un hacha?

—No lo será. Es mi padre.

—Pero ¿y si pasa cualquier cosa, si las cosas no salen como esperas? —pregunto en voz baja—. Necesitarás a un amigo contigo.

Leo se encoge al escucharme usar la palabra amigo.

—Puedo arreglármelas —dice con firmeza—. Pase lo que pase, estoy preparado.

—Puede que ese sea el caso, pero mi oferta es definitiva —contesto—. Si vas a ir, yo también, punto.

Me mira fijamente.

—¿Lo dices en serio?

Asiento con solemnidad.

—Quiero estar ahí contigo, Leo. Por favor, déjame hacerlo.

Alargo la mano para tomar la suya. Leo vacila antes de dejar que la tome.

—Por favor —repito.

Hay una pausa y luego deja escapar un profundo suspiro.

—De acuerdo, pero mientras estemos allí seguiremos mis reglas.

—De acuerdo.

—Y no se lo dirás a nadie.

—¿Ni siquiera a Essie y a Felix?

—Sobre todo ni a Essie ni a Felix. Esto es entre tú y yo, ¿entendido?

—Trato hecho.

## 35

Elijo esperar hasta el último minuto para decírselo a Essie y a Felix, muriéndome de miedo al hacerlo por Skype. Es jueves por la tarde y Leo y yo planeamos irnos a Tripton a primera hora de la mañana. Leo no fue a la escuela en toda la semana, convenció al novio de su madre para que llamara y les dijera que tenía gripa.

—¿Que quieres que hagamos qué? —exclama Essie, su imagen algo pixelada en la pantalla de la computadora.

Cuando la imagen se estabiliza los veo a ella y a Felix sentados en la cama de este. Felix está con las piernas cruzadas y Essie detrás de él; ella tiene la barbilla apoyada en su hombro, las piernas alrededor de su torso y sus brazos cuelgan sobre los hombros de él. Me recuerda un documental de vida salvaje que una vez vi sobre el apareamiento de las ranas.

Lanzo un suspiro y repito mis instrucciones una vez más.

—Si mi madre llama a cualquiera de los dos por cualquier razón este fin de semana, necesito que me cubran y digan que estoy con ustedes, pero que no puedo ponerme al teléfono. Y si alguien pregunta por mí en la escuela mañana, estoy en casa enfermo. Excepto Livvy. Hagan lo que hagan, no hablen con Livvy.

—Pero ¿por qué? —pregunta Felix, con la voz un poco desincronizada con el movimiento de sus labios—. ¿Adónde diablos vas a ir?

—Juré mantenerlo en secreto.

—¿A quién?

—No se lo puedo decir.

—Pero, David, nosotros nos lo contamos todo —gime Essie—. Sabes cosas sobre mí que ningún ser humano debería saber sobre nadie.

—Lo sé —digo de mala gana—. Y lo siento. Pero esta vez no puedo decírselo.

—No irás a verte con alguien a quien conociste por internet, ¿no? —pregunta Essie—. ¿Acaso no viste aquel episodio de aquella telenovela?

—Miren, si les digo adónde voy a ir, ¿dejarán de hacerme preguntas y confiarán en mí?

—Sí —dice Felix, exactamente al mismo tiempo que Essie dice «no».

Felix la empuja.

Respiro hondo.

—Voy a un pueblo que se llama Tripton-on-Sea a pasar el fin semana. Pero esa es toda la información que les voy a dar.

—¿Tripton-on-Sea? Pero ¿no es un pueblo costero de Kent? —dice Felix, ajustándose los lentes sobre la nariz. Por supuesto que él oyó hablar del lugar.

—¿Estás seguro de que no vas a ver a algún personaje problemático de internet? —pregunta Essie—. Porque, lo siento, pero esto tiene aspecto de tratarse de un fin de semana sucio.

—A ver, no es nadie de internet. Tendré el celular conmigo —los tranquilizo—. Les enviaré un mensaje de vez en cuando para que se aseguren de que estoy vivo.

Essie sigue con el ceño fruncido.

—Y si no reciben ningún mensaje, tienen permiso para llamarme.

—Qué generoso —protesta malhumorada.

—Ess, por favor.

—Bueno, bueno —se resigna—. Pero si no contestas te iremos a buscar.


El viernes por la mañana, mamá nos deja a Livvy y a mí en la escuela como siempre. Livvy besa a mamá en la mejilla antes de salir corriendo a juntarse con sus amigas.

—Recuerda que me quedo en casa de Felix hasta el domingo —le digo, mientras me bajo del coche.

Les dije a mis padres que Felix, Essie y yo vamos a trabajar en un proyecto de ciencias todo el fin de semana.

—¿Estás seguro de que a los padres de Felix no les importa tenerte dos noches enteras? —pregunta mamá.

—Ya te dije que no.

—¿Quieres que papá vaya a recogerte el domingo?

—¡No! —grito.

Me mira con cierta alarma.

—No —repito, esta vez con suavidad—. El padre de Felix ya dijo que él me llevará el domingo por la tarde.

—Está bien. Pues que se diviertan. Y no dejes que la madre de Felix te obligue a comer demasiada quinua o bayas de goji o lo que sea de esa supercomida que llena la cocina estos días.

—No le dejaré. Adiós, mamá.

Cierro la puerta del coche y miro cómo se aleja.

Me agacho para atarme las agujetas y entonces, en vez de pasar por las rejas de la escuela, giro bruscamente a la derecha y me mantengo cerca del perímetro de la reja.

Desde la distancia puedo oír el timbre para pasar lista. Esta es la señal para echarme a correr. Un minuto después llego a la relativa seguridad del montículo de arbustos que marcan un rincón de la enorme reja que rodea la escuela. Meto la cabeza primero para asegurarme de que no hay nadie. Los arbustos proveen un espacio hueco en el centro que es popular entre las parejas, pues ofrece intimidad (hasta cierto punto) y cobijo, siempre y cuando no te importe compartirlo con, por lo menos, seis personas más al mismo tiempo. Huele a humo de cigarro y a loción barata para después de afeitar, y el suelo está lleno de colillas y de envolturas de dulces. Pongo la mochila en el piso y me quito el *blazer*. Saco una sudadera azul con capucha y me la pongo encima de la camisa de la escuela. Me quito los zapatos del uniforme y los reemplazo por unos tenis antes de meterlo todo, junto con la corbata, en la mochila. Luego, saco mi teléfono y, con dedos repentinamente nerviosos, marco el número de la recepción de la escuela. Selecciono la opción número dos para informar de una ausencia y espero. Hay un par de pitidos antes de que me comuniquen con la señorita Clay.

—Hola, soy Jo Piper y me gustaría informar que mi hijo, David Piper, se ausentará hoy —digo, como lo practiqué anoche.

Me avergüenzo, y controlo los nervios ante la sospecha inmediata de la señorita Clay, pero resulta que mis ensayos vocales funcionaron, porque ella sencillamente me da las gracias por llamar y cuelga.

Salgo de los arbustos lo más discretamente posible antes de caminar rápidamente calle abajo, sin atreverme a mirar hacia atrás. Solo comienzo a relajarme cuando estoy a salvo arriba en el autobús camino a la estación de tren.

Cuando llego, Leo me está esperando en el vestíbulo debajo del reloj. Se ve nervioso, mira a su alrededor como si tuviera una bomba atada al pecho.

Cuando me acerco, me ve y asiente con la cabeza de manera rígida.

—Buenos días, compañero de viaje —digo.

—Buenas —murmura, sin mirarme.

Mientras hacemos fila para comprar los boletos, Leo no dice ni una palabra; tiene los ojos, muy abiertos y sin pestañear, fijos en el panel de las salidas.

Nuestros asientos están en la parte delantera del coche.

—Sabes que solo vamos dos noches, ¿no? —dice Leo mientras caminamos por la plataforma, señalando mi abultada mochila—. ¿Qué demonios llevas ahí? ¿Un cadáver?

Miro por encima de mi hombro y bajo la voz.

—Son cosas de chica —susurro.

—¿Cosas de chica? —repite, frunciendo aún más el ceño.

—No te importa, ¿no? Es solo que pensé que esta puede ser una oportunidad ideal, dado que hay casi cero posibilidades de que me encuentre con alguien que me conozca.

—¿Oportunidad para qué exactamente?

—Para una experiencia de vida real —digo.

Estuve leyendo sobre «experiencias de vida reales» en internet. A veces los especialistas no te permiten empezar a tomar medicamentos hasta que puedas probar que eres capaz de vivir en el mundo con tu género elegido. Y hasta ahora lo más lejos que he llegado es el jardín. Pero tengo todo un fin de semana delante de mí en un pueblo donde nadie me conoce. Es una oportunidad demasiado perfecta para desaprovecharla. Aunque la expresión en la cara de Leo no indica exactamente que esté de acuerdo.

—Pensé que tú más que nadie me apoyarías —digo malhumorado.

Leo frunce el ceño.

—Te apoyo, pero es que no quiero llamar mucho la atención este fin de semana. Se supone que esto es por mi padre, recuérdalo.

—Y lo será, lo prometo —digo—. Solo traigo ropa sencilla. No voy a ir contoneándome por Tripton como una *drag queen*, si eso es lo que te preocupa.

Sigue con el ceño fruncido, pero no dice nada más y lo convenzo de que se adelante a localizar nuestros asientos. Yo me subo al tren en la parte de atrás y localizo los baños más cercanos. Miro a ambos lados, siento alivio al ver a los pasajeros ocupados con sus periódicos o hablando por sus celulares. Nadie parece prestar ninguna atención al chico delgado que merodea fuera de los baños.

Cuando el tren comienza a salir lentamente de la estación, presiono el botón y la puerta se desliza. Entro y cierro con seguro, compruebo tres veces que está cerrada. Pongo la mochila en el piso, me bajo los pantalones y me siento en el escusado. Mi trasero nota el frío del metal. Intento orinar, pero es como si el nerviosismo se hubiera apoderado de mis órganos y no pasa nada. Me doy por vencido y me subo los calzones, antes de quitarme los tenis, los pantalones y los calcetines. El aire está frío y me pone la piel de gallina.

Me agacho y saco un par de medias de la mochila. Los recojo en mis manos antes de estirarlos y alisarlos sobre mis piernas y me los subo por encima del ombligo. Entonces saco un sostén de la mochila y me lo abrocho alrededor de la caja torácica, lo giro hacia delante y me pongo los tirantes por los hombros; ajusto el del lado izquierdo, para que el relleno que cosí cuidadosamente en cada copa quede contra mi pecho y al mismo nivel que el derecho.

Saco mi atuendo, un vestido verde con un cinturón y botones en la parte de delante, otra herencia de Essie (de su breve etapa fresa), y me lo pongo por la cabeza. Está un poco arrugado al haber estado enrollado en el fondo de mi mochila, pero tendrá que servir así. Meto los pies en un par de botas Ugg grises, el único calzado que pude encontrar de mi talla.

Equilibro mi bolsa de maquillaje en el borde del lavamanos. El espejo es de ese cristal raro y borroso que puede que no sea ni un espejo, como los que encuentras en baños públicos miserables y que hacen que parezcas un fantasma. El cristal turbio suaviza todo, así que solo soy una serie de figuras informes, un borrón negro del pelo, un borrón verde del vestido, un borrón blanco del rostro. Para maquillarme uso el pequeño espejo de mi polvera, me lo pongo enfrente para aplicarme la base, el corrector, el rubor y la máscara. Cada dos por tres el tren se sacude hacia los lados violentamente. De mala gana renuncio al delineador de ojos. Por último me arrodillo para sacar la peluca de su bolsita de malla. El tren da un bandazo de repente y tengo que estirar la mano para sujetarme a la barra que hay encima de mí para no caerme. Me ajusto la peluca en la cabeza. De alguna forma, es diferente ponérmela aquí, en vez de en la intimidad de mi habitación. Ya no se trata de disfrazarse; esto es real.

Enrollo toda mi ropa de chico y la meto en la mochila. Me inspecciono en la polvera y me doy cuenta de que no tengo ni idea de si parezco una chica o no. Me miré fijamente en el espejo tantas veces y durante tantas horas que ya no estoy seguro de cuáles son rasgos masculinos y cuáles no. Me encantaría poder verme como lo haría un extraño. Pienso en Leo, tan lejos en el coche A, y me pregunto cómo lo voy a mirar. Mi corazón se acelera un poco.

Alguien golpea la puerta, me hace dar un salto.

—¡Casi termino! —digo en voz alta.

Mi voz suena como si no fuera la mía.

Me echo una última mirada en el espejo de los baños, a la chica fantasma que me observa desde él.

Otro golpe en la puerta, esta vez más urgente. Tomo la mochila y abro la puerta. Es una mujer joven con un bebé llorón debajo de un brazo y una gran bolsa rosa en el otro. No la miro a los ojos cuando paso a su lado. Cuando me dirijo a mi asiento espero que la gente me mire, que se fijen en mis pies, más grandes de lo normal, en mi mandíbula, en el lustre falso de mi peluca, cualquier cosa que me delate. Por accidente golpeo el brazo de un hombre con mi mochila y este mira hacia arriba, brevemente molesto, pero su rostro se relaja y pone una expresión de perdonarme cuando ve mi cara.

—Perdón —tartamudeo.

—No pasa nada, cielo —sonríe, volviendo a su periódico.

Mientras continúo avanzando por el tren, me sudan las palmas de las manos y mi corazón se ha vuelto loco; late tan fuerte que no puedo dejar de pensar en esas caricaturas antiguas, esas en las que puedes ver cómo se les sale el corazón del pecho. Pero todos los nervios y el miedo son anulados por una felicidad que me ciega.

*Cielo.* Ese hombre, un total desconocido, me llamó «cielo». Por fin llego al coche A. Es el coche silencioso. Paso de puntitas a hombres y mujeres de negocios que escriben en sus *laptops* o dormitan. Al fondo, veo la cabeza de Leo, con la cara mirando hacia el otro lado. Tenemos asientos con mesa. Enfrente, una pareja de ancianos está inclinada sobre un crucigrama.

Mientras me deslizo en el asiento a su lado, Leo levanta la vista y mira dos veces. Siento que las mejillas me arden otra vez.

—¿Estoy bien? —susurro.

—Sí —responde bajito, antes de cerrar los ojos.

Durante el resto del viaje, Leo duerme o por lo menos finge hacerlo. En cierto modo se ve sereno y más joven. Intento leer un poco, pero tengo que releer el mismo párrafo una y otra vez.

Finalmente llegamos a Londres. Cuando bajamos del tren, Leo lidera el camino; avanza con seguridad por la estación y hacia la entrada del metro.

—¿Cómo es que conoces el camino? —pregunto a la vez que nos metemos en un vagón repleto.

—Vengo a menudo a citas con especialistas —dice, en voz baja.

—¿Tu madre viene contigo? —pregunto.

—Antes sí. Ahora no tanto.

—Pero ¿no te pones nervioso? ¿Al venir hasta aquí solo? —inquiero.

Leo me mira a los ojos.

—Jamás.

Cada pocos segundos veo la tela verde aleteando alrededor de mis muslos, o un mechón de pelo largo, mi pelo, con el rabillo del ojo, y me complace y aterra a la vez.

Tras dos transbordos, por fin, nos bajamos del metro y tomamos un segundo tren, más silencioso. Después de unos cuarenta y cinco minutos, las vías pasan al lado del agua.

—Mira —digo, señalando con el dedo—, el mar.

Leo asiente con la cabeza, con el rostro totalmente inexpresivo.

Yo apoyo la frente en el frío cristal. La marea está muy baja y revela zonas de lodo y limo del mismo color sucio que el cielo gris.

Leo describe el plan para el resto del día. Mientras habla, sus ojos planean por encima de mis cejas, como si no fuese capaz de mirarme a los ojos. Supongo que no le avisé que vendría vestido de chica, pero no puedo dejar de sentirme un poco decepcionado por su reacción. Propone que vayamos al hostal que reservamos por internet a dejar nuestras cosas; antes de comer algo y dirigirnos a casa de Jimmy, a lo que Leo se refiere como tarea de reconocimiento. Mañana por la mañana volveremos, y es cuando Leo se presentará. Cuando yo me sienta seguro de que no lo cortarán en pedacitos y no lo enterrarán en el jardín de atrás, me iré solo de vuelta al hostal antes de irme a casa el domingo.

—¿Qué pasa si está en casa cuando vayamos más tarde? —pregunto—. ¿No sentirás la tentación de llamar a la puerta en vez de esperar hasta mañana?

—No —dice Leo con firmeza—. Voy a ceñirme al plan.

Durante el resto del viaje intento hacer que Leo juegue algo, pero no quiere; cierra los ojos y se recuesta alejándose de mí. Sin embargo, puedo notar que no está durmiendo de verdad y eso me molesta. Desde que tomamos la decisión de venir aquí, estuve imaginándome una aventura cinematográfica llena de descubrimientos, de momentos importantes y de instantes que darían significado a la vida, pero hasta ahora Leo no está colaborando. Media hora después una voz rechina por las bocinas.

—Próxima parada: Tripton-on-Sea.

Tripton-on-Sea es una estación pequeña con solo dos andenes, y Leo y yo somos las únicas personas que bajamos del tren. Aunque todavía no son ni las dos y media, la luz parece estar yéndose al atardecer.

Leo extrae un mapa de su bolsillo; le da la vuelta varias veces para ubicarse.

—Creo que el hostal es por aquí —dice, señalando hacia una calle empinada y empedrada.

La seguimos hasta llegar al lado del mar, donde nos detenemos unos minutos; la playa se extiende delante de nosotros, gris y vacía; la primera visión del mar todavía me produce un rastro de esa emoción que solía sentir cuando era niño. A nuestra derecha hay un muelle. No es como el de Brighton, con su parque de diversiones, sus arcos y sus luces parpadeantes. El muelle de Tripton-on-Sea es inhóspito por su vacío y falta de decoración, y se extiende por el agua por lo que parecen ser kilómetros.

—Es el sexto muelle más largo de Inglaterra —dice Leo.

Lo miro de manera burlona.

—Wikipedia.

—Comprendo, señor Culto —digo.

Enfrente de la playa hay un pequeño parque de diversiones, cerrado por el invierno. Lo domina una modesta montaña rusa; su forma zigzagueante de metal está pintada con colores como los de un helado, exageradamente alegres en contraste con el cielo gris. Las pequeñas diversiones están cubiertas con lonas de plástico.

Giramos hacia la izquierda y caminamos por el centro. Varios de los sitios, las heladerías y las tiendas de piedras y minerales, tienen las barreras bajadas.

—Odio ver los sitios cerrados de esta manera —digo—. Sé que solo son edificios, pero siempre me hacen sentir un poco triste. ¿Entiendes lo que quiero decir?

Leo no me contesta; sigue estudiando el mapa, levantando la vista de vez en cuando para mirar los nombres de las calles. Yo arrastro los pies a su lado, deslizando mis botas Ugg sobre la acera. Se me están mojando las puntas, formando medias lunas en la tela.

—Mi hermana tiene un par de esas —dice Leo tras un momento, señalando mis pies con la cabeza—. Pero falsas.

—Son lo único que conseguí de mi talla —admito.

—¿Qué número usas? —pregunta Leo.

—Veintiocho —respondo en un suspiro—, y están creciendo. ¿Tú?

—Veinticinco —contesta Leo en voz baja.

—¿Intercambiamos?

Leo muestra una breve sonrisa.


Giramos hacia la izquierda y subimos por otra calle empinada. El hostal Vistas al Mar es un edificio alto y angosto en medio de una hilera de casas adosadas. Llamamos al timbre y nos saluda una mujer de mediana edad con el cabello gris plateado, un delantal a rayas y una expresión cansada, como las que los adultos parecen reservar exclusivamente para los adolescentes: una mezcla de sospecha e impaciencia. Se presenta como la señora Higgins.

—Tengo una reservación —dice Leo—. Una habitación doble a nombre de Leo y Amber Denton.

La señora Higgins nos mira a los dos brevemente antes de ponerse detrás de la mesa de la recepción para buscar en su libro. Arrastramos los pies por el angosto pasillo. El papel de las paredes es rosa y recargado, y se está despegando un poco por los bordes.

—¿Doble, dijiste? —pregunta la señora Higgins—. No especificaste que querías una doble cuando hiciste la reservación.

—Estoy bastante seguro de que lo hice —dice Leo.

La señora Higgins se quita los lentes.

—Si hubieras especificado una habitación doble, te habría dado una habitación doble —contesta de manera altanera.

Por un segundo pienso que Leo se va a enojar y se va a poner a gritarle. Puedo notarlo por la manera en que su cuerpo se tensa, sus dedos se extienden como un gato cuando saca las garras, preparado para saltar. Pero se mantiene frío y si la señora Higgins nota su rabia, disimula muy bien para ocultarlo.

—Bueno, entonces ¿tiene alguna habitación doble disponible? —pregunta Leo, parpadeando.

—No. La habitación familiar está disponible, esa tiene tres camas, pero te costará unos cuarenta y siete euros más por noche.

—¿Está bromeando? —exclama Leo—. Pero si es usted la que cometió el error, ¿por qué deberíamos pagar por ello nosotros?

La señora Higgins le echa una larga mirada.

—Me temo que esa es la única alternativa, jovencito. Aparte de esa habitación el hostal está completo esta noche.

Leo suelta una maldición entre dientes.

—Está bien, hermano —susurro, tirándole de la manga—. Ya compartimos habitación bastantes años como para arreglárnoslas.

Leo me echa una mirada mordaz, claramente sin apreciar mi papel de hermanita.

—Pago por adelantado —dice la señora Higgins, estirando la mano.

Mientras saco mi cartera y extraigo uno a uno los billetes, puedo sentir sus ojos encima de mí, posiblemente buscando sin éxito el parecido familiar entre Leo y yo. Cuando le entrego el dinero hace aspavientos al contarlo.

—La habitación nueve. Por la escalera, a la izquierda. Nada de ruido después de las diez, nada de comida que huela en las habitaciones. El desayuno se sirve entre las siete y las nueve en el comedor.

Nos entrega una llave con un llavero de plástico extragrande antes de desaparecer en la parte trasera de la oficina.

—¡Que tengan una linda estancia! —digo cuando se va poniendo acento estadounidense.

Me volteo hacia Leo para compartir el chiste, pero este ya está a mitad de la escalera.

La habitación nueve es pequeña y cuadrada y tiene un ropero escaso, una cómoda y una cama doble cubierta con un edredón de flores. Huele a popurrí y a desinfectante. Nos quedamos quietos un momento, ambos mirando fijamente hacia la cama.

—Lo siento —susurra Leo, soltando su bolsa sobre el piso—. Estoy seguro de que reservé una doble.

—Y yo estoy seguro de que lo hiciste —digo—. Esa vaca loca claramente tenía ganas de fastidiarnos desde el momento en que cruzamos la puerta. No te preocupes, podemos poner almohadas en medio o algo.

Me dirijo a la ventana y la abro de un jalón para asomarme. La habitación da a los botes de basura.

—¡Vistas al mar, ni hablar! —me río—. Ven a mirar.

Pero Leo no se mueve.

—Salgamos de aquí —dice.

Almorzamos tarde, pescado y papas fritas. Es más barato llevárselo, así que nos sentamos en un banco mirando hacia el parque de diversiones, con las cajas blandas de poliestireno balanceándose sobre las rodillas mientras comemos con pequeños tenedores de madera. Todo este tiempo Leo no dice ni una palabra, solo mira fijamente hacia el mar.

## 36

A mi lado, David balancea las piernas y se traga su pescado con papas, de vez en cuando hace algún comentario sobre el frío para llenar los silencios.

No puedo remediarlo, pero cada vez que lo miro me sorprendo. No es que se vea mal, porque no es así, pero me resulta difícil acostumbrarme a la idea de que está aquí, vestido así, bueno, de esa manera. Pero lo más extraño es que en realidad no es extraño, porque la ropa que lleva le queda bien, mucho mejor que cualquier cosa que le haya visto puesta. Se ve menos incómodo en ella, menos cohibido con el cuerpo. Incluso empiezo a sentirme un poco culpable de seguir pensando en él como «él».

Tirito y me pongo el gorro de lana sobre las orejas, miro hacia los bloques de concreto debajo de mis pies y me pregunto si papá pisó el mismo sitio. O incluso si se sentó donde estoy sentado ahora. La idea de que está cerca me revuelve un poco el estómago. Dejo a un lado el pescado y las papas, casi no las he tocado.

—¿No quieres más? —pregunta David, mirándome sorprendido.

—No, no tengo hambre. Acábatelo si quieres.

David toma mi envase con ganas y se zampa todo en menos de cinco minutos. En cuanto ha tragado el último bocado, me levanto.

—Deberíamos movernos, echar una mirada a la casa de papá antes de que oscurezca.

Tiramos los envases y las latas de bebida a la basura y continuamos nuestro camino por el paseo frente al mar. Hacia la casa de papá.

Cuando giramos para acceder a la avenida Marine, los últimos rayos de luz de la tarde se desvanecen detrás de las casas. Papá vive en el número dieciocho. Contamos a partir del número dos, mi corazón se acelera con cada paso. Y por primera vez me siento contento de que David esté conmigo. No es que no me sienta agradecido porque me haya prestado el dinero, lo estoy, pero su presencia me nubla la vista y afecta a mi concentración. Pero ahora, a solo unos cuantos metros de la casa de papá, me siento aliviado de que esté conmigo. Lo cual, cuando pasaste la mayor parte de tu vida deseando estar solo, es una sensación muy rara.

—Dieciocho. —David y yo murmuramos al unísono, parándonos en la acera.

La casa, grande y blanca, se yergue en la oscuridad y no puedo dejar de sentirme aliviado de que no exista ninguna tentación de olvidar mi plan de volver mañana y dirigirme hacia la puerta ahora mismo, agitando mi certificado de nacimiento sobre la cabeza como un lunático. No, tengo un plan y lo voy a seguir. Voy a mantener la calma y actuar como un adulto; mantendré el volcán latente.

—Anda —le digo a David—. Vámonos.

Regresamos bajando por la calle. Después de unos diez minutos de caminar giramos en lo que debe de ser la calle principal.

Está llena de franquicias y restaurantes de comida rápida y alguna que otra tienda de regalos donde venden postales desteñidas y dulces con forma de corazón que dicen «Adoro Tripton».

—Vaya, ¡mira, una sala de bingo! —grita David, interrumpiendo mis pensamientos—. Siempre quise jugar bingo.

Miro hacia donde está apuntando. La sala de bingo está en lo que debe de haber sido un cine o un teatro.

—Mamá juega bingo —digo con desgana.

—¿Alguna vez fuiste con ella? —pregunta.

—No. Ni ganas.

—¡Entonces será la primera vez para ambos! —dice, tomándome del brazo y llevándome hacia la entrada.

Me sacudo para que me suelte el brazo.

—David, no quiero jugar bingo. Anda, vamos al paseo marítimo o algo.

—Pero si ya hemos visto el paseo. Vamos, será divertido.

—Ya te lo he dicho, no quiero ir. De todas maneras, no tengo dinero.

—Yo invito.

—No, ya estás pagando todo lo demás.

—Pero no me importa, en serio.

Justo en ese momento me cae una gota de lluvia en la nariz. Miro hacia arriba. El cielo se ha puesto de un gris oscuro. Hay un momento de silencio antes de que los cielos se abran y la lluvia caiga a cántaros sobre las calles. David se pone el abrigo sobre la cabeza para protegerse el pelo y corre al vestíbulo de la sala de bingo. Sin ganas, corro detrás de él.

—Somos demasiado jóvenes —digo malhumorado—. Es solo para mayores de dieciocho, mira.

Señalo el cartel por encima del hombro de David. Él se limita a encogerse de hombros, y me doy cuenta de que la versión femenina de David es mucho más atrevida que la masculina que conozco. Es como si la peluca, el vestido y las botas Ugg tuvieran poderes mágicos.

—No creí que fueras tan santito —dice—. Mira, si nos echan, nos echan, ¿y qué? ¿Tienes una idea mejor?

Detrás de nosotros la lluvia está cayendo a mares, la calle principal queda instantáneamente vacía cuando los peatones se refugian en las tiendas.

—Bueno —masculло, metiendo las manos en el bolsillo de mi sudadera.

David se dirige hacia la caja. El hombre de detrás del mostrador apenas levanta la vista del periódico que está leyendo, bosteza sin pudor mientras recoge su dinero.

David regresa contento con un juego de cartones de bingo y dos marcadores.

—¡Mira, son marcadores profesionales de bingo! —dice, quitándoles la tapa y mirando las puntas planas con fascinación.

—Sé lo que son —contesto. Tia tiene muchos en su colección de marcadores desechados de mamá.

Más allá de un par de puertas dobles, la sala de bingo es cavernosa, la voz aburrida de un llamador de números invisible hace eco entre las paredes. El lugar está casi vacío. Solo hay un grupo de ancianas sentadas a primera fila y un puñado de jugadores solitarios desperdigados por la sala, con las cabezas inclinadas sobre sus cartones.

David y yo nos metemos en una cabina de plástico, David aplaude como un niño en una fiesta de cumpleaños mientras mira a su alrededor. Una chica que parece aburrida y que tendrá alrededor de veinte años (el aburrimiento es claramente el tema predominante en este lugar), con un pin con su nombre que revela que se llama Kayleigh, se acerca sin prisa, con un cuaderno y una pluma.

—¿Quieren algo para beber? —pregunta.

—Una Coca-Cola, por favor —dice David.

Mis ojos recorren el pegajoso menú de bebidas, identificando con rapidez la cerveza más barata.

—Una Foster's, por favor —digo, y pienso que merece la pena intentarlo.

Kayleigh lo anota sin pestañear.

David levanta la vista sorprendido.

—De hecho, cambié de idea, yo también quiero una Foster's —dice.

Kayleigh asiente y se va. Vuelve unos minutos después con nuestras cervezas, el líquido se sale del borde de los vasos cuando los pone sobre el rayado mantel de plástico.

—¿Quieren abrir una cuenta? —pregunta.

—Ah, sí, por favor —dice David.

Kayleigh nos entrega una ficha de plástico con el número diecisiete.

—Esto es muy divertido —dice David, con los ojos brillantes, en cuanto Kayleigh no nos puede oír.

Niego con la cabeza y miro cómo se inclina hacia delante y bebe la espuma de su cerveza. Inmediatamente hace una mueca.

—¡Puf, es repugnante! —gime.

—¿Qué? ¿Nunca has bebido cerveza?

—No —dice, limpiándose la boca con una servilleta.

—Supongo que hay que acostumbrarse al sabor —admito, tomando un largo trago.

La última vez que bebí cerveza fue en la fiesta de Becky. Con Alicia.

Según David fue Becky la que lo descubrió y se lo dijo a todos, no Alicia. Tampoco es que suponga una gran diferencia. De todas formas me odia a muerte.

Enfrente de mí, David arruga la nariz y toma otro sorbo más prudente.

El locutor del bingo anuncia que el próximo juego va a empezar.

Poniendo los ojos en blanco, tomo mi marcador. David ya está listo, con el marcador merodeando esperanzado sobre su cartón, con los «ojos abajo», tal como acaba de indicar el locutor del bingo.

Comienza el juego. David disfruta todo; marca cada número con su lápiz especial, riéndose con nerviosismo cuando dicen los números de la manera tradicional: «Piernas, once; dos señoras gordas, ochenta y ocho; desafortunado para algunos, trece», tomando un sorbito de cerveza caliente y aguada tras cada número.

El primer juego lo gana uno de los jugadores solitarios. Levanta la mano con calma y se ve completamente aburrido por su triunfo. El segundo lo gana una de las ancianas de la primera fila, quien grita «¡Aquí!» y agita su pañuelo por encima de la cabeza. La tercera vez vamos por todas; el grande, el gordo. Parece durar una eternidad. Se me empiezan a nublar los ojos. En un determinado momento una de las ancianas grita «¡Bingo!», pero resulta ser una falsa alarma, lo que provoca muchos chasqueos de lengua por parte de los demás jugadores. Seguimos, los números salen cada vez más rápido.

—Vamos, treinta y seis, treinta y seis —canta David—. ¿Cuántos necesitas tú? —susurra desde el otro lado de la mesa.

—Eh, solo uno. El cincuenta y dos —contesto, tallándome los ojos.

Más números. Otra falsa alarma.

Entonces, «cincuenta y dos».

—Cincuenta y dos —dice David—. ¡Leo, acaban de decir el cincuenta y dos! ¡Bingo! —grita, agitando los brazos en el aire—. ¡Bingo! ¡Aquí!

Mis ganancias suman ciento treinta y cinco euros. Es la mayor cantidad de dinero que he tenido en mi vida. Vuelvo a la caja del vestíbulo con los hermosos billetes en mi mano, incapaz de creer todavía que son legítimamente míos.

Señalo nuestros vasos vacíos.

—¿Otra?

Jugamos más rondas de bingo. David consigue llenar una línea y gana diez euros. Las señoras mayores de delante nos lanzan miradas asesinas, lo que hace que David se ponga a reír tanto que no puede parar. Y yo no sé si es la cerveza o qué, pero de repente yo también me estoy riendo. Ni siquiera es tan divertido, en realidad no lo es en absoluto, pero de alguna forma eso nos hace reír con más ganas. Son ese tipo de carcajadas que no siento desde que era pequeño, el tipo que te hace apretarte la panza y respirar de forma entrecortada. Al final estamos riéndonos tan fuerte que tenemos que abandonar nuestros cartones de bingo y salir dando tumbos a la calle, donde por fin ha parado de llover.

Estamos al final de la calle principal, giramos hacia el paseo marítimo cuando David se lleva la mano a la boca y suelta un grito ahogado.

—¿Qué pasa? —pregunto.

—¡No pagué la cuenta!

Perdemos el control. Tenemos que apoyarnos el uno en el otro porque nos estamos riendo muchísimo.

Entonces me doy cuenta de que estoy oficialmente borracho.

Para ser viernes por la noche, las calles de Tripton están muy tranquilas. En la distancia oímos música. Nos dirigimos hacia ella. En algún momento, el brazo de David se entrelaza con el mío y, cuando me doy cuenta, me parece demasiado tarde para desprenderme de él. Cuando nos acercamos, es evidente que la música sale de un bar que se llama Mermaid Inn.

Abro las puertas de un empujón. La música que oímos procede de un rincón del bar donde una mujer gorda, sobre un pequeño escenario, está cantando *Beautiful*, de Christina Aguilera, a pleno pulmón; una cortina plateada y con brillos centellea detrás de ella. Cuando nos encaminamos hacia la barra, puedo sentir la mirada de los clientes. Por primera vez desde que llegamos a Tripton, puedo percibir el nerviosismo de David por la manera en que me aprieta el brazo, noto sus uñas en mi piel, a pesar de llevar varias capas.

Lo guío hacia una mesa libre al lado de una ventana.

—¿Me está mirando la gente? —susurra, con los ojos muy abiertos y temerosos.

—Por supuesto que no.

—¿Estoy bien?

—Sí, estás bien.

Saco un billete de veinte de mi cartera.

—No, esta ronda la pago yo —dice David—. Insisto.

Abro la boca para protestar, pero la cierro enseguida. Necesito el dinero, así de claro y simple. Si me voy a venir a vivir aquí con papá, no puedo llegar con las manos vacías, tengo que contribuir, ganarme el sustento.

—Gracias. Me tomaré una cerveza.

—Ten —dice David, poniendo el billete en mi mano—. Ve tú.

—No, tú —me niego, devolviéndole el billete—. Tú tienes más probabilidades de que te sirvan.

—¿Y eso?

—Todo el mundo sabe que es más fácil que te sirvan si eres una chica.

En el rostro de David aparece una enorme sonrisa.

—¿Qué? ¿Por qué sonríes?

—Acabas de llamarme chica —dice contento, con las mejillas sonrosadas.

Y supongo que lo hice, en cierta manera.

—Me llamaste chica —repite David; sus ojos se vuelven sentimentales, y me preocupa que se vaya a echar a llorar.

—Vamos, compra las bebidas, tengo sed —digo rápidamente, dándole un puntapié suave en la espinilla.

Se muerde el labio y asiente, antes de respirar hondo y dirigirse a la barra.

Mis ojos deambulan por el bar. Es uno de esos sitios anticuados, con muchos paneles de madera oscura y latón. Aunque solo es noviembre, ya está decorado para Navidad con un árbol de plástico torcido en la barra y nieve de mentira en las ventanas. En el escenario un tipo viejo, con un evidente peluquín, también se está contagiando del espíritu navideño y está listo para cantar a gritos *Jingle Bells*, o eso parece.

David vuelve con una cerveza en cada mano y por lo menos cinco bolsas de papas debajo del brazo, y una enorme sonrisa en la cara.

—¡Ni siquiera me pidió la identificación! —exclama—. ¡Y me llamó querida!

Me río.

—Te lo dije —digo, tomando mi cerveza.

David se sienta en su taburete y abre las bolsas de papas.

—Salud —digo, alzando mi vaso.

David levanta la mirada y sonríe.

—Salud —repite—. ¿Por qué brindamos?

—No lo sé. ¿Tiene que haber una razón?

—¡Por supuesto que tiene que haberla! —grita.

Piensa por un momento.

—¡Por nosotros! ¡Por Leo y David!

Pongo los ojos en blanco, pero choco mi vaso contra el suyo.

El viejo del escenario llega al estribillo y casi todo el bar se une; me encuentro tarareando con los demás. David me mira sorprendido.

—Es mi canción de Navidad favorita —confieso, encogiéndome de hombros, jugueteando con el vaso.

—¿En serio? ¿De verdad no la encuentras un poco deprimente y cursi?

—No, me gusta —digo—. Además, la vida es deprimente, ¿no? Es un pozo —explico—. Además, es bien sabido que los índices de asesinatos aumentan el día de Navidad.

—Pero ¡eso es horrible! Se supone que la Navidad tiene que ser una época mágica.

Niego con la cabeza.

—A veces eres muy cursi, ¿lo sabías? Dentro de nada me dirás que todavía crees en Santa Claus.

David me saca la lengua y bebe. Su boca deja una marca de carmín en el vaso. Lo levanta para acercarlo a la luz y lo admira durante un segundo.

—Entonces ¿cuál es tu canción de Navidad favorita? —pregunto.

—Adivina.

Pienso por un momento antes de chasquear los dedos.

—Mariah Carey, *All I want for Christmas is You* —aventuro.

David sonríe levemente.

—Te equivocas. Es *Have Yourself a Merry Little Christmas*, la versión de Nat King Cole.

—¿Quién?

—Exacto. No creas que lo sabes todo sobre mí, Leo Denton —dice David, apuntándome con el dedo.

El hecho de que David use mi nombre completo de esa manera, igual a como lo hacía Alicia, me hace pensar en ella de nuevo. Por un momento recuerdo aquella última noche en su habitación después de los fuegos artificiales. Fue hace poco más de una semana, pero parece que hubiera pasado más tiempo.

—Entonces, ¿cómo me veo? —pregunta David, cuando la canción termina y el presentador del karaoke comienza a anunciar al siguiente participante.

—¿Eh? —digo, esforzándome por volver, con mis pensamiento, al bar Mermaid Inn.

—¿Cómo me veo? —repite David.

—Ya te lo dije bien.

—¿Puedes ser un poco más específico?

—Te ves bien —digo.

—Pero ¿qué tanto? ¿Paso?

—¿Pasar? —pregunto.

—¡Ya sabes lo que quiero decir! ¿Paso por una chica?

—Ah, okey. A ver, esa es una pregunta difícil.

David se entristece un poco.

—Lo que quiero decir es que es difícil porque te conozco como un chico. Pero yo creo que si nunca nos hubiéramos conocido y te viera en la calle, supondría que eres una chica.

—¿En serio? —pregunta David, con los ojos llenos de asombro otra vez.

—Claro —respondo.

Se muerde el labio para impedir, sin duda, que una enorme sonrisa le ilumine la cara.

—Porque tú pareces un chico totalmente —dice—, y tu voz también suena como la de un chico.

Echo un vistazo por encima de mi hombro, aliviado al ver que la gente a nuestro alrededor está ensimismada en sus propias conversaciones, algo borracha.

—Es solo cuestión de práctica —digo, encogiéndome de hombros—, de saber lo que funciona.

—¿Conoces a mucha gente como nosotros? —pregunta David.

Niego con la cabeza.

—¿Qué? ¿A nadie?

—No.

—Pero ¿cómo que no? ¿Y en esa clínica especial a la que vas? La de Londres.

Me encojo de hombros.

—Es bastante fácil evitar a los otros pacientes si así lo deseas. Mi terapeuta siempre me está dando lata para que vaya a grupos de apoyo y cosas por el estilo, pero no es lo mío.

—¿Por qué?

—Porque no lo es. Estoy atrapado en este cuerpo, por ahora por lo menos, así que ¿cómo me va a ayudar que vaya a lloriquear ante una habitación llena de gente? No lo hará.

—¿No crees que esto ayuda? —pregunta David.

—¿Qué?

—El poder hablar conmigo y no tener que ocultar nada. ¿No lo sientes como un alivio?

Titubeo, con ganas de cambiar de tema.

—Entonces ¿cuál es tu nombre de chica? —pregunto—. Todavía no me lo has dicho.

—¿Perdón?

—Seguro que tienes un nombre de chica. No puedes esperar que la gente te siga llamando David cuando te ves de esta manera.

—Supongo que no —dice David, mirándose el regazo y alisándose el vestido con cuidado.

—Y bien, ¿cuál es? Tienes que haber pensado en ello.

—Por supuesto —dice David—. Esto me lo tomo en serio, ya sabes, no es solo un juego.

—Por Dios, eso ya lo sé —digo, bebiendo un trago de cerveza—. Vamos, no me dejes con la duda.

—¿Prometes no reírte?

—Por supuesto.

David respira hondo.

—De acuerdo. Es Kate.

—¿Kate? ¿Como Kate Middleton?

—Sí, pero esa no es la razón por la que lo elegí —dice de inmediato—, aunque ella es genial.

—Entonces, ¿por qué lo elegiste?

David se inclina y apoya los codos sobre la mesa.

—Una vez le pregunté a mamá y a papá cómo me habrían llamado si hubiera sido niña, y dijeron que iban a tirar una moneda para decidir si era Kate u Olivia. Y no podía elegir Olivia porque ese es el nombre de mi hermana pequeña, así que me quedé con Kate.

—Kate —repito—. Kate Piper.

—¿Qué? ¿No te gusta? —pregunta David.

—No, no, sí que me gusta. Solo pensé que habrías elegido algo más, no sé, más llamativo.

—¿Llamativo?

—Bueno, tal vez llamativo no es la palabra adecuada. No sé, algo más moderno, extravagante. Pero Kate es bonito. Te queda.

—¿En serio?

—Sí.

—Gracias —sonríe—. ¿Y tú? ¿Cómo elegiste tu nombre? Leo.

Hago una pausa para doblar uno de los paquetes de papas vacío, más y más pequeño hasta que no puedo doblarlo más, ensuciándome los dedos con la sal y la grasa.

—¿Y bien? —David me anima.

—Mi madre me ayudó a elegirlo —digo, limpiándome las manos en los pantalones—. Leo es mi signo del zodíaco y no es que me interese ese tipo de cosas, pero mamá lo sugirió y me pareció que funcionaba.

—Qué lindo —dice David—. Yo no puedo imaginarme teniendo esa conversación con mi madre ni por un segundo. ¿Cómo hiciste para que todo el mundo te llamara por ese nombre?

—Me negué a contestar a ningún otro. Y al final se acostumbraron. Nunca tuve mucho de Megan de todas formas.

Hay una larga pausa. Aunque no pusimos un pie en la playa, tengo arena bajo las uñas.

—¿Qué le vas a contar a Jimmy? —pregunta David en voz baja.

—¿Qué quieres decir? —pregunto.

—Ya sabes, sobre el hecho de que ahora eres un chico.

—Se lo pienso decir sin rodeos —digo atrevidamente.

—¿Tienes preparado un discurso? —pregunta David.

—No necesito un discurso.

La verdad es que hay tantas cosas que quiero decir que no puedo ni empezar a ponerlas en orden. Cada vez que imagino la conversación que vamos a tener mañana me atasco, porque mucho de lo que voy a decir depende de papá.

A David le da hipo, muy fuerte, y agradezco la distracción. Pensar sobre mañana hace que me duela la cabeza. El hipo de David es tan fuerte que la gente se pone a mirarnos. Intento que beba del revés, pero se le cae por todo el vestido y el hipo continúa, más fuerte que antes.

Entre hipidos, seguimos hablando de otras cosas —música, películas, la tele—, acompaña nuestra conversación la banda sonora de los residentes de Tripton-on-Sea que cantan a gritos canción tras canción, algunos más afinados que otros. Y por un rato puedo bloquear la incertidumbre de mañana y limitarme a vivir el momento. Y es un buen momento, es divertido y me siento casi libre de una manera que me parece totalmente nueva. Me lleva un rato darme cuenta de que David tenía razón antes (eso no quiere decir que se lo vaya a decir); es porque no tengo que mentir. Por una vez puedo hablar con alguien sin tener que pensar cada frase antes de que salga de mi boca, por si acaso me delata. Estar con Alicia era increíble y excitante y todo eso, pero siempre había ese temor burbujeando debajo de la superficie, siempre esa sensación de que estaba caminando sobre una cuerda floja de la que me podía caer en cualquier momento.

La conversación gira hacia la escuela y David me habla de Zachary, el chico rubio que le gusta, y de que ganó algún tipo de concurso estatal de atletismo la semana pasada.

—Te gusta mucho, ¿no? —digo.

David se sonroja al instante.

—Sí —confiesa, tocando el borde del vaso con el dedo—. Pero es inútil.

—¿Seguro?

—Por supuesto. ¿De verdad crees que a alguien tan popular e increíble como Zachary le va a gustar alguien como yo? Eso es lo que a veces es tan frustrante. Ser así. Cancela todas estas posibilidades.

—Puede que no... —intento animarlo, pero la falta de convicción se nota en mi voz y esta se apaga.

Después de todo, fue el hecho de ser así lo que estropeó las cosas con Alicia.

—Sí que acaba con las posibilidades —dice David—. Ya lo ha hecho. Dios, a veces sueño con ser normal y poder hacer cosas normales de adolescente.

—¿Como qué?

—Bah, nada importante. Solo, no sé, bailar con un chico en el baile de Navidad o algo.

El baile. Se suponía que iba a llevar a Alicia.

—Pero «normal» es una palabra tan estúpida... —digo; de repente la rabia crece en mi panza—. ¿Qué significa en realidad?

—Significa encajar —contesta David de manera sencilla.

—¿Y es eso lo que de verdad quieres? ¿Encajar?

—Tal vez no todo el tiempo. Pero la mayor parte del tiempo, sí, creo que sería mucho más fácil poder mezclarse entre la multitud. ¿No es por eso por lo que tú no se lo dices a la gente?

—Eso es diferente.

—Pero ¿de verdad es diferente?

No contesto.

—¿Y qué pasa con Alicia? —pregunta David—. ¿Crees que podrás solucionar las cosas con ella?

—Ni hablar. Se terminó —digo, lanzando al aire mi posavasos desde el borde de la mesa, y lo miro cómo traza un arco antes de atraparlo—. Se acabó del todo.

—¿Estás seguro?

—Pues sí —afirmo, bebiéndome el resto de la cerveza.

David necesita ir al baño y me alegro, ya que significa que podemos dejar de hablar sobre Alicia. Lo único que hizo es que vuelva a meterse en mi cerebro. Miro mi celular por si acaso hubiera un mensaje o una llamada perdida de ella, pero no hay nada, y aunque no me sorprende, siento una punzada aguda de decepción.

Cuando David regresa, con el carmín fresco, trae más bebidas en las manos y una mirada traviesa en la cara.

—Carajo —digo, sujetando las bebidas y poniéndolas sobre la mesa—. ¿Qué es esto?

Huelo el líquido sin identificar del vaso más cercano a mí y casi me doy en el ojo con la pequeña sombrilla que lo decora.

—Le pedí al barman una sorpresa —dice David, sentándose con ímpetu en el taburete, tanto que casi se cae hacia atrás.

Tomo un sorbo largo. Sea lo que sea, es dulce y fuerte, y se me va directamente a la cabeza. Al otro lado de la mesa, la cara de David se acerca y se hace más grande, luego más pequeña, luego más grande otra vez, como si lo estuviera mirando en una casa de los espejos de un parque de diversiones. Su voz también parece tener mal el control del volumen, sube y baja, sube y baja. Enseguida los dos nos estamos riendo, de qué, no estoy muy seguro, pero es contagioso y no podemos parar, y rápidamente la gente de las mesas a nuestro alrededor también se comienzan a reír. David le pide a alguien que nos tome una foto a los dos con el celular.

—No —protesto—. Salgo fatal en las fotos.

Pero es demasiado tarde, David ya está poniendo su brazo alrededor de mi hombro y grita cuando salta el *flash*, superbrillante; puntitos blancos bailan delante de mis ojos.

En un momento David se cae del taburete, se desliza por el borde y acaba tirado en la alfombra. Me río tanto que casi no puedo ayudarlo a levantarse. Es cuando estoy gateando hacia mi propio taburete, con lágrimas en las mejillas, cuando escucho que alguien dice mi nombre.

—¿Leo? ¿Puede subir al escenario, Leo, por favor? —El presentador, un tipo redondo y pequeño con un chaleco cubierto de lentejuelas, llama esperanzado por el micrófono

—¡Aquí! —grita David—. ¡Está aquí!

—¡No! Ni hablar —balbuceo, intentando acercarme más a la pared.

—¡Por favor! —me suplica, juntando las manos como si estuviera rezando—. ¡Porfi, porfi, Leonard!

—Ese no es mi nombre —digo.

—Vamos, chico, no defraudes a tu novia —dice un hombre a mi izquierda.

—No es mi novia —empiezo a decir, pero mi voz se pierde mientras me empujan entre la muchedumbre.

De repente el bar está lleno, como si toda la población de Tripton-on-Sea hubiera venido a ver mi debut en el escenario.

No sé cómo me subo al escenario, pero de alguna manera me encuentro agarrando el micrófono que me pasa el presentador y las primeras notas comienzan a sonar. Pestañeo a la multitud. David logra situarse enfrente y está sentado en un taburete, aplaudiendo con gran excitación.

307

—¡Vamos, Leo! —grita, poniéndose las manos alrededor de la boca para que su voz suene más fuerte.

Intento centrarme en la pantalla delante de mí, pero las palabras bailan y se niegan a quedarse quietas. No conozco la canción, así que me quedo de pie lo más quieto que puedo y digo las palabras al mismo ritmo del puntito blanco que da brincos por la pantalla. Pero entonces llega el estribillo y me doy cuenta de que conozco este tema y es como si tuviera una experiencia extracorporal, ya que me encuentro cantando más y más fuerte hasta que, cuando entra el estribillo por segunda vez, canto las palabras a pleno pulmón y me muevo por el escenario como si fuera una estrella del rock.

—¡Ahora es nuestro momento! ¡Así que volemos más alto! —vocifero—. ¡Enciende las estrellas en el fuego! ¡Juntos brillaremos!

Y de repente un hombre mayor levanta su encendedor y unos segundos después hay por lo menos cinco balanceándose en el aire y la gente se está moviendo al ritmo de la música. Y estoy muy borracho, muy, muy borracho. Y todo el tiempo David está moviendo la cabeza como un loco, y es tan disparatado que me echo a reír y al final medio canto, medio río hasta terminar la canción. Y cuando se acaba David me baja a rastras del escenario y me abraza.

—Parecías Justin Bieber allí arriba —dice en mi oreja.

—Vete a la mierda —digo, empujándolo para que me suelte.

Pero me estoy riendo. Ambos estamos riéndonos. Volvemos a la mesa dando tumbos, los clientes me dan golpecitos en la espalda felicitándome cuando paso por su lado.

—Debería matarte por esto —digo.

—Pero no lo harás, ¿verdad? —bromea David, con una gran sonrisa.

Y tiene razón. Porque yo también estoy sonriendo.

—¡Tu turno! —digo, estirándome hacia la mesa de al lado para ver el catálogo de canciones.

—Ni hablar —dice David, quitándomelo de las manos—. Créeme, nadie querría escucharme cantar. Desafino de lo lindo.

—Qué va.

—Que sí. Lo descubrí cuando tenía nueve años, cuando me echaron, con mucho tacto, del coro escolar.

—Cabrones —gruño.

—¡Lo sé! Fue horrible. Hasta ese momento estaba convencido de que mi destino era ser la Beyoncé blanca.

Me río.

—Pero no los culpo —continúa David—. Era, soy, bastante espantoso.

—¿Cuál es tu sueño ahora? —pregunto—. Ahora que se ha descartado que seas la próxima Beyoncé.

—Quiero trabajar en algo que tenga que ver con la moda —contesta—. Ser diseñador, tal vez. O comprador.

—Te veo trabajando de eso —murmuro.

—¿Y tú qué?

—¿Yo?

—Sí, ¿qué quieres hacer?

—Dios, no lo sé.

—Pero tienes que tener alguna idea.

Pero el futuro es como siempre ha sido para mí: borroso, lleno de obstáculos.

—Oye, tengo calor, voy a salir a tomar un poco el aire —digo, a la vez que me levanto.

David se pone de pie de un salto.

—Voy contigo.

Salimos al frío, pasamos a los fumadores que se han congregado afuera, apretujados en mesas.

—Tengo la mejor idea del mundo. —David me susurra al oído, su aliento está caliente por el alcohol—. ¡Vamos a bañarnos!

—¿Estás loco? Estamos en noviembre.

—¿Y? ¿No tienes sentido de la aventura? Se supone que tú eres el que está loco, ¿recuerdas? ¡El asesino del serrucho! —balbucea, hincándome el dedo en el pecho.

—Cállate —digo malhumorado—. La gente nos está mirando.

Lo tomo del brazo y lo alejo del bar. David se sacude y me toma el brazo, me arrastra para cruzar la calle hacia la playa. Parezco un trapo de lo borracho que estoy y no puedo hacer nada salvo dejarme arrastrar, voy dando trompicones por la húmeda playa. La marea ha subido y solo quedan unos metros de arena. David se desploma sin aliento sobre ella, se arranca las botas Ugg a jalones antes de escurrirse de las medias. Miro hacia otro lado.

—Vamos, Leo! —grita, empujándome hacia la arena.

Y antes de que me dé cuenta me estoy quitando los tenis y los calcetines, me enrollo los *jeans* hasta la rodilla y sigo a David hasta la orilla.

Me toma de la mano y me mira, sus ojos brillan.

—¿A la de tres?

—Esto es una locura. Estás loco.

—¡Shhh! ¿A la de tres?

Me descubro asintiendo.

—¡Uno, dos, tres!

Corremos hasta las olas, el agua helada golpea nuestros tobillos.

Gritamos al unísono.

—¡Está congelada! —grito.

—¡Ay, Dios! ¡Ay, Dios mío! —grita David, agarrándose a mis manos y saltando de un pie al otro.

—¡Estás oficialmente loco! —grito.

—¡Estupendo! —me responde.

Saltamos en el agua durante unos cinco minutos, cada pocos segundos gritamos como locos, hasta que una ola inesperada nos golpea, empapándonos de cintura para abajo y nos hace salir corriendo de vuelta a la orilla, derrotados y mojados.

Caemos sobre la arena, tiritando mientras buscamos calcetines, medias y zapatos en la oscuridad. David encuentra su teléfono e ilumina la arena.

—¡Vaya, mira tus pies! —dice, iluminándolos con el celular como si fuera una linterna—. ¡Son enanos!

Lo alejo de un golpe.

—¡Eh, que los estaba mirando! —se queja—. Son muy bonitos.

—Déjalo, ¿okey? —digo, empujándolo.

Lo tomo desprevenido y se cae de lado. Balbucea riéndose y se pone boca arriba.

—¡Mira, un ángel de arena! —cacarea, abriendo y cerrando los brazos y las piernas.

Me levanto.

—Vamos, Kate —digo, cruzando los brazos sobre el pecho—. Me estoy muriendo de hipotermia.

David deja de aletear con los brazos y me mira.

—¿Qué? —pregunto—. ¿Por qué me miras de esa manera?

Cierra los ojos, tiene una expresión de felicidad en la cara.

—Me llamaste Kate.

## 37

Me estoy muriendo. Tengo que estarlo. No hay otra explicación. Siento un dolor punzante en la cabeza y parece como si mi
garganta estuviese revestida de cuchillas de afeitar. Gimo y me
doy la vuelta. Me lleva unos segundos darme cuenta de dónde
estoy, de que no estoy en mi litera en el número siete de Sycamore Gardens sino en un colchón basto en un hostal en Tripton-
on-Sea. Abro los ojos. Las delgadas cortinas que cuelgan de las
ventanas no hacen nada para impedir que la habitación se llene
de luz. Hago una mueca de dolor y entierro la cabeza en la almohada antes de atreverme a abrir los ojos otra vez, más lentamente.
En el radiador, nuestras cosas —mis pantalones y mis calcetines,
y las medias y el vestido de David— cuelgan descuidadamente.
Me doy la vuelta. David está doblado con la espalda hacia mí,
ronca suavemente. Anoche, justo después de informarme que
estaba teniendo la mejor noche de su vida, vomitó en el baño
de nuestra pequeña habitación. Luego fue dando tumbos mientras se desvestía, chocó con el ropero y por fin se desplomó en
la cama.

Busco mi teléfono a tientas en el suelo. Anoche puse la alarma a las siete para poder desayunar y hacer campamento delante de la casa de papá a las ocho. Me tallo los ojos y pestañeo mirando la pantalla. Está vacía. Frunzo el ceño y doy golpecitos a los botones. Nada. La batería se ha muerto.

—David —digo, enterrándole un dedo en la espalda—. David, despierta.

David gime y se ajusta el edredón sobre el cuerpo.

—Aún no termino —balbucea, poniéndose la almohada sobre la cabeza.

Siento el pánico en el pecho, gateo por encima de su cuerpo y saco su teléfono de la cajonera de su lado de la cama. Presiono el botón. La pantalla da señales de vida. 11:46. Dejo caer el celular al piso y salto de la cama, agarrando mi ropa.

No llegamos al desayuno por casi tres horas, tampoco es que importe, la señora Higgins chasquea la lengua mientras bajo corriendo por la escalera y paso el mostrador de la recepción, con David persiguiéndome y llamándome a gritos.

Corro por el paseo marítimo, esquivando a los peatones; los pulmones y las pantorrillas me arden, la cabeza me sigue estallando por la peor cruda de mi vida. Solo desacelero cuando giro en la calle de papá, corro más suavemente por la acera, contando los números hasta que llego al dieciocho.

No hay ningún coche delante de la casa. Aprieto el rostro contra la ventana, buscando señales de vida.

—Mierda —gimo.

—¿A quién buscas? —pregunta una voz.

De un salto me despego de la ventana.

Un anciano con una manguera está en el jardín de la casa de al lado.

—Ehhh, a Jimmy, quiero decir a Jonathan, a Jonathan Denton —respondo.

Suena raro decir el nombre de papá en voz alta a un desconocido.

—Se acaba de ir. Supongo que volverá más tarde.

—De acuerdo, gracias.

El hombre sonríe y asiente con la cabeza antes de entrar en su casa.

Espero hasta que lo pierdo de vista para darle una patada a la puerta de papá.

—Ya lo oíste, volverá —dice David, que por fin me ha alcanzado, respirando con dificultad—. Tengo inflamación —añade, masajeándose el estómago.

—Pero no lo sabe con seguridad, ¿o sí? —escupo—. Podría estar fuera todo el día y toda la noche.

—Pero probablemente no sea así —dice David, y continúa frotándose el estómago.

Le lanzo una mirada asesina.

—Anoche no debería haber bebido tanto. ¿En qué estaba pensando? La noche antes de algo tan importante como esto... ¿Se puede ser más estúpido?

—Te estabas divirtiendo, Leo. Fue una gran noche. Aunque, en realidad, borra eso, fue una noche genial, fue la mejor noche que he tenido en mi vida.

—Pero ¡no debería haberlo sido! —grito—. ¿No lo entiendes?

David se aleja, y por un segundo creo que va a llorar. Pero no lo hace, y se arregla la peluca. Está aplanada por un lado porque durmió con ella, y su maquillaje está manchado y estropeado.

—Entonces, ¿qué vamos a hacer? —pregunta.

—Vamos a esperar.

314

Me siento en el muro de la casa de enfrente de la de papá.

David, desganado, se sienta a mi lado. Hace frío, más incluso que ayer, y en la estampida alocada para dejar el hostal, no me traje los guantes ni el gorro. Para pasar el tiempo, David intenta animarme a que juegue con él —veo veo; veinte preguntas—, pero me niego. No estoy de humor. Además, estoy demasiado enfadado con él. Si hubiera venido solo, jamás habría terminado en ese estado. Habría estado aquí a las ocho en punto, fresco, preparado y centrado. Bloqueo la voz de David y miro fijamente hacia la casa de papá, con miedo de que si quito los ojos de ella pueda desintegrarse en la nada. Finalmente David deja de intentar hablar conmigo y juega una partida de Candy Crush Saga en su celular.

Después de una hora me empieza a sonar el estómago. Tras dos horas, el sonido es casi ensordecedor.

—Tenemos que comer, Leo —dice David en voz baja.

—Estoy bien.

—Ya sé que te gusta pensar que eres más que humano, pero no lo eres. Además, si yo no como pronto es posible que me desmaye, o que vomite.

—Haz lo que quieras.

David se levanta y se dirige al Paseo Marítimo en dirección opuesta al mar. Regresa unos minutos más tarde.

—Mira, hay una cafetería justo al final de la calle. Ven a calentarte un poco unos minutos, come algo y regresa.

Mi estómago deja escapar otro sonido enojado.

La cafetería está caliente y empañada, las mesas tienen manteles de plástico a cuadritos blancos y rojos y botellas enormes de cátsup y mostaza. Pedimos una montaña de pan tostado con queso y sendas tazas de chocolate caliente. Aunque estoy muerto de hambre, tengo que forzarme a comer, casi ni saboreo la comida.

Mientras estoy picoteando los últimos restos, David va al baño a arreglarse el pelo y el maquillaje. Se pasa con el rubor, pero no tengo fuerzas para decírselo.

Cuando regresamos, hay un Volvo brillante y azul estacionado delante de la casa de papá.

Ha vuelto.

Miro fijamente hacia allí.

—¿Estás listo? —pregunta David.

Me levanto y comienzo a cruzar la calle, David me sigue de cerca. Aunque me imaginé versiones de este momento durante años, todavía no tengo ni idea de lo que voy a encontrar detrás de la puerta del número dieciocho. Por supuesto que tengo mi versión fantasiosa de lo que sucede. Papá me reconoce inmediatamente y me abraza feliz. Enseguida acepta que su niñita ahora es un chico adolescente y me invita a vivir con él, y tengo la oportunidad de empezar de nuevo, un comienzo nuevo. Eso es lo que sucedería si mi vida fuera una película familiar para sentirse bien; una de esas pelis con una banda sonora de música sentimental de piano y actores guapos que interpretan a los personajes. Pero mi vida nunca ha sido una película para sentirse bien. Ni se le aproxima. Así que quizá este sea mi momento. Tal vez sea mi turno, puede que algo bueno me suceda por fin.

Abro la reja y es como si yo fuera una marioneta y algún titiritero desde el cielo controlara mis movimientos y me condujera por la corta senda hacia la puerta principal, es casi como si estuviera flotando. De alguna manera llego a la puerta. Levanto la mano para llamar, pero antes de que mis nudillos alcancen a tocar el cristal, la puerta se abre.

Enseguida sé que es él. Es como si hubiera salido de la foto que tengo en la cartera. Lleva a la espalda a un niño de unos cuatro años, vestido con un disfraz del Hombre Araña, debajo de un abrigo de lana azul marino con botones rojos y gordos. Cuando pensaba en papá estos años, jamás me lo imaginé con una familia, ni una sola vez. He pasado toda la vida representándomelo como un poco nómada, yendo de lugar en lugar, un espíritu libre. Nunca, ni una vez, me lo imaginé con una esposa o con niños. Me siento estúpido.

—¿Puedo ayudarte? —dice. Su voz es grave y mucho más fresa de lo que esperaba.

Busco alguna señal de reconocimiento en sus ojos, pero no encuentro nada.

Abro la boca para decir algo, pero no emito ningún sonido. David, a quien había olvidado, me echa una mano.

—¿Es usted Jonathan Denton? —pregunta, aunque todos sabemos la respuesta.

—Sí. Y ustedes ¿quiénes son? —se interesa papá, con el ceño ligeramente fruncido.

Esto debe ser parecido a cuando ves a alguien famoso. Te parece que los conoces porque los ves en la tele y en las revistas, pero eso no te prepara para verlos de cerca. Y piensas que sabrás exactamente cómo actuar cuando los veas, pero cuando se presenta el momento, te desmoronas.

Por fin recupero mi voz, pero suena como si no me perteneciera.

—¿Conoces a Samantha Binley? —pregunto.

Entonces el rostro de papá cambia, cierta oscuridad. Deja que el pequeño Hombre Araña se baje de su espalda. El niño me mira. Tiene los ojos de papá. Verdes con manchitas ambarinas. Mis ojos. Mi medio hermano.

—Cariño, ¿tienes las llaves? —dice una voz de mujer.

Papá se mueve hacia un lado y aparece una mujer detrás de él. Es guapa, tiene la piel bronceada y el pelo rizado castaño oscuro. Lo siguiente que noto es que está embarazada. Cuando nos ve en la puerta apoya la mano de forma protectora sobre su panza. Un anillo brilla en su mano izquierda.

—¿Qué pasa? —pregunta, con voz amable.

—Vienen a pedir para una obra benéfica, ¿no? —dice papá con suavidad.

—Ah, ¿qué obra? —quiere saber la mujer.

—Animales —dice David—. Especies en peligro de extinción.

—Mete a Archie en el coche —le pide papá a la mujer—, yo me ocupo.

—De acuerdo, cariño —dice—. Vamos, Archie, cielo.

Archie me echa otro vistazo con curiosidad antes de salir correteando detrás de su madre hacia el brillante Volvo azul. Es evidente que el Ford Fiesta de la fotografía desapareció hace tiempo.

En cuanto la mujer nos da la espalda, a papá se le cae la máscara.

—Vamos —dice en tono grave, llevándonos hasta el recibidor.

Puedo ver la cocina. Es luminosa y moderna. El refrigerador está cubierto con dibujos que Archie debe de haber pintado, en todos aparecen personas dibujadas con líneas de colores fuertes, la misma serie de tres una y otra vez: Mamá, Papá y Archie. La familia perfecta.

—¿Dijiste que vienes por algo relacionado con Sammy? —pregunta; su voz es enérgica, como la de un hombre de negocios.

Dirige su pregunta a David, todavía ignora por completo quién soy.

—Soy tu hijo —suelto abruptamente.

Los ojos de papá se entrecierran y se posan sobre mí.

Asiento con la cabeza.

—Soy Leo. Leo Denton.

Al decir Denton se sobresalta un poco.

—Soy una de las mellizas —añado, mi voz es casi un susurro—. Megan y Amber. Yo soy Megan. Solo que ya no soy Megan, soy Leo.

Recito mi fecha de nacimiento. Todo el tiempo la expresión de papá permanece neutral, de forma no natural, como si estuviera haciendo todo lo posible para no reaccionar ante ninguna palabra que yo diga.

—Lo siento, pero no tengo ni idea de lo que me estás diciendo —dice, cruzando los brazos por encima del pecho, con una sonrisa que no tiene nada que ver con la expresión de sus ojos, con la voz artificialmente fría y serena.

—Tienes que saberlo. Te estoy diciendo la verdad, lo juro. Te puedo mostrar mi certificado de nacimiento si quieres.

Comienzo a sacarlo del bolsillo de mi sudadera, mis manos tiemblan, pero no lo puedo encontrar. Debo de haberlo puesto en otra parte. Los pongo del revés, siento pánico de haberlo perdido.

—No es necesario —dice papá bruscamente, apoyando su mano en mi brazo—. Mira, no sé por qué estás aquí, chico, si es que buscas dinero o qué, pero realmente no me interesa.

Una nueva ola de pánico comienza a emerger en mi vientre.

—Mira, esto no tiene nada que ver con dinero, ni con mamá, lo juro. Ella no tiene ni idea de que estoy aquí. Soy tu hijo, te lo prometo. Soy transgénero; eso significa que nací en el cuerpo equivocado. Ahora soy Leo, pero nací como Megan, una de las mellizas, tus mellizas.

Papá se restriega la frente y dice una maldición entre dientes.

—Mira, creo que es hora de que los dos se vayan —dice, levantando la vista y moviéndose hacia la puerta.

—¡Pero ¿no te das cuenta de que es tu hijo?! —David se mete en la conversación con desesperación—. Cualquier idiota puede darse cuenta de que lo es. Mírale los ojos; son exactamente iguales que los tuyos. Son idénticos. ¡Míralos!

Y por un segundo papá me mira a los ojos y puedo ver que él también lo ve. Que lo sabe. Pero luego recompone su expresión y nos empuja hacia la puerta, con la mano en mi espalda. Me sacudo para que la quite y me giro para mirarlo de frente. Siento que dentro de mí crece una rabia caliente y roja, aunque es diferente de la que suelo sentir; está cargada con algo extra: desesperación.

—Pero ¡vine desde muy lejos! —gimo—. Tienes que dejarme hablar contigo. Regresaré mañana si quieres. O podríamos encontrarnos en el pueblo o algo. No quiero dinero, ni causar ningún problema ni nada parecido, solo quiero conocerte y que tú me conozcas.

Porque ahora mismo aceptaré cualquier cosa.

Papá me sujeta por los hombros y por un esperanzador medio segundo pienso que a lo mejor va a cambiar de opinión.

—Por favor —ruego.

Todo el rostro de papá tiene una expresión oscura y malvada, la boca es una línea firme.

—Mira, te equivocas de hombre —dice rudamente—, así que te voy a decir lo que sucederá ahora. Ustedes dos, *freaks*, van a salir por esa puerta para no volver nunca más. ¿Me han entendido?

*Freaks*. Prácticamente escupe la palabra.

—Cariño, ¿todo bien? —pregunta la mujer desde afuera.

—Sí, ya voy —le contesta él por encima del hombro; cambiando de la frialdad más gélida a la calidez en un abrir y cerrar de ojos.

Abre la puerta y pone una gran sonrisa de *showman*. Y entonces caigo en la cuenta de que esta mujer, su esposa, no tiene la menor idea de que existimos ni yo, ni Amber, ni mamá ni Cloverdale. Por supuesto que ella no lo sabe. Es como si esa parte de la vida de papá hubiera sido borrada de su historia.

El niño, Archie, está sentado en su asiento en la parte trasera del coche, da saltos de arriba abajo. Y en ese momento lo odio. Odio a ese pequeño niño inocente que no hizo nada malo. Y también odio al bebé que hay en la panza de la mujer. Los odio tanto que podría explotar. Papá está detrás de nosotros, obligándonos a salir por la puerta, hacia la acera. Cierra con llave tras de sí y nos adelanta, a grandes pasos por el sendero, y se sube al coche. Lo pone en marcha y se aleja, todo el tiempo mira con resolución hacia delante, dejándonos a David y a mí de pie en su pequeño jardín, congelados en el sitio. La única persona que nos mira es Archie. Se voltea en su asiento y me observa fijamente —sus ojos de bebé fijos en la versión adulta que son los míos— hasta que el coche gira en una esquina y se pierde de vista.

## 38

—¿Leo? —susurro.

Pero no me mira. Solo se queda allí, de pie, totalmente quieto salvo sus puños, que aprieta y suelta, primero lentamente y luego más y más rápido. Hay un momento de silencio absoluto hasta que deja escapar un terrible aullido y se pone a romper todo lo que hay en el jardín, como un animal salvaje. Arrastra el bote de la basura y le da la vuelta, desperdigándolo todo sobre los pulcros adoquines. Levanta las macetas de terracota que están alineadas en orden debajo del alféizar de la ventana y las estrella una a una contra la pared, antes de pisotear los rosales, que se doblan y se quiebran. Patea la puerta repetidamente y por un instante me preocupa que la vaya a romper. Luego la golpea, sus puños martillean sobre la madera. Todo el tiempo continúa aullando y yo le suplico que pare, grito, le ruego. Una vecina al otro lado de la calle abre la ventana y nos grita, dice que va a llamar a la policía. Leo levanta la cabeza y le suelta una grosería. Ella ahoga un grito y cierra la ventana.

—¡Leo, por favor! —chillo.

Le da una última patada a la puerta antes de empujarme fuera de su camino y avanzar con determinación por el sendero; abre la reja de la entrada tan fuerte que pienso que la va a arrancar de sus goznes. Se pone a caminar a grandes pasos por la calle hacia el mar.

—¡Leo, espera! —grito—. ¡Espera!

Pero sigue caminando, cada vez más rápido, aprovechándose de mi velocidad limitada debida a las estúpidas botas Ugg mientras medio corro, medio arrastro los pies detrás de él.

Por fin lo alcanzo en el paseo marítimo delante de una tienda de regalos precintada con cartones; mi pecho agotado sube y baja.

—¡Leo! —grito sin aliento—. ¡Háblame, por favor!

No me contesta. Ni siquiera me mira.

—Leo —digo tomándole la mano.

La sacude para librarse de mí, pero por lo menos deja de caminar y levanta la vista para mirarme a los ojos. No lo puedo evitar, me encojo de miedo. Sus ojos brillan con furia, una furia negra y asesina. Me sostiene la mirada durante unos segundos antes de seguir caminando por el paseo. Mientras corro detrás de él, casi preferiría que llorara. Entonces sabría qué hacer, lo podría abrazar, consolar, contenerlo de alguna manera. Pero no hace más que caminar, con las manos metidas hasta el fondo en sus bolsillos, con los ojos fijos en el piso mojado delante de él.

—Leo, ¿adónde vas? —le suplico otra vez.

Pero me ignora y lo único que puedo hacer es intentar no perderlo de vista mientras él acelera el paso.

Diez minutos más tarde, estamos al final del paseo.

En los pasajes comerciales hay carteles con luces de neón que anuncian salas de juegos con nombres como Flamenco y Tierra Mágica, que parpadean con poca energía, algunos tienen los focos desteñidos y a otros les faltan algunos.

Leo camina a grandes pasos por el pasillo de la sala más grande. Se detiene delante de una máquina de cambio y mete por la ranura un billete de diez euros, uno de los que ganó ayer por la tarde en el bingo. Las monedas caen. Las recoge y se las mete en el bolsillo de la sudadera antes de dirigirse a las tragamonedas. Se para delante de una y mete monedas en la ranura. No sé cómo funcionan, así que me limito a observar las luces que parpadean y que suben y bajan, y de vez en cuando miro la cara de Leo. Está observando la máquina con tanta fuerza que casi parece que sus ojos estuvieran ardiendo, como si pudieran hacer un agujero en el metal si quisiera, al estilo Superman.

En algún momento la máquina comienza a parpadear y emite un montón de ruidos agudos. Unos segundos después una cascada de monedas baja haciendo ruido y aterrizan en la charola al pie de la máquina, desbordándola. Un grupo de chicos, agrupados en un rincón alrededor de un juego de tiro, nos miran con envidia, observando el brillo de las monedas con codicia. Quiero aplaudir o vitorear, pero a pesar de su triunfo, la expresión de Leo no cambia y solo puedo ver cómo procede a introducir las monedas en la máquina, una a una, hasta agotarlas, y el juego se acaba y las luces brillantes se apagan. Se detiene, se aferra al borde de la máquina, sus nudillos se ponen blancos, parece que si dejara de aferrarse podría emprender el vuelo y perderse para siempre. Inclina la cabeza y creo que por fin va a llorar, pero no lo hace. En vez de eso se pone otra vez en marcha, sale de la sala de juegos dando grandes pasos y yo corro deprisa detrás de él otra vez. Afuera, cruza la calle en diagonal sin mirar. Un coche tiene que frenar en seco, el conductor baja la ventana y lo insulta. Pero Leo apenas pestañea. Yo levanto la mano en señal de disculpa en nombre de Leo y sigo corriendo tras él.

Cuando llego al otro lado de la calle, me doy cuenta de que Leo se dirige al muelle. Este se extiende hasta el horizonte. Carteles grandes indican que hay que pagar para usar la pasarela, pero nadie está vigilando la reja, así que pasamos de largo.

—Leo, va a oscurecer enseguida, cerrarán el muelle. No queremos quedarnos encerrados.

No me contesta. Por entre los tablones de madera debajo de nuestros pies, el agua, verde y turbia, se arremolina por encima del cenagoso lecho del mar. Cuanto más lejos caminamos, más silencioso se vuelve el ambiente, las luces y los sonidos de Tripton desaparecen detrás de nosotros, hasta que tengo la sensación de que Leo y yo somos las únicas dos personas en el universo. Más de una vez casi me resbalo y tengo que agarrarme a Leo para no perder el equilibrio. Se pone rígido cuando lo toco, pero me deja recobrar el equilibrio antes de seguir adelante.

—Leo, ¿adónde vamos? —pregunto como por décima vez.

Llegados a este punto es una pregunta bastante estúpida, porque no hay a donde ir salvo hasta el final del muelle, o dar la vuelta y regresar. Pero Leo o bien no me puede oír o elige ignorarme, porque sigue caminando, sin cambiar el ritmo. Nos lleva diez minutos llegar al final del muelle y durante todo este tiempo no pronuncia ni una sola palabra.

El final del muelle se abre a un espacio rectangular salpicado con bancos de metal y anticuados visores. Leo camina hacia el borde, apoya las manos sobre el barandal de metal y mira hacia el mar. Yo merodeo detrás de él, sin saber lo que debo hacer. Aquí el mar está un poco más agitado, pero continúa siniestramente silencioso, el único sonido que se escucha es el de las olas chapoteando debajo de nosotros. No puedo dejar de pensar que el tiempo debería ser más agreste —tormentoso y dramático—, no esta versión rara de silencio. Una de las barras de metal tiene atados varios ramos de flores marchitas. Me pregunto qué terrible acontecimiento pudo suceder en este preciso lugar y me aprieto el abrigo más fuerte mientras un escalofrío sube por mi espalda.

Nos quedamos así durante varios minutos, Leo mirando hacia el mar mientras yo permanezco detrás.

—Cuando era pequeño —comienza, con voz ronca—, quería un estacionamiento para coches de juguete con todas mis ganas.

Me atrevo a ponerme a su lado.

—Tenía como cinco plantas —continúa, indicando la altura con las manos en el aire— y un elevador, y yo pensaba que era increíble. Recorté una foto del catálogo y la pegué en la cabecera de mi cama y me pasaba horas acostado mirándola. Creo que hasta soñaba con ese juguete, de tanto que lo deseaba. Y como lo deseaba tanto, de cierta manera me convencí de que si lo tuviera, todo iría bien. Era como si toda la otra porquería desaparecería, solo porque yo tuviera ese juguete. Me desperté la mañana de Navidad y bajé, y allí estaba, debajo del árbol, con un enorme listón rojo, la cosa con la que había soñado durante meses. Y me puse muy contento casi durante dos días, pensé que funcionó, que todo iba a ir bien solo porque ese montón de plástico que deseaba era realmente mío. Pero entonces, el novio de mamá de entonces, Tony, el padre de Tia, tropezó con él y rompió la rampa, y ni siquiera pidió disculpas. Y Tia, que entonces era solo un bebé, ponía sus manos pegajosas sobre él una y otra vez y perdía los coches, y rompió el elevador por ser muy brusca, y cuando llegó Fin de Año estaba destrozado y me di cuenta de que no mejoró las cosas, ni se había aproximado a ello. Y más que nada me odié por ser tan estúpido, por creer que haría que las cosas fueran mejores. Pero siempre me pasa lo mismo. Todo lo que quiero se convierte en mierda, debería saberlo a estas alturas.

—No puedes hablar así —digo con urgencia en la voz—. Tienes muchas cosas a tu favor, Leo.

—No lo quiero oír. Déjame solo, David.

Hoy soy David. Está claro que Kate está olvidada.

—No te voy a dejar —aclaro—. No mientras estés así.

—No me voy a tirar por encima del barandal si eso es lo que te preocupa —balbucea malhumorado.

—Sé que no lo harás —miento—. Pero de todas formas no pienso dejarte. Los amigos no hacen eso.

Se voltea para mirarme de frente.

—¿Cuántas veces tengo que decírtelo? No quiero ser tu amigo, ni de nadie. Solo quiero que me dejen solo.

Abro la boca para decir algo, pero se me adelanta.

—Lo digo en serio, vete, David, vete.

Permanezco donde estoy.

—¡Vete! —grita, con lágrimas en los ojos—. Déjame solo, David, por favor, ¡vete a la mierda!

Doy un paso hacia él.

—¡Vete! —grita una vez más, antes de darme la espalda, sujetándose en el barandal de metal con fuerza.

Me acerco, pongo las manos sobre sus hombros e intento hacer que se dé la vuelta para mirarme. Primero se resiste, me empuja con rabia. Sin cejar, lo intento otra vez, y puedo notar cómo su cuerpo agotado se rinde lentamente, lo siento flojo en mis brazos, su cabeza se desploma sobre mi hombro.

Lo abrazo con fuerza y lo dejo llorar.

Caminamos de vuelta a Vistas al Mar en silencio. Por el camino, le echo algunos vistazos al rostro de Leo, está pálido y rígido. No me devuelve las miradas, todo el tiempo mira fijamente hacia delante. Paramos para comprar una pizza para llevar. Tengo que meterla de contrabando escaleras arriba, pasando el despacho de la señora Higgins. La comemos en la cama y vemos telebasura: «El factor X», luego la mitad de una película estúpida de acción de los ochenta con unos efectos especiales malísimos. Leo casi no habla durante todo este rato.

—¿Qué te parece si nos vamos a dormir ya? —pregunta, cuando los créditos de la película aparecen en la pantalla.

Es lo único que dice desde que volvimos del muelle.

—Por supuesto —digo—. Lo que quieras.

Nos turnamos para usar el baño. Mientras nos movemos por la pequeña habitación, sacando las bolsas con nuestros artículos de aseo y las pijamas, es como si estuviéramos bailando juntos una pequeña danza torpe.

Cuando ya terminamos, apago la luz y me meto en la cama junto a Leo. Esta se mueve cuando él se gira para mirar hacia el otro lado. Yo también me doy la vuelta en su misma dirección, mi cara yace a solo centímetros de su espalda encorvada. Siento ganas de estirar la mano y tocarla para hacerle saber que estoy aquí para lo que necesite, pero me da miedo hacerlo, pues no sé si eso sería ir demasiado lejos.

—¿Leo? —susurro.

—¿Sí?

—¿Estás bien?

Hace un sonido que no puedo descifrar.

—Leo, ¿puedo decirte algo?

El edredón hace un leve sonido. Lo interpreto como un «está bien».

—¿Sabes? Creo que eres la persona más valiente que he conocido jamás —digo.

Leo suelta una carcajada sarcástica.

—Entonces no has conocido a mucha gente.

—Lo digo en serio, lo eres —afirmo—. Y tu padre está loco por no querer conocerte, chiflado. Porque eres increíble.

Hago una pausa, creyendo que cometí un grave error al mencionar a Jimmy.

—¿Seguro que no estás borracho otra vez? —dice Leo un segundo más tarde.

Interpreto su chiste como una buena señal y le hinco el dedo con suavidad en las costillas.

—Lo digo de verdad —añado tras un momento—. No es ni la mitad de hombre que tú.

La frase cuelga en el aire como un eco.

Luego, silencio.

—Gracias, David —murmura Leo por fin; su voz se rompe un poco—, lo que acabas de decir es muy bonito.

Mis dedos buscan tentativamente los de Leo en la oscuridad.

Los encuentro, mis dedos se atreven a enredarse con los suyos. Oigo a Leo respirar profundamente y permite que su mano se relaje en la mía. Noto su mano pequeña y suave entre mis manazas; casi como la de un niño.

Permanecemos en silencio un rato, con nuestra respiración acompasada.

—¿Leo?

—¿Sí?

—Creo que se lo voy a decir.

—¿A quién? ¿A tus padres?

—Sí. Creo que se lo voy a decir mañana, cuando llegue a casa. Antes de hacer cualquier otra cosa.

—Harás lo correcto.

—¿Tú crees?

—Por supuesto. Tu madre me pareció muy sensata cuando me llevó a casa.

—Eso espero. De todas formas, estoy aterrado.

—¿Cómo es tu padre? —pregunta Leo en voz baja.

—Según dicen, me parezco a él, lo que no es ideal, ya que es un gigante.

—No, quiero decir cómo es como persona.

—Supongo que es un padre típico.

En cuanto las palabras salen de mi boca me arrepiento de ellas.

—Mierda, perdón —rectifico rápidamente—. No lo quise decir de esa forma. Por Dios, qué estúpido.

—No pasa nada —dice Leo—. Sigue.

Visualizo a papá: grande y bobalicón e incómodo.

—Pues le gusta el futbol y el golf, y la cerveza y los coches y cosas por el estilo —digo con cuidado—. Y cuando yo era pequeño, solía intentar que jugara con la pelota con él en el jardín, pero cuando dejé claro que no me interesaban esas cosas, jamás me presionó ni me hizo sentir como si fuera un gran problema. Y cuando pedía muñecas para Navidad y quería pintar mi habitación con colores de niña, ni pestañeó, y si lo hizo, por lo menos no dejó que yo lo viera. Siempre me dejó ser como soy.

—Parece un tipo genial —dice Leo.

—Sí —murmuro, dándome cuenta de que al describirlo en voz alta de esa manera lo es, en cierto sentido.

—¿Por qué tienes tanto miedo de contárselo si son tan geniales? —pregunta Leo, prácticamente leyendo mi mente.

—Porque estoy muy seguro de que no tienen ni idea de que saldré con esto. Se van a quedar de piedra y no sé cómo reaccionarán. Quiero decir, dudo que vayan a abrir lanzadores de confeti o tirar serpentinas, ¿no crees?

—Reaccionarán bien, seguro. Te apuesto a que aunque en el primer instante les choque, lo superarán al final.

Aprieto con más fuerza la mano de Leo.

—Gracias, Leo, eso significa mucho para mí.

Nos quedamos en silencio unos momentos.

—¿Le vas a decir a tu familia lo que ha sucedido hoy? ¿A Amber o a tu madre o a alguien? —pregunto.

—No lo sé. No lo creo. ¿Para qué serviría? Es curioso, Amber ya lo comprendió desde el comienzo, pero yo no podía verlo. Estaba cegado por la idea de él. Jimmy, el héroe...

La voz de Leo se apaga.

—Oye, estoy hecho pedazos, voy a dormir —dice.

—Okey.

—Buenas noches, David.

—Buenas noches, Leo.

Me quedo despierto mucho rato antes de dormirme. Y aunque no dice nada más, puedo notar que Leo tampoco duerme. Durante todo este tiempo no suelta mi mano.

## 39

Nos despertamos al alba y salimos sigilosamente de Vistas al Mar antes del desayuno. David viaja de regreso con su ropa de chico.

—¿Todavía piensas decírselo hoy? —pregunto.

Después de dos días como Kate, se ve raro con una sudadera grande con capucha y *jeans* ajustados, con su corte de pelo de chico.

—Sí —contesta David con firmeza.

Aunque se le nota muerto de miedo.

No hablamos mucho durante el resto del viaje. Creo que dijimos suficiente en los últimos días para toda una vida.

Nos despedimos en la estación, en la parada de taxis.

—¿Te veré mañana en la escuela? —pregunta David.

—No lo sé todavía —admito.

—Ya serás agua pasada, seguro —dice alegremente.

—Seguro —repito, poniendo los ojos en blanco, sin creérmelo ni un segundo.

—Lo único que necesitamos es que alguien haga circular un video porno para desviar la atención y estaremos a salvo —añade divertido.

Yo finjo una sonrisa.

David se mira los pies por un momento. Las agujetas de sus Converse son demasiado largas y se arrastran por la acera.

—Chistes estúpidos aparte, sinceramente espero que vuelvas.

—Sí, bueno, ya veremos.

David asiente con la cabeza y se ajusta la bufanda.

—Bueno, pues adiós, supongo —digo.

Me giro para marcharme y David me toma de la mano, me atrae hacia sí y me abraza. Me encuentro devolviéndole el abrazo. Nos separamos e inclinamos la cabeza en señal de despedida antes de irnos cada uno por su camino. Y es raro, porque mientras me dirijo al otro lado de la calle y hacia la parada del autobús, lo extraño un poco. Cuando cruzo por la urbanización, todo el lugar parece haber cambiado de cierta manera, no sé exactamente cómo. Solo estuve afuera poco más de cuarenta y ocho horas, pero da la sensación de que fue más tiempo. Yo también me siento diferente; crudo, como si me hubieran arrancado una capa de piel y debajo la nueva estuviera completamente roja y delicada, y dolería si la tocaran.

Ya son las doce del mediodía, pero sospecho que todos estarán en la cama. Salvo Tia tal vez, que todavía se levanta al alba como una recién nacida, y llevará horas pegada a la tele.

Estoy escarbando en el fondo de mi bolsa, buscando las llaves, cuando la puerta se abre de repente y Tia lanza su cuerpo pequeño hacia mí.

—¡Regresó! —grita—. ¡Leo regresó!

—Tranquila, Tia —digo—. Déjame entrar en casa por lo menos.

Me estoy quitando los tenis cuando percibo una figura en la puerta de la sala. Primero pienso que es mamá. Tardo un momento en darme cuenta de que es la tía Kerry, está chupando un cigarro con furia y me lanza una mirada asesina.

—¿Qué haces aquí? —pregunto, desenredándome de Tia, quien todavía tiene sus brazos alrededor de mi cintura.

Me mojó la sudadera con sus lágrimas.

—Tia, vete arriba —dice Kerry.

—Pero quiero ver las caricaturas con Leo —protesta, enredando sus dedos en los míos.

—¡Dije que arriba! —grita Kerry, lo que hace que el labio inferior de Tia se ponga a temblar.

—Ve, T —digo.

Tia asiente y se dirige hacia arriba, cabizbaja.

—Llama a tu madre y a Spike —dice Kerry en voz alta—, y a tu hermana mayor. Diles que ya pueden volver a casa.

Se voltea y entra en la sala. Sé que pretende que la siga. Espera hasta que estamos en el centro de la habitación antes de voltearse un poco y darme una bofetada en la mejilla. Me impresiona más que dolerme.

—¿Dónde diablos estabas? —ladra.

—¿Qué demonios fue eso? —lloro, tocándome la mejilla.

—Contesta la puta pregunta, Leo, antes de que pierda la paciencia.

—Afuera —balbuceo.

—¿Afuera? ¿Qué quieres decir con eso de afuera? ¿Dónde demonios estabas?

—¿Por qué tanto drama? —pregunto—, dejé una nota.

—¿Qué nota? Nadie vio ninguna nota.

—La dejé encima de la tele —digo, dirigiéndome hacia el televisor.

Pero el sitio donde dejé la nota está vacío. La busco y finalmente la encuentro detrás del televisor, metida debajo del radiador. La saco y se la paso a Kerry. Ni siquiera la lee, la tira encima de la mesita de centro.

—¿Eso es todo? ¿Te vas a callejear dos días enteros y lo único que nos dejas es una maldita nota?

—Pensé que alguien la vería —balbuceo.

—¿Sabes dónde están tu madre y Spike ahora mismo? —pregunta enterrando un dedo en mi pecho—. ¿Dónde estuvieron las dos últimas noches?

Niego con la cabeza.

—Conduciendo por todos lados, buscándote. Tia estuvo llorando desde ayer por la mañana, Amber y Carl recorrieron toda la urbanización para ver si te encontraban. La policía, bueno, esos no sirvieron para nada.

—¿La policía? ¿Para qué los llamaron?

—¿Qué esperabas que hiciéramos? No teníamos ni puta idea de dónde estabas. Tenías el teléfono apagado.

—Olvidé el cargador —explico, mirando hacia abajo.

Kerry me fulmina con la mirada.

—No creí que a mamá le importara —digo—. Ni siquiera pensé que lo notaría.

La cara de Kerry adopta un nuevo tono rojo.

—Puede que tu madre no gane ningún premio por ser la mejor madre del mundo en el futuro próximo, pero yo lo pensaría muy bien antes de acusarla de que no se daría cuenta si uno de sus hijos faltara.

—Pues el no darse cuenta cuando estoy parece dársele de maravilla, así que, ¿qué se supone que debo pensar? —contraargumento.

—Criar a tres chicos sola no es como irse de paseo por el parque, ¿sabes?

—No es culpa nuestra si no puede mantener a un hombre a su lado.

Kerry me abofetea de nuevo. Con fuerza. Esta vez duele.

—No tienes ni idea, Leo —dice, apuntándome a la cara con un dedo tembloroso—. Hasta que no puedas ponerte en su lugar, no tendrás ni puta idea de cómo ha sido su vida al tener que criarlos a ustedes tres sola, así que no pretendas creer que lo sabes.

Me desplomo en el sillón, con los brazos cruzados. Delante de mí Kerry hurga en el bolsillo de sus pantalones buscando una cajetilla de cigarros. Saca uno y toma un encendedor de plástico rosa de la mesita de centro, lo enciende con manos temblorosas. Lo hace todo sin quitarme los ojos de encima ni un segundo.

—Leo, ¿te acuerdas de aquella vez que tu madre volvió a casa con un ojo morado?

Frunzo el ceño.

—Fue justo después del problema en el instituto —dice.

El problema. Cada vez que alguien habla de lo que sucedió en febrero, siempre parecen utilizar algún tipo de clave rara.

—Sí —digo— ¿y qué?

—¿Cuál era su nombre? El del líder —pregunta Kerry.

—Alex Bonner —murmuro, con voz apagada.

Solo el decir su nombre en voz alta me hace sentirme mareado y enfermo.

—Ese pequeño canalla. Tu madre fue a vérselas con Alex, pero no estaba en casa. Su madre sí que estaba, y le contestó de mala manera.

—¿Qué?

Conozco a la madre de Alex, todo el mundo la conoce. Es una de esas personas que no puede pasar desapercibida. Annette, se llama. Es igual que Alex, tiene el mismo pelo negro azabache, un rostro duro y un cuerpo como el de Terminator.

—Espera, ¿Annette Bonner le dejó el ojo morado a mamá?

—Deberías haber visto a Annette. Quedó bonita cuando tu madre acabó con ella. La gente tuvo que llevarse a tu madre a rastras para separarla de ella.

Miro a Kerry sin pestañear. No puedo creer lo que estoy escuchando. ¿Mamá se enfrentó a Annette Bonner por mí?

—¿Por qué no me lo dijo? —pregunto.

—Solo Dios lo sabe. Solo Dios sabe por qué tu madre hace muchas de las cosas que hace.

Silencio. Puedo sentir que Kerry me está observando mientras fuma.

—A ver, ¿dónde estuviste? —pregunta, respirando hondo y cruzándose de brazos.

Como mamá, es pequeña, con un cuerpo como el de un gorrión. Lo que hace que sea aún más increíble que le pegara a la monstruo de Annette Bonner. Dios.

—Vamos, no me dejes con la duda —dice Kerry dándole una larga calada al cigarro, el humo crea un velo entre nosotros—. ¿Dónde estabas?

—¿De verdad quieres saberlo? —pregunto.

—Sí, quiero.

Respiro hondo.

—Estuve en Kent.

El ceño de Kerry se frunce por la confusión.

—¿Kent? Pero eso está a un montón de kilómetros de aquí. ¿Qué diablos hay en Kent?

Saco mi cartera y extraigo la fotografía de papá. La toma entre los dedos, sus ojos están a punto de salirse de las órbitas. Baja la cabeza para mirarme.

—¿De dónde sacaste esto, Leo?

—¿Importa?

—¿De dónde sacaste esto, Leo? —repite.

—De la habitación de mamá. Hace años.

—Pusimos la casa al revés buscando esta foto —dice con suavidad—. Tu madre terminó por pensar que la debía de haber tirado sin darse cuenta.

Miro hacia arriba. Siempre supuse que mamá nunca notó su desaparición. Desde luego que jamás dijo nada al respecto.

—Ese fue su primer coche —dice Kerry, dibujando con el dedo su contorno.

—Ahora conduce un Volvo recién salido de la fábrica. Azul marino. Muy elegante —digo.

La cabeza de Kerry se gira bruscamente.

—¿Lo viste?

—Ya lo creo. Tuvimos una estupenda conversación, el viejo Jimmy y yo —digo con una carcajada amarga.

Kerry se limita a mirarme fijamente, con la boca un poco abierta.

—No le gustó mucho que me presentara en su puerta —digo—. De hecho, no le gustó nada. Pero seguramente tú ya te lo esperabas, ¿no?

Kerry se hunde en el sillón a mi lado, la fotografía revolotea hasta caer al suelo.

—¿Cómo estaba? —pregunta.

—Igual, supongo, pero mayor —digo, inclinándome para recoger la fotografía—. Amber y yo tenemos sus ojos —añado.

—Ya lo sé —dice Kerry.

—Ahora tiene esposa y un hijo —le cuento—. Una casa linda y eso.

—Así que tiene una casa linda —murmura; su rostro está pálido. No es una pregunta, no obstante.

—No quiso saber nada de mí, por supuesto. Me llamó *freak*.

—Vaya, Leo.

Arrugo la fotografía en la mano y la dejo caer. Pero no lloro. No tengo ningún deseo de desperdiciar más lágrimas por Jonathan Denton.

—¿Qué pasó, Kerry? ¿Por qué se fue?

—Querrás decir qué hizo tu madre para hacer que se marchara —dice de manera brusca—. Sé que eso es lo que estás pensando, Leo.

Agacho la cabeza y me miro los pies. Porque tiene razón, es exactamente lo que estoy pensando.

—Tu madre y yo somos muy conscientes de que siempre has pensado que ella es la mala de la película y tu padre, el héroe —continúa—. Puede que no destacáramos en el instituto y que reprobáramos muchos exámenes, pero sabemos mucho.

Toma el cigarrillo otra vez. Se consumió del todo. Chasquea la lengua y enciende otro.

—Cuéntame la verdad —le pido.

Enarca las cejas.

—La verdad, ¿eh? ¿Quieres la verdad?

340

Asiento.

—¿Seguro?

—Por Dios, Kerry.

Da una larga calada a su cigarro y cierra los ojos a la vez que exhala el humo. Sus párpados son brillantes y cerosos. Los vuelve a abrir.

—Tu madre conoció a Jimmy cuando ella tenía veintiún años. Él tenía veintitrés y era guapísimo. A todas las chicas de Cloverdale les gustaba, pero él eligió a tu madre. Ya llevaban saliendo seis meses cuando ella descubrió que estaba embarazada de mellizos. Al principio, Jimmy estaba muy entusiasmado, y se lo decía a todo el mundo. Incluso le propuso casarse, le trajo a casa un anillo. Todo el mundo estaba verde de envidia, incluso yo, un poquito.

—Entonces, ¿qué pasó?

—Empezó a distanciarse, se quedaba fuera hasta tarde. Tu madre pensó que era que estaba algo estresado por el dinero, que escaseaba. Pues bien, un día, unas seis semanas antes de que fuera a dar a luz, tu madre llegó a casa tras ir a comprar comida y encontró una nota en la mesita de centro.

Echo un vistazo a mi nota, apoyada entre ceniceros y tazas.

—Primero pensamos que era una broma —continúa Kerry—. Pero entonces subimos y toda su ropa había desaparecido del clóset y no contestaba el teléfono. Yo supuse que le dio miedo y que volvería, pero jamás lo hizo. Tu madre nunca volvió a tener noticias suyas.

—Pero eso no puede ser así. Yo lo recuerdo. Lo recuerdo cambiándome los pañales —digo.

Kerry niega con la cabeza.

—No puede ser, Leo. Se marchó un mes antes de que nacieras.

Aprieto los ojos e intento evocar la imagen en mi cabeza, de papá cantando mientras se agachaba por encima de mí.

—Debe de ser mi ex, Chris, al que recuerdas. Ayudó mucho cuando tú y Amber eran pequeños. O tal vez tu abuelo, antes de morir.

Niego con la cabeza con firmeza.

—No, estoy seguro de que era él, Kerry, puedo ver su cara.

Pero ya se está borrando, sus rasgos se van volviendo borrosos a cada segundo.

Kerry deja su cigarro y me toma la mano, me mira directamente a los ojos. Sus dedos son ásperos y están muy fríos.

—No era él, Leo. Confía en mí, no lo era.

Miro fijamente a la alfombra, con tanta intensidad que mi visión se vuelve borrosa.

—¿Por qué mamá no nos dijo nada?

—¿Qué, decirle a sus hijos pequeños que su padre se largó antes de que nacieran? Es más fácil decirlo que hacerlo, Leo.

—Mejor que no decirnos absolutamente nada...

—Tu abuelo le aconsejó a tu madre que les dijera a ti y a Amber que estaba muerto, pero no pudo hacerlo. Y de todos modos, en cuanto empezaste a hablar estabas obsesionado con la idea de él. Fue más fácil dejarte soñar, más fácil que tu madre fuera la villana que lo hizo irse.

—¿Lo quería? —pregunto.

Suspira y sacude la cabeza.

—Lo quería mucho, así de tonta es.

Miro fijamente la alfombra.

—Siempre di por supuesto que ella lo impulsó a irse, como lo hace con el resto.

—No, Leo.

—Pero eso es lo que hace —murmuro.

—¿Hace qué?

Levanto la vista. Porque ahora todo cobra sentido, un sentido raro y enrevesado.

—Los aparta. Para que no la abandonen como lo hizo Jimmy. Ya no es papá. Ya no. Es Jimmy.

Kerry deja escapar un profundo suspiro.

—Tú y tu madre permitieron que ese hombre los persiga durante demasiado tiempo. Es hora de dejarlo atrás, Leo, para ambos.

## 40

Giro la llave cuidadosamente en la cerradura y abro la puerta. El recibidor está vacío, camino sigilosamente y aprieto la oreja contra la puerta de la cocina.

Puedo oír a mi familia al otro lado; el sonido de los periódicos, voces ahogadas, el ruido de vasos que chocan ocasionalmente y de cubiertos, Radio 4 de fondo. Una escena familiar perfecta. Y yo estoy a punto de ponerla al revés.

Me alejo y me dirijo hacia arriba, a mi habitación, donde tiro la mochila al piso y me quito el abrigo. Busco en mi escritorio la carta que no llegué a enviar a mis padres, la que casi introduje por debajo de la puerta de su cuarto en el mes de agosto. La saco de su sobre y la leo antes de estirarla con la mano y pegarla en una página de mi cuaderno.

Mamá y papá me miran sorprendidos cuando entro en la cocina.

—Regresaste temprano —dice papá—. No te esperábamos hasta la hora de la cena.

—Estás hecho una mierda —observa Livvy.

—¡Livvy! —la regaña mamá—. Esa boquita.

—Pero ¡es verdad! —protesta, apuntándome con la cuchara con yogur.

—Eso no es ninguna excusa.

Livvy deja caer la cuchara ruidosamente y se levanta para dejar la mesa.

—Perdone, señorita, en esta casa limpiamos lo que ensuciamos —dice papá.

Livvy pone los ojos en blanco, pero se dirige al lavaplatos con sus platos sucios del desayuno y los mete ruidosamente antes de ir hacia la sala y encender la televisión. Todo el tiempo yo me limito a estar ahí, quieto y de pie, aferrado a mi cuaderno de recortes, con tanta fuerza que mis dedos comienzan a entumirse.

Mamá me mira de cerca.

—Pues sí que te ves muy cansado, David —admite—. Supongo que te pasaste la noche conversando sin dormir. ¿Quieres unos huevos revueltos o algo? Creo que incluso queda algo de salmón ahumado.

No digo nada.

Sencillamente me acerco, pongo mi cuaderno de recortes sobre la mesa y salgo de la cocina otra vez; cierro la puerta tras de mí.

Me voy arriba, me hago un ovillo en la cama y espero.

Solo pasa una hora hasta que escucho que tocan a la puerta, pero parece que hubieran pasado días. Y aunque esperaba oír la llamada, me hace dar un salto de todos modos.

—Pasen —digo, sentándome en la cama.

Se abre la puerta y entran mamá y papá; papá lleva el cuaderno debajo del brazo, tienen los rostros serios.

Los miro fijamente y me doy cuenta de que todo mi cuerpo está temblando. Me pregunto si habrá algún momento en que mi cuerpo haga lo que yo quiero.

Papá se aclara la garganta.

—David —dice—, antes de que digamos cualquier cosa, queremos que sepas algo muy importante. Y eso es que tu mamá y yo te queremos muchísimo. Siempre lo hemos hecho y siempre lo haremos. Pero también necesitamos un poco de tiempo para digerir esto, ¿de acuerdo?

Asiento con la cabeza.

—Bien, ¿estás seguro de que esto es lo que quieres, David? —pregunta mamá, acercándose—. ¿No será que estás algo confundido?

—No, estoy seguro, mamá. Estoy seguro desde hace mucho tiempo.

—Bueno —dice en voz tenue, bajando los ojos.

Mientras la miro moviéndose por mi habitación, es casi como si pudiera ver todos los planes que ella tenía para mi futuro derrumbándose despacio en su cabeza.

—¿Por qué no nos dijiste nada antes? —pregunta; sus ojos brillan por las lágrimas cuando se sienta en la cama junto a mí.

Papá estira la mano y aprieta la de mamá.

—No lo sé —respondo—. Creo que tenía miedo. Tenía miedo de que me repudiaran o algo así.

Mamá entonces se pone a llorar de verdad. Por supuesto que eso me dispara a mí, y luego a papá también, lo cual es un milagro porque nunca lo he visto llorar por nada que no tenga que ver con el futbol desde que sus padres fallecieron. El llanto ruidoso debe de ser genético, porque lo hacemos tan fuerte que Livvy entra sobresaltada pensando que la abuelita acaba de morir. Mamá la saca volando de la habitación, asegurándole que la abuela está perfectamente. Al final la lleva a casa de Cressy para que pase la tarde, para que los tres podamos hablar sin interrupciones.

Miramos mi cuaderno de recortes página por página. Les muestro a papá y a mamá los videos que he estado viendo en YouTube, los foros que he visitado, las páginas web que he devorado. Les hablo de la clínica especializada en Londres, donde va Leo. Vigilo sus rostros con el rabillo del ojo mientras ellos miran la pantalla de mi computadora, con sus ojos muy abiertos, y casi puedo ver los eslabones en sus cabezas, zumbando a la velocidad de cien revoluciones por hora mientras intentan procesar todo lo que están viendo y oyendo. Algunas de las cosas más explícitas les hacen fruncir el ceño y hacer muecas de dolor, y puedo ver que mamá está luchando por no llorar. Pero siguen mirando, leyendo, escuchando. Todo el tiempo tengo que recordarme que yo he tenido casi toda la vida para acostumbrarme lentamente a la idea, mientras que ellos solo han tenido un par de horas.

Papá baja a preparar té. Vuelve con una charola cargada de galletas (las ricas que normalmente servimos cuando hay visitas), sándwiches de queso y pepinillos y unos tazones enormes de té. Nos sentamos en el piso y hacemos una especie de *picnic*; sentados en un triángulo, nuestras rodillas se tocan.

—Lo siento —digo, mientras sorbemos nuestro té, con la garganta agotada, los lagrimales adoloridos.

Mamá frunce el ceño.

—¿Qué quieres decir, David?

—Por no ser normal. Sé que sería más fácil para todos si lo fuera.

Ella y papá intercambian miradas.

—No te voy a mentir —dice—. Por supuesto que preferiría que las cosas fueran más simples. Yo te quiero y no quiero tener que ver que la pasas mal de forma innecesaria. Y lo que está por venir, si esto es lo que realmente quieres...

—Lo es —digo con firmeza.

—Bueno, el camino que nos espera va a ser duro. Va a ser largo y doloroso y frustrante, y vas encontrar a gente que no lo entienda. Ni siquiera estoy segura de comprenderlo yo ahora mismo.

—Lo sé. Pero estoy listo, se lo prometo.

—Lo que estoy intentando expresar, David —continúa—, es que te queremos y te vamos a apoyar.

—Además —dice papá—. ¿Quién quiere ser normal de todas formas? Imagínate eso en tu tumba. Aquí yace fulano. Era totalmente normal.

Sonrío. Pero puedo notar que está poniendo buena cara con una alegría falsa. Me recuerda a cuando murió su madre y en el velatorio estuvo animado y no se desmoronó, hacía bromas y se ocupaba de que a nadie le faltara bebida, y luego lo escuché llorando solo en el baño.

El teléfono suena. Mamá y papá dicen que debe de ser para ellos, y me dejan solo entre los restos de nuestro picnic. Cuando Livvy regresa de casa de Cressy, todos cenamos alrededor de la mesa, y mamá y papá actúan como si nada hubiera cambiado, cuando en realidad, los tres sabemos que todo cambió.

Me acuesto temprano. Mamá viene a arroparme, algo que no ha hecho en años. Estuvo llorando más, puedo notarlo en su cara porque la tiene llena de manchitas.

—¿Puedo mostrarte algo? —le pregunto cuando se gira para marcharse.

—Por supuesto —dice, aunque se ve un poco temerosa.

Tomo mi celular y busco entre las fotos hasta que encuentro la de Leo conmigo en Tripton. A pesar de sus protestas, Leo está sonriendo a la cámara, sus ojos brillan. A su lado yo estoy radiante, con las mejillas sonrosadas, encantada con el alcohol y con la vida. Le paso el teléfono a mamá y aguanto la respiración. Ella mira la pantalla un largo rato.

—¿Cuándo se tomó esta foto? —inquiere, sin apartar los ojos.

—No hace mucho tiempo —contesto, mordiéndome el labio.

Intento descifrar su expresión, pero no logro entenderla.

—Te ves muy feliz —dice al final.

—Gracias —susurro.

Mira más de cerca la fotografía y su expresión cambia un poco. Levanta la vista y me mira, veo que tiene el ceño fruncido, pero es otra expresión, diferente a la que tuvo casi todo el día.

—¿Esta foto fue tomada en un bar? —pregunta.

—Por supuesto que no —miento—. Ya sabes que no bebo.

## 41

Al día siguiente regreso a la escuela.

David ignora mis protestas y me espera en la parada del autobús. El momento en que cruzo las rejas, los chicos no apartan los ojos de mí, con las bocas abiertas como carpas. Ahora sé bien cómo se sienten los animales en el zoo. A la hora del almuerzo Essie le grita a cualquier chico que mira hacia nosotros «¡Cómprate una vida!», lo cual no creo que ayude mucho, pero aprecio su gesto.

El martes tengo inglés. Alicia no está en clase porque están ensayando la obra de teatro *¡Oh, qué guerra tan bonita!* El ver su silla vacía es suficiente para que se me remuevan las tripas.

El miércoles almuerzo con David, Essie y Felix en el comedor. Harry se acerca a nuestra mesa y nos llama «la mutante, el matado y los dos *superfreaks*», y nos pregunta si hemos pensado en montar nuestro propio circo. Essie le dice que «se haga un ovillo y se muera». Hago un amago de levantarme. David me agarra por la muñeca y me hace sentarme. Harry se va a paso tranquilo, con una sonrisa burlona.

El jueves Becky insiste en llamarme Megan cuando están pasando lista. No sigo su juego y mantengo la vista fija delante de mí hasta que suena el timbre y puedo escaparme.

Más tarde esa misma mañana, voy caminando por el pasillo solo cuando un chico de primaria me para y me pregunta si estaría interesado en unirme al equipo de Desafío de Matemáticas. Primero supongo que es un truco raro y que enseguida me va a soltar algún insulto, pero no lo hace, y en vez de eso me pasa una hoja informativa.

—Necesitamos sangre nueva —dice—, y el señor Steele me dio tu nombre. ¿Lo pensarías?

Prometo que lo pensaré.

El viernes camino por el pasillo sin que nadie diga nada desagradable. Es solo un pequeño triunfo, pero lo asumo.

El balance final es que sobrevivo la semana. Y si puedo sobrevivir una semana, puedo sobrevivir otras.

Cuando llego a casa de la escuela, mamá nos llama a Amber y a mí a la sala. Primero no dice nada, fuma un cigarro tras otro mientras juega con sus aretes sin mirarnos a los ojos. Finalmente, deja el cigarro y el encendedor, respira hondo y se pone a hablar.

Y por fin escuchamos todo, desde el comienzo, sin lagunas: la historia de mamá con sus propias palabras.

## 42

*Cuatro semanas más tarde*

Es el último viernes del trimestre antes de las vacaciones de Navidad, y Essie y Felix estuvieron actuando de manera extraña toda la semana; un montón de susurros urgentes cuando piensan que no los veo y sonrisas inamovibles cuando creen que sí. Primero pienso que son cosas de novio/novia, pero algo me dice que es más que eso.

Hoy definitivamente es la cúspide de su rareza. En historia, Essie se comporta como una maníaca total, hablando sin parar. Incluso Felix parece nervioso.

—¿Qué pasa, chicos? —pregunto, por lo menos por centésima vez esta semana.

—Nada —contestan al unísono.

—¿Todavía sigue en pie lo de vernos esta noche? —pregunto.

—Por supuesto —contesta Essie—. ¿Por qué no íbamos a vernos?

—Solo lo confirmo —murmuro.

Por primera vez decidimos que vamos a boicotear el baile de Navidad. En vez de asistir vamos a reunirnos en mi casa, atiborrarnos de pizza (por lo menos Essie y yo, Felix se traerá su propia alternativa de corteza de coliflor) y veremos películas navideñas. Y aunque sé que nos divertiremos, y que el baile de Navidad demostró ser la noche más decepcionante año tras año durante los últimos tres, no puedo dejar de sentir una pequeña sensación de arrepentimiento de que esta noche va a pasar sin mí.

La última clase antes del almuerzo es matemáticas. El señor Steele hace un concurso. Estoy bastante seguro de que «concurso» es solo una palabra más agradable para decir examen, pero me sorprendo al ver que me está yendo bien, no lo suficiente como para ganar un premio, pero bien. Después de clase me dirijo al comedor. Estoy sacando las cosas de la charola cuando percibo que alguien está a mi lado. Levanto la vista. Es Leo.

Después de volver a la escuela tras el fin de semana en Tripton, los profesores enseguida se dieron cuenta de lo que estaba pasando y se organizaron varias asambleas especiales que explicaban la situación de Leo y lo que significaba ser transgénero, y dejaron claro que cualquier persona que fuera culpable de acoso se enfrentaría a un duro castigo. Aunque los insultos y los susurros crueles no han desaparecido del todo, sí han amainado.

Leo y yo nos vemos de forma más constante. Hemos ido al cine un par de veces, y al McDonald's o a Nando's después. También viene a mi casa, y se ganó a mamá y, para mi sorpresa, también a Livvy. Un par de veces por semana almuerza con Essie, con Felix y conmigo. Nunca habla mucho; solo escucha y de vez en cuando interrumpe con algún comentario sarcástico. Al comienzo de la semana, los cuatro fuimos a ver la producción del club de teatro de *¡Oh, qué guerra tan bonita!* en el teatro de la escuela. Alicia participaba en ella. Estaba muy guapa y cantó dos canciones como solista. Mientras cantaba, los ojos de Leo se veían soñadores y tristes.

Le envió un correo electrónico a su terapeuta, Jenny, sobre mí, y ella le dio los detalles de algunos grupos de apoyo para que me los pasara y que pueden servirme mientras espero a que me acepten en alguna clínica especializada a las que me han derivado en Londres. Leo me promete que irá conmigo el año que viene, aunque no estoy seguro de si lo hará cuando llegue el momento. Evita el tema de su género siempre que es posible, incluso conmigo.

—Eh —digo, abriendo mi lata de Coca-Cola.

Me fijo en la falta de comida de Leo.

—No me digas que no se te antojó el pavo más seco de la tierra —replico, presentando mi plato como si se tratara del primer premio en un concurso televisivo.

—No puedo quedarme —me contesta—. Solo vine para darte esto.

Me entrega una nota.

Frunzo el ceño y la abro, inmediatamente reconozco la letra delgaducha de Essie.

*Si alguien pregunta, no sabes dónde estamos. Te vemos en tu casa esta noche. E & F x.*

Levanto la vista para mirar a Leo.

—¿Sabes qué significa esto? —pregunto.

—Ni idea. Solo me pidieron que me asegurara de que la recibieras. ¿Por qué, qué dice?

—Que están faltando a clase —contesto—. Pero nunca se van de pinta.

Aunque Essie presume de rebelde, nunca falta a la escuela, a menos que se esté muriendo.

Leo se encoge de hombros.

—No lo sé. Como te dije, no me comentaron nada.

Se levanta y se voltea para irse.

—Eh —lo llamo—. ¿Vas a ir al baile esta noche?

—¿Tú qué crees?

—Essie, Felix y yo vamos a pasar el rato en mi casa, si quieres venir.

—Gracias por la invitación, pero creo que me quedaré en casa esta noche.

No puedo evitar sentirme decepcionado.

—Es una pena. En ese caso, supongo que no te veré hasta el próximo trimestre.

—Supongo que no.

—Pues feliz Navidad.

Sonríe.

—Sí, feliz Navidad.

Lo miro mientras se aleja.

Esa tarde, cancelan las clases normales y las reemplazan por DVD o juegos, lo que hace que la desaparición de Essie y Felix sea aún más desconcertante.

De camino a casa, mamá pone canciones navideñas en el coche.

En el asiento de atrás Livvy baila y se mueve de arriba abajo.

—¿Emocionada por tu primer baile, Liv? —le pregunto por encima del hombro.

—Pues claro —contesta—. Por supuesto que lo estoy. Va a ser genial. Mamá, ¿te dije que va a haber una máquina de nieve?

—Sí, me lo dijiste, cariño —replica mamá, haciéndome un guiño.

—Diez de nosotras vamos a ir a casa de Cressy para prepararnos. Su madre rentó una limusina y todo, una blanca.

—Suena genial —murmuro.

—No solo genial, sino increíble —dice Livvy con una expresión soñadora.

Después de sorprenderse inicialmente, Livvy ha reaccionado a la noticia de lo que mis padres aluden como mis «temas de género» mucho mejor de lo esperado, probablemente el golpe fuera suavizado por la promesa de mis padres de hacer coincidir mi primera cita clínica en Londres con una excursión para ver el musical *Wicked*. A menudo noto que Livvy me observa, con los ojos entrecerrados, como si estuviera intentando entenderme por telepatía u otra manera cósmica, en vez de preguntarme directamente.

—¿Compraste helado para esta noche? —le pregunto a mamá.

—Por supuesto.

—¿De qué sabores?

—Pues ya sabes, variedad —dice de forma imprecisa.

—¿Y compraste helado sin lactosa para Felix?

—Creo que sí...

Llegamos a la entrada de casa. Cuando me estoy bajando del coche veo que las cortinas se sacuden, lo cual es raro, ya que papá normalmente no llega del trabajo hasta por lo menos las cinco y media, o más tarde.

Mamá abre la puerta, dándome un empujoncito para que entre primero, y descubro a Essie y a Felix con un aspecto extrañísimo en la escalera: Essie con los brazos extendidos, Felix en cuclillas a su lado.

—¡Sorpresa! —gritan.

Veo que Essie lleva un par de alas de hada y tiene diamantina en las mejillas, y Felix lleva orejas de ratón de plástico y una especie de overol que parece sospechosamente una malla plateada.

—No preguntes —dice.

—¿Qué hacen aquí? —digo—. Se suponía que no debían llegar hasta las siete.

—¡Mentimos! —dice Essie con voz cantarina.

Me volteo para mirar a mamá.

—¿Sabías algo de esto?

Se limita a encogerse de hombros y nos escolta a mí y a Livvy hacia la cocina.

Essie baja la escalera a toda prisa, seguida por Felix, quien intenta tapar con las manos su entrepierna con incomodidad.

—¿Qué está pasando? —pregunto.

—Tiene algo preparado —susurra Felix.

—Ah. Bueno.

Essie saca una varita mágica de detrás de la espalda y empieza a girarla por encima de la cabeza.

—No tengas miedo, bomboncito, porque esta noche, Cenicienta, ¡irás al baile! —grita con una voz teatral.

Apunta con su varita a Felix, casi se la mete en el ojo. Sube corriendo por la escalera y regresa unos segundos después con una caja negra y brillante en las manos. La miro y me doy cuenta de que es un nuevo kit de maquillaje.

—Es Mac —digo, mirando hacia arriba—. Pero esto cuesta una fortuna.

—La esposa de mi padre trabaja en la sede central —dice Essie encogiéndose de hombros.

—Pero si no la soportas —replico.

—Estuvo soportable las últimas veces que la vi —farfulla avergonzada.

Essie mueve su varita otra vez y Felix sube como un rayo por la escalera. Vuelve con una peluca sobre una cabeza de poliestireno.

—¿Es esa mi peluca? —pregunto.

La peinaron y ahora tiene unas ondas suaves y una pequeña diadema encima.

—Sí —dice Essie con orgullo—. Los elogios son para tu madre por sacarla de contrabando de tu habitación sin que lo notaras.

Echo una ojeada por el recibidor, pero mamá cerró la puerta de la cocina.

—¡Y ahora el plato principal! —chilla Essie.

Mueve la varita una vez más. Felix sube corriendo por la escalera de nuevo y emerge unos segundos más tarde con una bolsa de traje.

—Ábrela —susurra Essie, con ojos brillantes.

Abro el cierre de la bolsa muy despacio y esta revela el vestido más hermoso que he visto en mi vida. Es azul claro con unos delicados tirantes, una falda extensa y una faja de gasa por la cintura.

—Es igual que el vestido de estrella de cine que tengo en mi cuaderno —digo con un suspiro, acariciando la tela sedosa.

—Lo sé —dice Essie entusiasmada.

—Es increíble, de verdad que lo es. Pero no puedo ponérmelo —digo, cerrando la bolsa.

La cara de Essie se desencaja.

—¿Qué quieres decir con que no puedes ponértelo? —reclama.

—¿Hablas en serio? ¿Que me ponga esto para el baile? ¿Con una peluca y maquillaje y todo? ¿Te imaginas lo que haría Harry? Sería el hazmerreír por los siglos de los siglos. Miren, estoy muy emocionado porque hicieron todo esto por mí, estoy muy sorprendido, pero no puedo ir al baile de Navidad así, lo siento.

Suelto el vestido en los brazos de Felix, con lágrimas en los ojos.

—Cuando Ess dijo «irás al baile», no especificó a cuál —dice Felix con suavidad.

—¿Qué quieres decir?

—Queremos decir que no vamos a ir al baile de Navidad de Eden Park —explica.

—Entonces, ¿adónde vamos? No nos iremos a infiltrar en un baile de otra escuela, ¿no?

—No precisamente.

—Entonces, ¿adónde vamos?

—Vas a tener que confiar en nosotros —dice Essie.

Titubeo.

—Mira, ve a prepararte —continúa—. Todo se aclarará, lo prometo. Ah, espera, solo una cosa más.

Corre hacia mi habitación y vuelve un minuto después con una caja de zapatos. Quito la tapa y descubro un par de Converse con lentejuelas plateadas.

—¿Tenis? —pregunto.

Ella sonríe de forma misteriosa.

—Ya te lo dije; todo se aclarará.


Que mamá me maquille es probablemente uno de los episodios más surrealistas de mi vida hasta ahora (y probablemente también de la de ella). Es casi tan increíble como el hecho de que Felix esté sentado en mi cama mirando, vestido de ratón. Papá llega a casa del trabajo y nos pide pizzas (ensalada para Felix) antes de llevar a Livvy a casa de Cressy. Las cosas se vuelven incluso más surrealistas cuando nos sentamos a la mesa de la cocina, yo con mi bata y totalmente maquillado, comiendo pizza hawaiana con mis padres como si fuera lo más normal del mundo.


A las seis y media estoy solo en mi cuarto mirándome en el espejo de cuerpo entero que tengo detrás de la puerta, sin sentirme del todo seguro de qué pensar sobre la persona que veo al otro lado.

Alguien llama a la puerta.

—¡Sal! —grita Essie—. Queremos verte.

—Esperen —respondo.

Porque quiero que este momento dure unos segundos más. Solo yo y el espejo. Y finalmente me gusta lo que veo en el reflejo, aunque también me hace sentir como si fuera a desmayarme o a vomitar o ambas cosas de un momento a otro.

Más golpes en la puerta.

—De acuerdo, voy —digo, echándome un último vistazo—. Pero primero cierren los ojos.

—¡Están cerrados! —Essie y Felix gritan al unísono.

Respiro hondo y pongo un pie en el pasillo con cuidado. Essie y Felix están listos, tomados de la mano, con los ojos firmemente cerrados: Felix va vestido con un esmoquin que le queda un poco grande, y Essie con un vestido muy corto y de color púrpura, y lleva unas medias de malla rotas.

—Bueno, ya los pueden abrir —ordeno.

Essie abre los ojos primero, da un grito de asombro, me abraza y enseguida se pone a llorar.

—Espero que sean lágrimas de felicidad —digo mientras solloza en mi hombro.

—¡Por supuesto que lo son! —gime, separándose de mí y agarrándose al barandal mientras la máscara de pestañas le corre por las mejillas.

Felix le pasa un rollo de papel higiénico antes de sonreír y darme un abrazo.

—Estás increíble —susurra—. Te queda perfecto.

Me río y lo abrazo aún más fuerte.

Suena el timbre.

—Ese debe de ser Leo —dice Felix—. Voy yo.

—¿Leo? —pregunto.

—A ver, no puedes ir al baile sin un acompañante —dice Essie, pestañeando para liberarse de las lágrimas.

—Esperen —comienzo a protestar, pero Felix ya va dando saltos escaleras abajo.

Papá le gana en llegar a la puerta. Essie y yo nos agarramos al barandal y miramos cuando Leo entra en el recibidor, se ve algo incómodo en un traje gris y una corbata azul.

Essie da un silbido de aprobación.

—¡Bonito toque, Denton! —grita.

Él pone los ojos en blanco como respuesta.

—Vaya, miren la corbata de Leo —susurra Essie, mientras papá toma su chaqueta y le ofrece una porción de la pizza que ha quedado—. ¡Si hace juego con tu vestido!

—Ni se te ocurra seguir por ahí —le advierto.

—¿Por qué no? Tú estás soltero, él está soltero...

—Solo somos amigos, Ess.

—¡Pero harían tan buena pareja...!

—Ess, lo digo en serio —digo con firmeza.

—No eres nada divertido —se queja. Sin embargo, lo dice sonriendo.

Mantuve mi promesa a Leo. No le dije ni a Essie ni a Felix que estuve con él el fin de semana que fui a Tripton. Sin embargo, lo sospechan, y seguramente se habrán estado volviendo locos intentando saber lo que sucedió. Y tal vez algún día, con el permiso de Leo, se lo diga, pero por ahora ese fin de semana es nuestro secreto; solo de Leo y mío.

Essie toma mi mano y bajamos la escalera. Me tropiezo con el vestido en el último escalón y Leo tiene que dar un salto para ayudarme, pero aparte de eso es un descenso perfectamente elegante.

—Me mentiste esta tarde —le digo suavemente.

—Tengo mucha práctica —contesta Leo, con una ceja enarcada.

Nos sonreímos.

—Estás muy guapa —dice.

—¿En serio? No puedo decidir si me siento increíblemente bien o ridículo.

—Opta por lo primero.

—Gracias. Tú también estás guapo. Esperemos que en la escuela no te tomen la medida. ¿Lo entiendes?

—Ja, ja.

—Ya sé que es malo, pero lo intento. Oye, ¿sabes adónde vamos esta noche?

—Puede que sí.

—Pero no me lo vas a decir, ¿verdad?

—No.

Mamá y papá se abalanzan sobre nosotros, cada uno armado con una cámara, y nos hacen posar para una serie de fotos en el recibidor. Mientras van tomando fotos y nos dan instrucciones, me pregunto qué estarán pensando; si estarán histéricos de una manera silenciosa porque su único hijo vaya a un baile fantasma vestido como una chica. Sean los que sean sus sentimientos, los mantienen bien ocultos, cubiertos por un gran entusiasmo. Desde que hablé con ellos, su comportamiento ha sido algo histérico, ambos desgarrados entre la aceptación y el horror, intentando compensar el terror con apoyo manifiesto. La otra noche escuché que mamá lloraba otra vez, papá la consolaba, así que tengo la sensación de que todavía tenemos un largo camino por recorrer. Pero los quiero por intentarlo con tantas ganas, tanto que a veces me duele el corazón.

Mientras posamos para mis padres me doy cuenta de que en vez de llevar zapatos elegantes o tacones, los cuatro llevamos tenis. Estoy a punto de preguntar por qué cuando alguien toca el claxon con fuerza. Essie corre a la sala y mete la cabeza debajo de las cortinas.

—¡La limusina esta aquí! —grita.

Leo frunce el ceño.

—¿Una limusina, hablas en serio? Te acuerdas de adonde vamos, ¿no?

—Bah, relájate, no me pude resistir —dice Essie, espantándolo.

—¡Vamos, todo el mundo, es hora de que se vayan!

Soy el último en salir.

—Cuídate, hijo —dice papá abrazándome.

—Lo haré.

Mamá me envuelve con sus brazos, me abraza fuerte.

—Estás realmente hermosa —me susurra al oído.

—Gracias, mamá.

Nos separamos. Sus ojos están húmedos.

—Bueno, cuídense los unos a los otros y pásenla bien —dice, secándose la mejilla con la manga—. Por cierto, ¡es una orden!

La limusina es rosa con tapizado de estampado de leopardo y luces parpadeantes. Es el vehículo más feo que he visto en mi vida.

—¡Es tan vulgar...! ¡Lo adoro! —proclama Essie, tumbándose sobre los asientos—. ¡Le pedí a la empresa la limusina más asquerosa y no me han defraudado!

—Me siento como si estuviera en un videoclip de presupuesto increíblemente bajo —murmura Felix, deslizándose al lado de Essie con cuidado.

Leo sigue con el ceño fruncido.

—Se supone que no debemos llamar la atención, ¿se acuerdan? —dice malhumorado.

—¿Y? —dice Essie haciendo un mohín.

—Detesto decirlo, pero creo que Leo tiene razón —apunta Felix—. Vamos a dar la nota muchísimo en esta cosa.

—¿Puede alguien, por favor, decirme adónde vamos? —pregunto.

Todos me ignoran.

Essie suspira.

—¿Y si nos bajamos a la vuelta de la esquina del local y hacemos el resto a pie?

—Tendremos que hacer eso —dice Leo con seriedad.

Mientras la limusina avanza poco a poco por el tráfico del atardecer, yo intento reducir las opciones de nuestro probable destino. Nos dirigimos fuera de Eden Park, pasamos varias limusinas que van en dirección contraria, hacia la escuela.

—¡Tarados! —les grita Essie desde el techo corredizo.

Después nos dirigimos en dirección sur por el centro de la ciudad, luego cruzamos el puente. Es solo entonces cuando caigo en la cuenta de adónde vamos. Nos dirigimos a Cloverdale.

Leo guía al conductor de la limusina por la parte de atrás de la urbanización evitando las calles principales y nos deja en la esquina de la calle Renton. Hogar del antiguo balneario de Cloverdale. Mientras Leo me ayuda a bajar de la limusina, veo la cola de gente que serpentea por el lado de la reja. Me empiezo a poner nervioso, apretando la mano de Leo con firmeza. Él me devuelve el apretón.

—¡Ay, Dios mío! —grita Essie, tomando el brazo de Felix y saltando de arriba abajo—. ¡La gente vino! ¡De verdad vino!

A la vez que nos vamos acercando, me doy cuenta de que reconozco a la mayoría de la gente de la cola. Hay un par de chicas de mi clase de textiles, algunos emo de primero de bachillerato, una pareja de lesbianas de tercero de secundaria tomadas de la mano, un grupo grande de góticos, desde primero de secundaria hasta de último año. Mientras pasamos por su lado puedo sentir sus ojos clavados en mí, sus codazos y susurros esparciéndose por la fila como fichas de dominó. Siento las piernas como si estuvieran hechas de papel.

—Estoy aquí para ti —susurra Leo mientras me guía hacia el principio de la cola.

Al llegar encontramos a Amber con un portapapeles, su pelo está atado en una apretada cola de caballo tipo no-te-metas-conmigo, acompañada de un chico corpulento vestido de negro que me presenta como su novio, Carl.

—Alias el músculo —dice Essie, observando un buen rato los brazos de Carl.

—¿Qué pasa? —pregunto, cuando Essie se voltea para hablar con Amber—. Siguen diciendo que «todo se aclarará», pero hasta ahora nada en absoluto se ha aclarado.

—Confía en nosotros —dice Felix.

Le echo una mirada a Leo.

—Pues eso —añade.

Essie le hace una señal con la cabeza a Carl. Este quita el panel suelto de la reja. Essie la golpea tres veces con el codo. La multitud se tranquiliza.

—¡Declaro abierto el primer Baile de Navidad Alternativo a Eden Park! —grita ante un aplauso educado.

Yo no tengo ninguna opción de preguntar nada porque entonces me empujan para que me ponga de rodillas. Uno a uno gateamos por el agujero que fue cubierto cuidadosamente con láminas de plástico. Cuando ya hemos pasado y nos ponemos de pie, puedo ver que el camino al balneario está iluminado con cientos de velitas en botes de mermelada. Seguimos el camino hasta el vestíbulo, donde hay más luces que nos guían hacia la alberca. Los cuatro lideramos la marcha, el murmullo excitado de nuestros compañeros de clase zumba detrás de nosotros.

—¿Cómo lograron reunir a tanta gente? —pregunto mirando detrás de mí.

—Organizamos una campaña de publicidad bastante militante y clandestina —dice Felix de manera casual.

—¿Que consistió en qué?

—Bah, fue muy fácil —responde Essie—. Cuando Leo describió este lugar supimos que teníamos el sitio. Luego solo le dimos a la gente una opción: pasa otro baile de Navidad odiando a toda la raza humana y todo lo que representa o diviértete haciendo algo diferente y ven a esta fiesta.

Al acercarnos me doy cuenta de que escucho música.

—¿Es eso un DJ? —pregunto.

—Puede ser —dice Felix, moviendo la cara nervioso.

Cuando doblamos la esquina hacia la alberca, no puedo dejar de soltar un suspiro. Porque se ve increíble. Hay más luces, y globos blancos y serpentinas plateadas por todos lados. Además, colgando del trampolín más alto, hay una bola de discoteca que va girando lentamente y emitiendo millones de puntitos de luz por el espacio.

—Esto es lo que estaban haciendo esta tarde —digo.

—Y anoche. Y la anoche anterior —explica Essie—. Meter un generador aquí dentro no fue nada fácil, ¿sabes?

Al otro lado de la alberca, cerca de la parte poco profunda, hay reproductores de música sonando a todo volumen por un juego de enormes altavoces. El propio DJ se parece sospechosamente a uno de los hermanos mayores de Felix.

—Felix, ¿ese es Nick? —pregunto, parpadeando hacia la leve figura de detrás de los reproductores.

—Sí.

—¿No le importa hacer de DJ en un baile de instituto?

Felix se gira para mirarme, su rostro está serio.

—No te voy a mentir, a cambio de esto le prometí ser su esclavo durante todo el día de Navidad.

Miro a los tres; sus caras resplandecen por las velas parpadeantes que están desperdigadas por todos lados.

—No puedo creer que se hayan tomado todas estas molestias solo para mí —digo.

Puedo sentir que estoy a punto de llorar por quinta vez esta tarde.

—¡Ah, no, no! —grita Essie—. Esta noche no vas a llorar. No está permitido, por una parte te arruinará el maquillaje y, por otra, tu emoción no es correcta, pues no es solo para ti. Mira a tu alrededor.

Hago lo que me dice. Poco a poco el fondo de la alberca, por esta noche rebautizado como pista de baile, se va llenando de chicos alucinados; los raritos de la escuela Eden Park. Pero entonces me doy cuenta de que no se trata solo de los góticos y de los emos y de los *nerds*. También hay otros chicos allí, tipos que siempre categoricé como normales, que nunca soñé que elegirían un baile en una alberca abandonada en Cloverdale en vez del espectáculo de la máquina de nieve de Harry Beaumont.

Nick pone una canción de Bruno Mars.

—Vamos —dice Essie—, bailemos.

—No sé —respondo, plantando los pies firmemente en el piso.

No puedo olvidarme del hecho de que estoy aquí como una chica, como Kate. Y en la pista de baile hay un montón de chicos y todavía tengo que calibrar su reacción ante mi aspecto.

—Ve —me susurra Leo al oído.

Vacilo antes de dejar que Essie me guíe por la escalera. Bajamos hacia la pista, la superficie desciende suavemente hacia el lado profundo.

—Ahora entiendo lo de los Converse —digo, señalando mis pies con la cabeza.

—¿Ves?, te dije que todo se aclararía —sentencia, sonriendo y arrastrándome hacia el centro.

Cuando suena el estribillo puedo sentir que la gente me está mirando. Essie se pone a bailar de inmediato, subiendo los brazos al aire y cantando. Pero yo me siento pegado al piso, demasiado temeroso de hacer cualquier movimiento repentino. Aunque Leo haya preparado el camino en la escuela en algunos aspectos, para la mayoría de la gente yo sigo siendo un chico con un vestido; David Piper vestido de *drag*.

Essie me toma de las manos.

—¿Qué pasa? —inquiere, sacudiendo mis manos.

—No creo que pueda hacer esto, Ess, todo el mundo me está mirando.

Ella grita algo por encima de la música que no llego a entender.

—¿Qué? —pregunto.

—¡Baila como si nadie te estuviera mirando! —me grita al oído—. ¡Finge que estamos tú y yo y nadie más!

Cierro los ojos por un segundo e intento imaginar que estamos solo Essie y yo bailando en su habitación. Comienzo a moverme, primero solo los brazos, lentamente introduzco el resto del cuerpo. Después de veinte segundos me atrevo a abrir los ojos y, aunque casi la mitad de los chicos de la pista de baile siguen mirándome embobados, logro más o menos bloquearlos de mi mente durante el resto de la canción. Me concentro en mi mejor amiga loca y en su rostro sonriente mientras da saltos de arriba abajo delante de mí.

Hemos bailado un par de canciones y casi le tomo el gusto cuando lo escucho.

—*Freak*.

Miro por encima del hombro, pero la pista de baile está llena y no puedo distinguir de dónde vino; dejo de bailar.

—¿Estás bien? —pregunta Essie, tirando de mi brazo.

Asiento con la cabeza. Pero no estoy bien. Esto es demasiado, demasiado pronto. Intento moverme, pero mis extremidades están pesadas y torpes.

La siguiente vez lo escucho claramente. Me volteo. Un grupo de chicos de tercero de secundaria están parados en un semicírculo, mirándome fijamente, con una mueca de desprecio en los labios.

—Travesti —dice uno de ellos.

Los demás se deshacen en risitas nerviosas.

—Sí, ¿qué eres una *drag queen* o algo así? —pregunta otro.

Leo aparece de la nada y los interrumpe.

—Váyanse a la mierda. Si no pueden ser *cool* más vale que se vayan al otro baile.

—Sí —interviene Essie—. Si tienen problemas con cualquier cosa que vean, entonces no son bienvenidos aquí.

—¿Y bien? —gruñe Leo—. ¿Tienen algo más que decir?

Los chicos de tercero se miran los unos a los otros antes de irse a otro lado, lanzándonos miradas asesinas por encima del hombro.

—Idiotas —susurra Essie—. ¿Estás bien?

—Sí —contesto, aunque estoy temblando—. Gracias —le murmuro a Leo, mientras la siguiente canción comienza a sonar.

Él se encoge de hombros.

—¿Siempre será así? —pregunto.

—Por un tiempo, sí. Pero mejorará, lo prometo, para mí ya mejoró. Y esto viene de alguien con un poco de experiencia.

Asiento agradecido, aliviado al darme cuenta de que dejé de temblar.

Cuando Felix se une a nosotros nos ponemos a bailar otra vez y Leo me sorprende porque no baila nada mal, aunque sí renuncia a algunos de los movimientos más escandalosos de Essie. Bailamos canción tras canción y lentamente voy mirando a mi alrededor y veo que pocos chicos me miran; están demasiado ocupados bailando. Nuestro círculo de baile lentamente se extiende hasta que me encuentro al lado de chicos con los que nunca he hablado ni he visto antes.

En cierto momento me doy cuenta de que Simon Allen está arrastrando los pies a mi lado, todavía huele bastante a plastilina a pesar de llevar lo que parece un esmoquin rentado.

—Hola, Simon —digo.

—Eh —me contesta—. Oye, yo, ehhh, solo quería decirte que creo que tienes un buen par de huevos.

Justo cuando las palabras salen de su boca, se pone colorado como un jitomate.

—Ay, Dios, perdón, qué mala elección de palabras —tartamudea—. Lo que quiero decir es que creo que eres muy valiente.

Me sorprende un poco. Durante todos los años en los que nos sentamos lado a lado en la sala donde pasan lista, Simon y yo apenas hablamos. Siempre hubo una especie

372

de acuerdo no verbal entre nosotros de que si nos juntábamos podría atraer atención indeseada hacia nuestras particulares rarezas.

—Gracias, Simon —digo—. De verdad aprecio que digas eso.

—De nada —balbucea; mirándose los zapatos antes de darse la vuelta y arrastrar los pies otra vez.

—Espera —lo detengo.

Se da la vuelta, todavía tiene la cara colorada.

—¿Bailas con nosotros?

Titubea antes de asentir con la cabeza, y termina por quedarse dos canciones más.

A Nick le ordenaron que ponga todas las peticiones posibles, así que la música va de rock a pop y de punk a tradicional.

—¿Quieres beber algo? —pregunta Leo cuando ponen una canción de rock particularmente oscura y gótica.

—Buena idea.

Nos sentamos en el borde de la alberca con latas de Coca-Cola, mirando cómo nuestros compañeros de clase bailan debajo de nosotros. Un grupo de chicos de primero de secundaria nos están observando fijamente, tienen la boca abierta.

—Bloquéalos de tu mente y punto —me aconseja Leo como si pudiera leer mis pensamientos.

—¿Es raro? —pregunto tras unos segundos—, ¿que te invadan tu lugar especial de esta manera?

Casi no puedo creer que este sea el mismo espacio en el que Leo y yo pasamos esa tarde gélida, sentados en lo que ahora es una pista de baile llena de chicos.

—Un poco —admite Leo—. De todas formas, no seguiría siendo mío por mucho tiempo más. Van a enviar las excavadoras para tirarlo todo el año que viene.

—No me digas.

—Sí. Van a arrasar todo. —Toma un largo sorbo de Coca-Cola—. No, está bien que termine de esta manera, con estilo.

—Me pregunto cómo estará yendo el baile real —cavilo.

—¿Sabes que se suponía que yo llevaría a Alicia, hace algún tiempo? —dice Leo, jugueteando con la argolla de su lata.

—¿En serio?

Asiente con la cabeza y se ve supertriste por un segundo.

—Por si te interesa, tuiteó que este año lo iba a boicotear —digo.

—Realmente no supone ninguna diferencia, ¿no es así?

—Me imagino que no.

Hago una pausa. Leo está mirando en las profundidades de su lata de Coca-Cola.

—Todavía te gusta, ¿no?

Se encoge de hombros y mira hacia otro lado.

Justo en ese momento se corta la música de manera abrupta, lo que provoca un gemido colectivo de los chicos góticos que están en la pista de baile. Me lleva solo unos segundos reconocer la introducción de la siguiente canción. *Have Yourself a Merry Little Christmas*, la versión de Nat King Cole. Es la primera canción lenta de la noche y los chicos comienzan a ponerse en parejas de inmediato.

—Tu canción de Navidad favorita, ¿no? —dice Leo.

Asiento con la cabeza.

Salta hacia la superficie de la alberca.

—Entonces, ¿quieres bailar? —ofrece, extendiéndome la mano.

—¿En serio? —pregunto, mirando a mi alrededor.

—Nadie está mirando —miente—. Vamos.

Dejo que me ayude a bajar a la pista de baile. Aunque compartimos cama, nos abrazamos y nos tomamos de la mano y nos contamos algunas cosas muy íntimas, el tener que negociar dónde van nuestras manos mientras bailamos es de repente lo más incómodo del mundo. Al final encontramos la postura y comenzamos a balancearnos hacia atrás y hacia delante con la música. Mantengo mis ojos fijos en los de Leo en un esfuerzo por ahogar los susurros y codazos que nos llegan de todos los ángulos. Tampoco es que los culpe, en cierta manera es como una exclusiva: los dos bailando una canción lenta juntos.

—Siento no ser Zachary —dice Leo cuando llegamos al segundo verso.

—¿Qué quieres decir?

—Ya sabes, tu fantasía. Bailar con un chico en el baile de Navidad. Supongo que esto no es exactamente lo que tenías en mente.

Levanto la vista para mirar a Leo y sonrío.

—Tienes razón, no lo es. Pero es mucho mejor. Cien veces mejor.

Y juro que Leo, rey de los rostros impasibles, se sonroja.

Es mientras estamos bailando al compás del último estribillo cuando la veo; de pie al lado de la alberca, escudriñando la pista de baile llena, con la cara manchada de lágrimas.

Livvy.

—Perdona —me disculpo con Leo.

Frunce el ceño, pero me deja ir.

—¡Livvy! —grito. Cuando sus ojos por fin me encuentran, hay un momento de confusión antes de que su rostro muestre que me ha reconocido.

—¿Qué haces aquí? —pregunto mientras subo la escalera del lado de la alberca.

—Tomé un taxi —contesta.

—Pero ¿por qué? ¿Por qué no estás en la escuela?

Se mira los pies.

—Cressy y yo nos peleamos.

—¿Por qué?

—Empezó ella —dice—. Bailó con Daniel Addison, ¡ni siquiera le gusta! Y sabe cuánto me gusta a mí, se lo dije un millón de veces.

Sus ojos comienzan a llenarse de lágrimas otra vez.

—Ven aquí —digo.

Deja que la abrace.

—Lo siento, Liv —digo, acariciándole el pelo—. Lo que hizo Cressy es asqueroso.

Asiente con la cabeza con intensidad, una burbuja de mocos le sale por el orificio derecho de la nariz.

—Ten —digo, pasándole una servilleta de la mesa de las bebidas. Se suena con fuerza.

—¿Qué tal fue el baile aparte de eso? —pregunto.

Se encoge de hombros.

—No fue como yo lo imaginaba.

—Sí, suelen ser así —digo.

—La máquina de nieve no funcionó —me cuenta—. Nevó durante unos tres segundos y luego se atascó. Cuando me fui, Harry Beaumont estaba fuera gritándole a alguien por el celular.

Sonrío.

—Me alegro de que estés aquí, Liv.

Asiente con la cabeza y observa la pista de baile.

—Me gusta tu vestido —dice, mirándolo con el rabillo del ojo.

—Gracias, Liv. A mí también me gusta el tuyo.

Se muerde el labio para no sonreír.

—¿Por qué no vienes a bailar? —propongo.

—No sé. Creo que me quedaré sentada y miraré —dice, señalando las sillas plegables detrás de ella.

—No seas tonta. Vamos, bailar te hará sentirte mejor, lo prometo. Pero es mejor que te quites los tacones.

Y así es como acabo pasando la mayor parte del baile bailando con mi hermana pequeña.


Es casi el final de la noche cuando escucho los primeros acordes de una canción conocida. Y por un momento estoy de vuelta en el Mermaid Inn, en Tripton-on-Sea, feliz, mientras Leo arrastra los pies de manera nerviosa por el pequeño escenario delante de mí, aferrándose al micrófono y con cara de querer asesinarme.

—Vuelvo en un rato, Liv —digo.

Me despide agitando la mano, bailando feliz con un grupo de chicos de segundo de secundaria. Atravieso la pista de baile, rastreando su cabeza entre las demás que suben y bajan. Cuando comienza el estribillo, suelto una maldición entre dientes. Me volteo en un círculo lento. Tiene que estar por aquí. Y entonces lo veo, luchando por cruzar la pista de baile en mi dirección. Sonrío y empujo para pasar entre la multitud. Chocamos en el medio de la pista.

—¡Es tu canción! —grito.

—No, no lo es. —Leo me responde también a gritos—. Es nuestra canción.

Entonces Essie y Felix se unen a nosotros. Ponemos los brazos alrededor de nuestros hombros y damos saltos en un círculo, cantando la letra a todo pulmón en nuestros oídos.

*Ahora, es nuestro momento,*
*Así que volemos más alto.*
*Enciende las estrellas en el fuego.*
*Juntos brillaremos.*

Y aunque sé que hay una tonelada de cosas que vendrán y que me aterran tanto que a veces no puedo respirar, esta noche no puedo dejar de sentir que por muy difíciles que se pongan, todo se arregla al final.

## 43

El día después de Navidad, Amber está en casa de Carl. Mamá y Spike, en overoles a juego, están medio muertos en el sillón, en la cabeza tienen gorros de papel arrugados y torcidos. Delante de ellos, en la mesita de centro, están los restos del almuerzo: sándwiches de pavo, papas Pringles, cebollitas en vinagre y empanadas de carne. Tia está sentada en el piso con las piernas cruzadas y un par de alitas de hada brillantes en la espalda; está viendo un DVD de *Brave*. La sala todavía está desordenada de ayer, desperdigados por la alfombra hay papeles de regalo y envolturas de cuetes, y vasos sucios y tazones con migajas de papas por todas las superficies.

Al final fue un buen día. Resulta que Spike es medio decente en la cocina, así que él se ocupó de la cena de Navidad. Preparó con Amber y Tia un enorme pastel de gelatina con fresas. La capa de gelatina no cuajó del todo, así que estaba un poco aguada, pero tenía buen sabor de todas formas. Mamá estuvo de buen humor e incluso quiso a jugar al Monopoly infantil de Tia después de la comida (dejamos que ganara Tia). Al atardecer vinieron la tía Kerry y su novio y algunos amigos de Spike. Uno de ellos trajo su ukelele y tocó un montón de canciones navideñas, Spike lo acompañó tamborileando en la mesita de centro. Todos nos unimos a los coros y mamá cantó tan fuerte que quedó afónica. Cuando cantamos *The Fairy Tale of New York* recordé el Mermaid Inn en Tripton con David. Parece que fue hace años. Cada vez que ahora pienso en Tripton, son estas cosas las que me vienen a la mente: ganar en el bingo, chapotear en el agua gélida del mar, apartarle el pelo de la cara a David cuando vomitó en el baño del hostal. Los otros trocitos, las cosas malas con mi padre, los mantengo enterrados. Jenny cree que debo esforzarme por superarlo. Y lo haré. Pero por ahora, solo quiero olvidarme de él y seguir adelante.

Escucho que alguien agita la tapa del buzón. Echo un vistazo a mamá y a Spike, pero siguen en coma. Suspiro y me levanto del sillón.

Es Kate, cubierta de un montón de capas de ropa. Lleva maquillaje y puedo ver su peluca por debajo de su gorro de lana verde.

—Eh, cortaron el pasto —dice, haciendo señales al jardín detrás de ella.

—Ah, sí —digo—. Spike y un par de sus amigos lo hicieron hace una semana. Les llevó todo el día.

—Quedó bien.

—Sí. Otra vez tenemos un sendero de verdad.

—Casi lo olvido, feliz Navidad —dice, moviendo las manos alegremente.

—Feliz Navidad —contesto—. ¿Quieres, eh, pasar o algo?

—Mejor no, todos me esperan —dice.

Por encima de su hombro puedo ver a su madre, a su padre y a Livvy en el coche. Me saludan. Yo levanto la mano y les devuelvo el saludo.

—Y ¿qué tal tus Navidades? —pregunto.

—Raras, pero bien. Ayer se lo dijimos a la abuela.

—*Wow.* ¿Y? ¿Cómo reaccionó?

—Ehhh, bien, creo. En estado de *shock*. Estoy segura de que casi se atragantó con el pudin de Navidad. Está claro que piensa que es una fase, pero, oye, todavía no me deshereda, así que eso es algo, ¿no?

Asiento con la cabeza y me río.

—Ah, y adivina qué otra cosa pasó.

—¿Qué?

—Ya aceptaron mi derivación a la clínica de Londres. La carta llegó el día de Navidad, ¿lo puedes creer?

—¡Qué noticias tan geniales! —exclamo. Y lo digo de corazón.

—Lo sé —dice Kate, sonriente—. Todavía pueden pasar unos tres meses hasta que me den cita, pero es un paso en la dirección correcta. Siento que las cosas por fin están haciéndose realidad, ¿entiendes?

—Por supuesto.

—Y tenemos una cita para ver al señor Toolan cuando comience el nuevo trimestre, para hablar de la posibilidad de que yo vaya a la escuela con mi identidad, tan pronto incluso como para Semana Santa.

—*Wow.*

—Lo sé, ¿verdad? Es aterrador.

Sin embargo, tiene una sonrisa de oreja a oreja.

—De todos modos, la verdadera razón por la que estoy aquí es para darte esto —dice, buscando dentro de su abrigo y sacando un paquete delgado envuelto en papel plateado.

Me lo pone en las manos.

—¿Qué es? —pregunto.

—¿Qué crees que puede ser? Es un regalo de Navidad.

—Pero yo no tengo nada para ti.

—No importa. Es algo pequeño. Y bien, ¿no lo vas a abrir?

—¿Quieres que lo abra ahora?

Ella asiente con la cabeza.

Rompo el papel y descubro un libro de bolsillo. Le doy la vuelta y miro la portada.

—*Alan Turing: The Enigma* —leo en voz alta.

—Según parece fue un matemático increíble —dice Kate—. Descifraba códigos durante la segunda guerra mundial y luego enloqueció.

—Creo que he oí hablar de él —digo, hojeando las páginas.

—Tiene un montón de buenas críticas en Amazon —añade.

—Es genial, gracias —digo, cerrándolo.

—¿No lo dices solo por decir? Me preocupaba que fuera algo aburrido.

—No, tiene un aspecto estupendo.

Ella sonríe y se relaja apoyándose en sus tacones.

—¿Y tú? ¿Qué tal tu Navidad? —pregunta.

Echo un vistazo detrás de mí, a la escena de relativa paz en la sala.

—Estuvo..., la verdad es que bien.

—¿Tuviste noticias de Alicia?

—No. Creo que ya no tiene sentido hablar de ella —digo, sonriendo con tristeza.

De repente se levanta una ráfaga de viento frío. Me subo el cierre de la sudadera hasta la barbilla.

—Por si sirve de algo, te diré que ella se lo pierde —sentencia Kate, sin mirarme directamente a los ojos.

—Ya, bueno, así es la vida, supongo. No siempre se consigue lo que se quiere.

—Ni que lo digas —coincide.

Su padre toca el claxon.

—Tengo que irme. Esta noche vamos a ver *El cascanueces* en el teatro. Tradición familiar del día después de Navidad.

—Qué bueno. Disfrútalo.

—¡Hombres en mallas! ¿Cómo no disfrutarlo? —bromea Kate.

—Gracias por el regalo —digo aclarándome la garganta y levantando el libro—. Esta noche es probable que lea algo.

—De nada —contesta—. Entonces, ¿nos vemos el año que viene?

—Por Dios, claro que sí, nos vemos el año que viene.

—Harry va a estar enojadísimo con nosotros, seguro.

—Puede, puede que sí y puede que no. ¿Qué va a hacer en realidad?

Resulta que el hecho de que se estropeara la máquina de nieve fue uno de los problemas menos importantes de Harry la noche del baile. Gastar mucho más de lo que tenían en el presupuesto y que fuera poca gente dejó al comité de planificación en deuda con la escuela. Eso no quiere decir que sea culpa nuestra directamente, pero no tengo la menor duda de que Harry va a encontrar la manera de echárnosla. Pero valió la pena. Ciento por ciento.

Nos quedamos en silencio durante un momento, sonriendo, en realidad no hay necesidad de decir nada más.

El padre de Kate toca el claxon otra vez.

—Es mejor que te vayas —le aconsejo.

—Sí, tienes razón.

Me abraza con fuerza antes de salir corriendo por la acera.

Yo me quedo en la puerta en calcetines y miro cómo el coche desaparece por Sycamore Gardens.


Cerca de una hora más tarde, justo cuando está oscureciendo, comienza a nevar. Mamá y Spike se fueron a pasar la noche en el bar, y Amber todavía está en casa de Carl, así que estamos Tia y yo solos en casa.

En cuanto ve la nieve se vuelve loca, corretea por la sala y me suplica que salgamos al jardín de atrás y que haga un muñeco de nieve con ella.

—No hay suficiente nieve para eso —le digo.

—¡Bolas de nieve entonces! —replica.

Al final la miro desde la puerta. Todavía no cae suficiente nieve para hacer una bola decente, así que después de algunos intentos fallidos Tia simplemente se queda parada, con los brazos extendidos y la cabeza hacia arriba, para intentar atrapar copos de nieve con su pequeña boca pegajosa y abierta.

—Por lo menos ponte el abrigo —grito detrás de ella.

Pero no me presta atención. Es como si la nieve la hubiera hechizado.

Enseguida me quedo frío al estar allí quieto mirando, así que abro la puerta para entrar. Pero Tia se queda afuera otros diez minutos, con solo sus sandalias Croc, *jeans*, camiseta y alas de hada. Cuando por fin entra, tiene la cara colorada y le castañetean los dientes. Cuando le toco las manos, están frías como bloques de hielo, pero ella parece no darse cuenta. A veces me pregunto si Tia tiene los cables bien conectados. Le preparo un chocolate caliente y la dejo hecha un ovillo en el sillón viendo *La Bella y la Bestia*, con una vieja manta alrededor de su pequeño cuerpo.

Yo me dirijo hacia arriba y me siento en la litera de Amber, desde donde miro cómo cae la nieve a través de la ventana, los copos se van haciendo más grandes y cuajan con rapidez. Mientras miro cómo caen, más y más rápido, siento esa rara sensación de *déjà vu* en la que estoy en la nieve con Jimmy, cuando era muy muy pequeño. Por supuesto que ahora sé que eso es imposible; solo se trata de mi mente, que me tiende trampas. En el pasado intentaría aferrarme a esta cosa que puede ser un recuerdo o no, pero esta noche dejo que se disuelva para convertirse en nada, igual que los copos en la lengua de Tia.

Mientras miro por la ventana, si entrecierro los ojos un poco, puedo imaginar que no estoy en Cloverdale, sino en algún lugar lejos, muy lejos.

Es curioso cómo la nieve cambia las cosas, que oculta todo lo que es feo y gris —los botes de basura y los montones de desechos y coches oxidados— bajo un manto blanco y reluciente. No durará. Mañana por la noche la nieve se habrá medio derretido y estará manchada. Pero esta noche, sin un alma a la vista, es perfecto. Abro un poco la ventana y escucho la calma. Me acuesto boca arriba en la cama y lo único que puedo ver es el cielo, los copos de nieve que caen y que se ven de color naranja por el farol que hay delante de la ventana.

No sé cuánto tiempo he estado acostado en esa postura cuando escucho que alguien llama a la puerta. Será mamá, supongo, que olvidó las llaves. O un coro tardío que canta villancicos y espera alguna moneda.

Me siento en la cama y escucho mientras Tia abre la tapa del buzón de la puerta y pregunta:

—¿Qué quieres?

Tras unos segundos grita mi nombre. Bajo por la escalera.

—Es para ti —dice Tia, parpadeando en el recibidor, tiene las alas de hada torcidas de haber estado acostada sobre ellas en el sillón.

—Ya me quedó claro —digo con impaciencia—. ¿Quién es?

Se limita a encogerse de hombros y vuelve a la sala.

Bajo por la escalera. Detrás del cristal de la puerta de entrada, veo una figura borrosa. Abro.

Es Alicia. Lleva un abrigo morado y orejeras blancas y peludas. Tiene nieve en los hombros y en el pelo. La miro fijamente. Estoy seguro de que tengo la boca abierta.

Respira hondo.

—Quiero que sepas que no fui yo —suelta de golpe—. Yo no le dije ni a un alma lo que me contaste, jamás lo habría hecho. Pero luego Becky se puso a buscar en internet y fue de chismosa. Ahora mismo no es mi persona favorita, si eso sirve de algo. Mira, lo que quiero decir es que lo siento. Por todo, pero sobre todo por tardar tanto en disculparme.

Dice todo esto de un jalón, con los ojos muy abiertos, como si estuviese sorprendida de haber acabado en mi puerta en primer lugar.

—No, yo soy quien lo siento —digo—. Debí contártelo desde el principio, no dejar que las cosas fueran tan lejos.

Pone su dedo en mis labios para callarme y me mira a los ojos.

—Leo, ¿puedo preguntarte algo?

Asiento.

—¿Podemos por favor olvidar todo eso y, no sé, empezar de nuevo?

—¿Empezar de nuevo?

—Como amigos.

—Amigos —repito.

Extiende la mano y vuelve a respirar muy hondo.

—Hola. Soy Alicia Baker. Encantada de conocerte.

Titubeo antes de tomar su mano y apretarla.

—Y yo soy Leo, Leo Denton.

Sonríe. Esa sonrisa.

—Feliz Navidad, Leo Denton.

## Agradecimientos

Un enorme «gracias» a todas las personas que me ayudaron durante la escritura de este libro, pero en especial a:

Bella Pearson, no solo por ser una editora increíble, también por tener fe en mí desde el comienzo. No podría haberlo hecho sin ti.

A todo el equipo de David Fickling Books, que incluye pero no se limita a: David Fickling, por su inestimable aporte editorial, palabras sabias y cálida bienvenida al redil; Linda Sargent, por sus fantásticos comentarios; Phil Earle, por hacerme sentir un poco como una superestrella, y Rosie Fickling, ¡por contestar mis interminables preguntas!

Me considero muy privilegiada por ser una autora de DFB.

A Alice Todd, por idear la portada perfecta. Y a Ness Wood, de DFB, ¡por encontrarla!

A Margaret Ferguson, de Farrar, Straus and Giroux en Nueva York, por sus comentarios editoriales maravillosamente amables y ¡por mantener el control sobre mis dispersas fechas de entrega! Me siento emocionada de poder trabajar contigo de nuevo en el futuro.

A mi increíble agente, Catherine Clarke, por hacerme sentir que estoy en buenas manos a cada paso.

A Imogen Cooper y su fantástico equipo en la Golden Egg Academy, por ser exactamente lo que necesitaba en el momento preciso. Me siento muy orgullosa de llamarme una *egger*.

A la gente encantadora de Curtis Brown Creative (CBC), especialmente a Anna Davis y a Chris Wakling, por reconocer mi potencial y sugerirme con delicadeza que debería intentar escribir para jóvenes (¡un momento de intuición histórico!).

A cada uno de mis compañeros de clase en el CBC, en especial al equipo de los lunes por la noche: Paul Golden, James Hall, Michael Hines, Dan MacDonald, Fiona Perrin, Christina Pishiris, Maria Realf y Sara-Mae Tuson. Una mención especial a Fiona por «prestarme» a sus hijas y a sus amistades para un curso acelerado de una tarde sobre «cosas de adolescentes». Chloe Atkinson, Elyse Emanuel, Sienna Emanuel, Jacob Grosvenor-Brown, Bryony Ingram, Lewis Lehrfreund, Georgina Martin, Will Murray, Alex Pritchard, Lizzi Shearing, Kat Smith y Will Taylor: ¡gracias por educarme de manera tan brillante!

A Jake Dorothy y a Stef Williams por invitarme a su hogar y por ser tan generosos, buenos y honestos. Sus aportes fueron vitales.

Al magnífico equipo del Servicio de Desarrollo de Identidad de Género del Centro Tavistock, a sus antiguos y actuales miembros, pero especialmente a Polly Carmichael, a Sarah Davidson, a Domenico de Ceglie, a Keyur Joshi y a Elin Skagerberg.

A Nikki Gibbard, a Winnie Tang, a Katherine Watson y a David Whitfield (alias *the besties*) por ser formidables. Una reverencia extraespecial a Nikki, por ser mi principal animadora desde el comienzo; significó mucho entonces e incluso más ahora. Todo mi cariño a todos.

A mi familia por no alucinar del todo cuando anuncié que después de diez años como actriz, estaba pensando darle una oportunidad a la igualmente estable carrera de escritora. Su orgullo sereno por mí significa mucho y asegura que mis pies sigan plantados firmemente en la tierra.

Gracias también a las siguientes personas por ayudarme a darle forma al libro de diversas maneras, grandes y pequeñas (¡pero todas importantes!): Gregory Ashton/Lesley Ross, Chloe Austin, Andrew Clarke, Barry Cunningham, Julia Green, Lisa Heathfield, Jill McLay y Anna Ramberg. ¡Son todos brillantes!

Y finalmente gracias a Matt por su paciencia, superioridad en todo lo que tiene que ver con la puntuación y con la gramática y por su energía positiva.

Me siento feliz de poder compartir esta aventura contigo.

# Lisa Williamson

Lisa nació en Nottingham en 1980. Pasó la mayor parte de su infancia dibujando, soñando despierta e inventándose historias (pero nunca llegó a escribirlas). De adolescente le picó el bichito del teatro y a los diecinueve años se mudó a Londres para estudiar Arte Dramático en la universidad.

Tras su graduación, adoptó el nombre artístico de Lisa Cassidy y pasó varios años caóticos y felices en los que a veces le pagaron por fingir ser otras personas. Entre actuaciones trabajó de forma temporal en diversas oficinas y se puso a inventar historias otra vez, solo que en esta ocasión probó suerte y las escribió. Uno de estos trabajos fue en el Servicio de Desarrollo de Identidad de Género: un servicio de salud especializado para gente joven que lucha por su identidad sexual. Las historias que Lisa oyó la inspiraron para crear un personaje adolescente ficticio que explorara estos temas.

Lisa vive cerca de Hampstead Heath con su novio, Matt, donde tiene la suerte de poder dividir su tiempo entre la escritura y el teatro. En su tiempo libre lee mucho, sigue soñando despierta y come demasiado helado.